ニュー・フォークロア双書29

徳之島の民俗［1］

シマのこころ

松山光秀

未來社

徳之島の民俗

1 シマのこころ

目次

徳之島の葬制……83

◉写真　加川徹夫

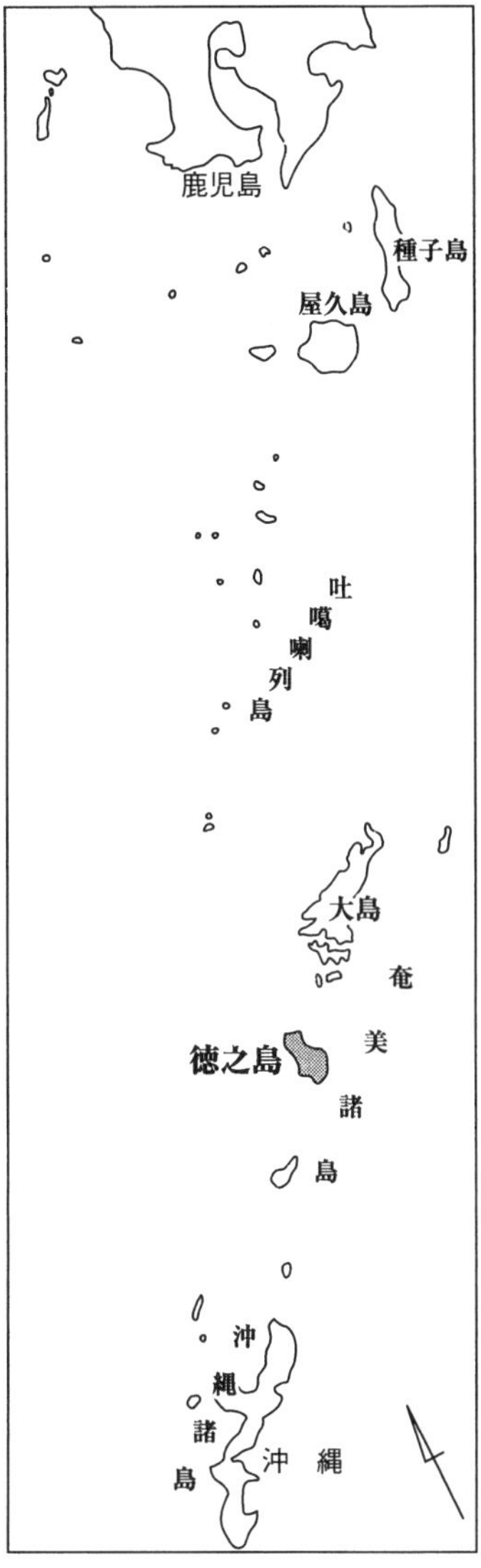

鹿児島
種子島
屋久島
吐
噶
喇
列
島
大島
奄
美
諸
島
徳之島
沖
縄
諸
島
沖縄

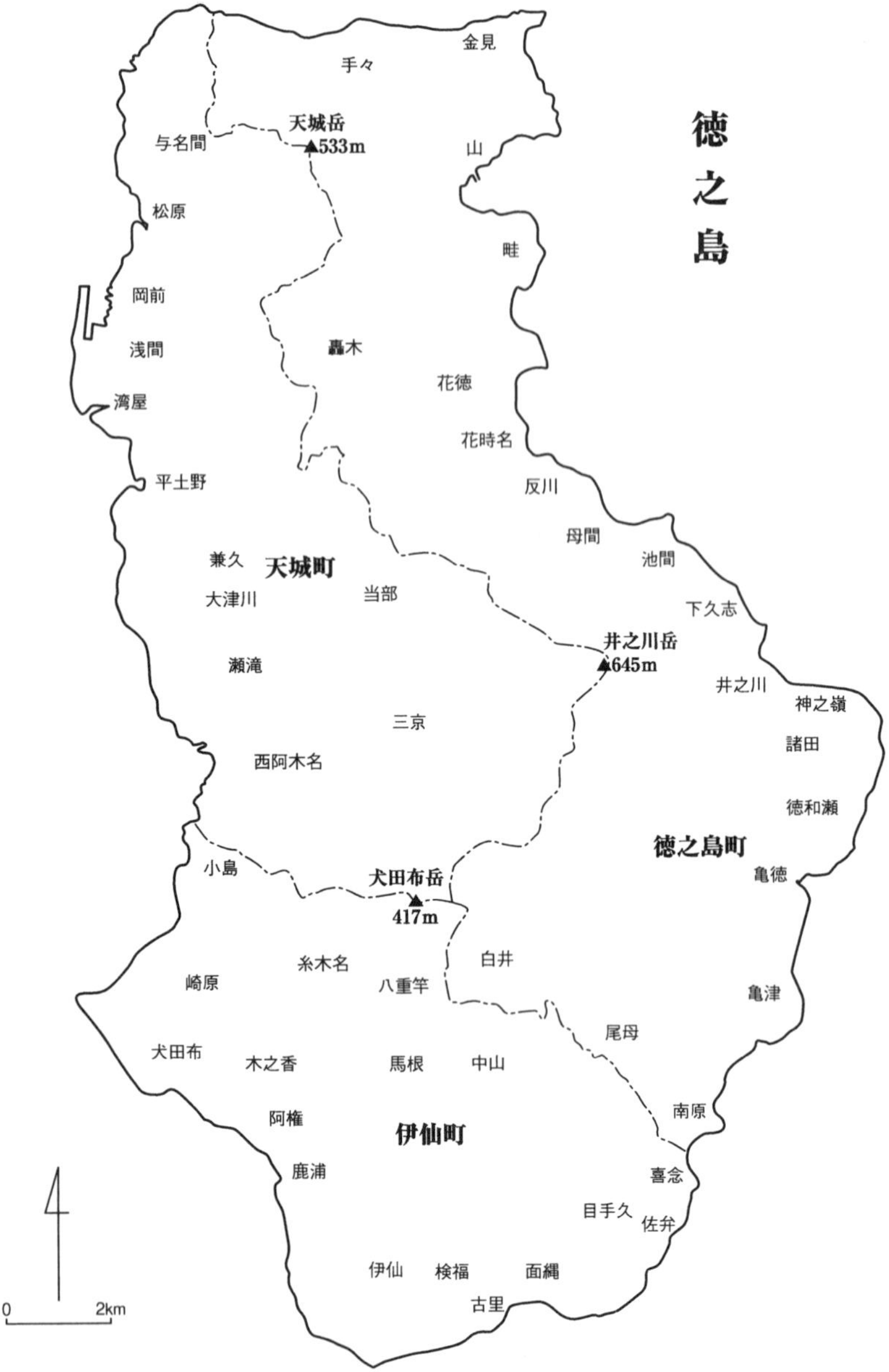
徳之島
金見
手々
天城岳
533m
与名間
山
松原
畦
岡前
轟木
浅間
花徳
湾屋
花時名
平土野
反川
母間
兼久
天城町
池間
当部
大津川
下久志
井之川岳
645m
瀬滝
井之川
神之嶺
三京
諸田
西阿木名
徳和瀬
徳之島町
小島
犬田布岳
亀徳
417m
白井
糸木名
崎原
八重竿
亀津
尾母
犬田布
木之香
馬根
中山
阿権
南原
伊仙町
鹿浦
喜念
目手久
佐弁
伊仙
検福
面縄
古里
0
2km

徳之島の民俗

1

シマのこころ

徳之島三山

私はここ数年来、徳之島三山といわれている三つの山の由来にとりつかれてきた。というのも、山の名が私の追い求めている水稲文化と深いかかわり合いをもっていたからだ。
まず、島の北の端にそびえている天城岳（五三三メートル）。この山には次のような神話が語られている。

大むかし、この山にアメンキュという夫婦神が天降《あも》りしてきた。四方を眺めると、海原つづきで波が立ち騒ぎ、北風が吹きつけてしずくが多く、とても家をつくることができなかったので、島の真ん中へ行こうと歩き出した。七つの山を越えてフーグシクという山についた。北風も吹かず、雨の気もなくいいところだったので、その山陰のカンミョウに住みついた。

（『天城町誌』から要約）

このあとアメンキュ夫婦は、さらに低い村里に降りて行き、水田をつくり、稲を植え、子孫のためにシマジマ（集落）をつくらせたという。
この開闢神話にことさら私がひかれるのは、この神話が天降り型の水稲栽培の始源を語っているからである。琉球文化圏には「海の彼方《かなた》の浄土ニライ・カナイから稲穂がもたらされた」という水平型の伝承が圧倒的に多いのに、この島では天孫降臨に似た垂直型の水稲の来歴が語られる。しかも、北のはずれの山頂に降り立ったアメンキュが、島の中央を目指して南下していく方向の示唆が面白い。現在のこの山の公的名称は天城岳《あまぎだけ》であるが、方言名はアミキウデである。私は、最近、アミキウデの以前の呼称はアメンキュウデではなかったかと想像するようになってきた。貴い水稲の種子を初めてもたらした神の業績やその名が、山の名称に影を落とさぬはずはないと思うからだ。はたして音韻上の変化の可能性はあるのかどうか。

次に、井之川岳（六四五メートル）。この山の名は、遠い昔、イネィフウデ（稲穂岳）だったという。これにはいくつかの伝承がある。イネィフウデが音韻上の変化でイノウデになり、明治の地籍改正の折には、ついに意味の全く異なる井之川岳に化けてしまった。漢字はほんとうに恐ろしいと思う。私ごとになるが、私はこの山に抱かれて育ち、そしていまも毎日この山を眺めながら生活を送っている。まことにおだやかな姿をしている。じっと見つめていると、畔《あぜ》をまくらにして横倒しになっている生マレ稲ガナシ（たわわに実った稲穂）のイメージと重なってくるところが不思議だ。

最後に、南の端に位置している犬田布岳（四一七メートル）。この山は、古くはイネィタブクウデ（稲田袋岳）だったという。それがインタブウデになまり、明治になってから、稲と犬が入れ代わってしまった。

北の端に聖なる天降りの山をいただき、南の端にゆったりとした稲田袋の山を配し、そしてその中央部に大自然の恵みの象徴である稲穂岳が横たわっているという、この雄大な構想は、いつごろだれによって設定されたものであろうか。

南島からの報告——徳之島の戸惑い——

「不思議な島」

「徳之島は不思議な島である」といったのは民謡研究家の久保けんお氏であった。氏はその理由をNHK鹿児島放送局編『徳之島の民謡』(昭和四十一年版)の序文で次のように述べている。

「日本をひとつのスリ鉢と考えるとき、音楽文化の面では、徳之島がそのスリ鉢のいちばん底にあたる。専門的にいうと徳之島は日本旋法の南限であり、琉球旋法の圏内に属する沖永良部島以南とはっきり一線をひいているのである。筆者が不思議な島だというのは、徳之島が言語(方言)といい生活様式といい、まったく琉球とおなじブロックにありながら、民謡の音の仕組み(旋法、音階)だけは頑固に琉球の支配を拒んできた——つまり、この島から北には琉球旋法が一歩もはいりこめなかった——という点である。」

冒頭から久保氏の指摘を引用したが、これは他でもない、この短い文章の中に、徳之島の文化の特徴が民謡という一側面をとおして要領よく示されていたからである。ここで久保氏の言わんとしているポイントは二点にしぼられていると思う。まず最初に示されたポイントが、スリ鉢の底に沈澱するような古い文化のたまり場としての特徴であり、次に示されているのが、南からすごい勢いで押し寄せてきた琉球文化と、北から同じように南下してきたヤマト（日本本土）文化をしっかりと両手で受け止め、生のままでは上陸させることのなかった徳之島文化のしたたかさについてである。特に私は後者に触発された。言葉をかえていえば、徳之島は南の文化と北の文化の流れの接点をなしているということであるが、この相反する南と北の力は互いにぶつかり合って渦をつくり、それがそのままスリ鉢の深い底に沈澱していったのではなかろうか。いずれにしても、このような指摘が私たちにとっては初見であったために、島の研究家たちの間にもいろいろな想念が生まれ、そして波紋を広げていったのである。相前後して徳之島郷土研究会が生まれ、若き民謡研究家小川学夫氏の来島と相まって島の民謡研究は、それまでの歌詞中心の手法を一気に乗り越えて、音を中心にした第二の興隆期を迎えるのである。

その後の調査研究によって、私たちはいくつかの徳之島民謡のもつ特徴をさぐり出すことができた。かいつまんで述べてみると、まずあげられることが、斉唱歌が多いこと。しかもその斉唱歌は、男性群と女性群の掛け合いによってなされるところから、日本古代の歌垣の習俗を彷彿させるものがあるともいわれた。島の儀礼歌は、ほとんどがこの斉唱歌の掛け合いでなされるのである。

そのほか、徳之島には他の島々にはない独特な民謡も数多く貯えられていた。その筆頭格が田植歌である。この歌は田植えのときに豊作を願って現場で演じられるところから、徳之島ではまさに溢れ出さんばかりに充満し、人々の生活の場に滲み込んでいたのであるが、不思議なことに琉球文化圏の他の島々へはついに飛び出してはいかなかったのである。私たちは未だに他の島々から同じ流れの田植歌を見つけ出していない。このような田植歌の姿にも飽くことのない徳之島文化のしたたかさを垣間みることができるのである。

もうひとつ、口説きについても触れておこう。口説きは本来、日本本土から沖縄に入り、さらに沖縄から北上して徳之島に持ち込まれたとされている芸能であるが、これがひとたび徳之島の人々の手にかかると雑草のように蔓延し、いかにも徳之島らしいしぶとい花を咲かせるのである。口説きといえば、語りものが内容の独演であるために叙事的歌謡といわれ、歌詞が羅列式に続く難儀な歌であるが、このような地味な歌を徳之島の先人たちは他のどの島よりも多く彩りをそえて生み出し、そして貯えてきたのである。小川学夫氏と私が協同で調査したところでは十五の数を確認し、その総てが小川氏の手によって『日本庶民生活資料集成』第十九巻の中に収められている。ほかにも徳之島にだけ伝承されている土の香りの高い民謡がいくつかあるが、もうここではふれない。

民謡以外に徳之島文化の特異性をあげるとすれば、仏教が定着できなかったということではないかと思う。古記録（『徳之島前録帳』）によれば、薩摩藩は元文一年（一七三六）徳之島町井之井に禅宗系の寺院安住寺を建立し、島民を一方的に禅宗に改宗させたが、これを受け入れていない。仏教的な要素はしこたま生活に吸収しながらも、信仰そのものはついに受け入れなかったのである。安住寺は一戸の檀家を得ることもなく、延享一年（一七四四）には同町の亀津に移され、さらに明和七年（一七七〇）には伊仙町の義名山に場所を移転するなど、住民に受け入れられないまま転々としている。

なぜだろうか。私はその理由の第一番目をシマの組織的な祖霊信仰によるものだとみている。シマの祖霊信仰は稲作文化と結びつくことによってシマの自然や集落、そしてそこに生活する一族一統を含めた巨大な組織によってゆるぎない基盤をつくっていたのである。

「先祖（おや）拝んでから神（仏教）を拝め」

という俚言はよく往時の人々の思想を要約していると思う。これはあとで述べるが、私は自分の住んでいる集落の古地図をつくることによって、具体的にその足跡を知ることができた。水稲は祖霊と人間社会をとりもつ神聖で、しかも不可思議な作物であった。その水稲のもつ不可思議な属性がシマの祖霊信仰をさらに強固なものに仕立てたのである。シマ社会は水稲の栽培周期によって節目をつけられた、いわば祖霊信仰王国であった。

ところが昭和二十九年以降、この状況が音をたてて崩れ出した。奄美振興特別措置法の名のもとに巨額な国費を投入して水田壊しが開始されたからだ。ねらいは自給自足の農業から脱却して現金収入の多い企業的な農業に構造を改善すること、つまり水稲をなくしてさとうきびの生産拡大をはかろうとするものであった。このねらいのもとに、かつての聖地であった水田や森や小川は一顧だにされることなく、ブルドーザーの響きとともに壊されていったのである。ほんとうにあっという間のできごとであった。

それから三十年がたった。いま徳之島には水田はない。ほんのわずか痕跡をとどめているが、これはものの数ではない。ここまで来て私たちは千年以上もの遠い昔から栽培され、受け継がれてきた水稲と別れ、それに付随して伝えられて来た儀礼や芸能は、完全に演ずる舞台を失ったのである。

私は二十年ほど前に聞いた古老の嘆きをいまも昨日のように思い出している。

「ブルドーザーが音を立てて山や田ん圃を壊していくものだから、神さまがびっくりして皆天国へ帰っていってしまった。それで最近は神山の木を伐ってもたたられることもなくなった。神を畏れる人もいない。」

人々の信仰や畏敬の念が薄れたのではない。神さまがいなくなったのである。人々は自らの手によって神々の住家を破壊し、神々を天国へ追い返したと嘆いているのだ。同時に古老たちの体の中に染みついている思いや体験を語る場所もなくされてしまったわけだ。

さて、いま私はかつての水田区域の前に立って風になびくさとうきび林を眺めている。なんと殺風景な眺めだろう、われながら淋しい思いにかり立てられてしまう。きび畑というものは水をひかないので栽培が雑なのだ。本来場所を選ばない。そのために自然を壊し、風景を損うことが多い。水田とは立地条件が全く逆なのである。

思うに、さとうきび産業は、その植民地産業性と栽培技術面における粗放性のために、歴史の流れの中では常に伝統的な心を駆逐するマイナスの力として重たくのしかかってきた。まずあげられることが、薩摩藩による黒糖搾取である。薩摩藩の財政難解消のために、天保元年（一八三〇）の第二次砂糖惣買入れ制施行以降明治の初期までは、骨の髄までもしゃぶり取られてしまったのである。

ウシクがじゅまるや石抱ちど太る
ヤマトイシュギラや島抱ちど太る
（あこうの木は石にからまりついて大きくなっていく。ちょうどそのように薩摩の武士たちは島の農民たちにからまりついて太っていく）

やりどころのないつらさを当時の農民たちは民謡に託してほんのわずかの抵抗を示したのである。この民謡はいまも受け継がれている。

それから粗放性についてであるが、さとうきびは、その植民地産業性と相まって雑な栽培技法でも容易に栽培することができることから、こまかい心づかいを特に必要としない側面があった。もちろん栽培作物であるから、それなりの努力や工夫が必要であることは当然であるが、自らの食糧とはなり得ない作物であるために収穫のよろこびが稀薄で、常に外的な要因によって価格が左右される不安定性をかかえていた。その傾向はいまも変わらない。そのためか、さとうきび作はついに農民の心の反映としての儀礼も芸能も生み出すことがなかったのである。

ここで日本の地図を開いてみることにしよう。徳之島は、島尾敏雄氏が名付けたヤポネシアの尻っぽにあたる、琉球弧の中の南西諸島と呼ばれる飛び石づたいの、およそ中ほどに位置する外海離島である。古くからこれら一連の島々が道之島とも言われていたのは、これらの島々の島陰をつたって日本本土から大陸へ渡る海上の道があったからである。いつのころだったのか資料がないのではっきりしないが、六月の梅雨明けの季節に間違いなく吹きすさぶ荒南風《あらばえ》によってヤマトへ上がり、十月、十一月ごろにニシ吹きといわれる寒い北風によって島に帰るものだったそうだという言伝えは、いまでも古老たちの語りの中に残されている。このような危険きわまりない海の上の道によって、これら南海の島々は古くから日本本土と結ばれていたのである。

『日本書紀』の推古天皇二十四年（六一六）の項には「三月掖玖人三口帰化。」「五月夜句人七口来之。」などという南島との交渉の記録がみられる。推古天皇の時代といえば聖徳太子が法隆寺を創建し、遣隋使小野妹子を中国に派遣（六〇七）したという、いわば大陸交渉の黎明期であるが、このような時期に大和朝廷と南島が結ばれていたことは特筆に値することだと思う。これは私の想像であるが、これら南島からの帰化人たちは、このころ、日本本土と中国を結んでいた遣隋船に便乗して大和へ上っていたのではなかったか。それとも、南島の文化はすでに黒潮海流を乗り切ることのできる大型舟を持っていたのであろうか。

徳之島は周囲が八十四キロメートル、面積が二百四十八平方キロの古成層と隆起さんご礁によってできている亜熱帯性の島である。四季を通して温暖で、年平均気温が摂氏二十一度。降雪をみることがない。山には照葉樹林が繁茂し、原野には芭蕉や蘇鉄などが自生しているが、毒蛇ハブが生棲しているために、藪へ入るときは気をゆるがせにすることができない。島は山あり、水あり、田畑ありで地味に恵まれ、かつては水田と畑がバランスよく配置されていて、唯一の自給自足のできる島だといわれていたが、さきにも述べた特別措置法によって開発がなされ、畑作、特にさとうきびの単一生産島につくり替えられてしまった。さとうきびの生産量は年間三十万トン。奄美五島全体の約五十二パーセントをこの島だけで生産する。しかし、一次産業が所得に占める割合はわずかに十二パーセントに過ぎない。不思議な現象だ。島の農家はこのさとうきびの売上げ代金で日本本土から生活資材を購入することになるのだが、輸入超過のために採算がとれず、専業農家は減少傾向にある。

行政上では徳之島町、伊仙町、天城町の三区に分かれ、人口は合わせて三万四六〇〇人（昭和六十年国勢調査）である。

交通機関は鹿児島と空路で毎日二便結ばれるほか、沖縄と鹿児島へ向けて一便の海路が開かれている。東京へは空路で片道飛行時間がおよそ二時間である。かつての僻遠の島々は、いま首都圏の傘下に入った感がつよい。そのために、島の伝統的な文化は日々輝きを失いつつある。その反面、テレビや新聞等によって持ち込まれるおびただしい生の文化が日常生活の場をとり巻いている。小学生のほとんどが島の方言を語れなくなっているのに残念がる人もいない。悲しい現実である。

古図にみる小宇宙

鹿児島県大島郡徳之島町徳和瀬。方言名、ワシ、またはワシムラ。戸数百三十戸。海岸よりおよそ千メートル内陸部に入った丘陵地帯の上に開けている。古くはネィージマ（根になる集落）と呼ばれ、島の東部一帯では最も早くから開けていた集落だと考えられている。そのためか、集落は自然的条件に恵まれ、典型的な小宇宙空間を形成している。

私はこの小集落に生まれ育ち、そして本土で学生生活を送った十年間を除いて、私の日常生活はこの集落とともにあった。当然のことながら、この集落がたどって来た変身の過程は、そのまま私の人生の半世紀の光と影をもつくり出してしまったのである。私の体の中にはこの集落のもつ土の香りが骨の髄までも沁みついているといった方がよいかも知れぬ。いまもこの集落から離れることができず、この集落が張りめぐらした網の中でじたばたもがいてばかりいるのは、実はこの土の香りにとりつかれているからにほかならない。

「これではいけない。もう少し視野の枠を広げなければ……」

このような思いにかり立てられて、十年ほど前から手がけたのが、わが住む集落ワシムラの古図つくりであった。

ところが、粗末な出来映えではあるが、この集落の古図を俯瞰して私は驚いた。それはなぜなのか。結論から先に言えば、このネィージマと言われる古い集落が水、つまり水田を中心に集落の小宇宙を形成していたからである。小宇宙と言われる場合は、もちろん山や川や田畑や集落や浜辺や海や天空までも包含されるが、これらの自然的条件が水田を中心にして組み立てられていたのである。水田であるから、当然のことながら水稲が栽培される。水稲が栽培されると、その栽培周期に応じて季節も形成されてくるわけだ。

このようにして、地上の自然的条件も、また太陽の運行によって進行していく時間的条件も、総てが水稲を軸にして組み立てられ、この神聖な水稲を栽培することによって、神々とともに小宇宙の中でつつましい平和な生活を営むことができたのである。

ここで古図によって、もう少し具体的に説明してみよう。まず集落そのものから話を進めていくことにするが、ここで見落としてならないのが、ネーマと呼ばれる屋敷である。集落の南側の端っこ、つまり一番前面に位置している。前面というのは、水田を中心にしたワシムラの聖地がほとんどと言っていいほど集落の南側か、またはそれに連なる上の方（集落の西側）に集中していることに由来している。聖地に最も近い位置ということになるわけだ。その意味においてワシムラは南向きの集落ということができるかと思う。

このネーマという屋敷はワシムラを開いた開祖の屋敷だとされ、かつてはこの屋敷より上の方には他の人々は家をつくってはならないとされていた。明治、大正のころに幾人かがこのタブーを破って、自分の作場の側に家を作って住んでいたが、どの家も悪病や難産などに見舞われたために、また元の集落に戻って来たことがあったという。

そのネーマのすぐ後がトネキサと呼ばれる祭りの広場である。このトネの広場周辺の道路が最もこみ入っていて、ワシムラはこのトネの周辺を基点にして扇形をつくり、北の方向へ発展していったことがみてとれる。

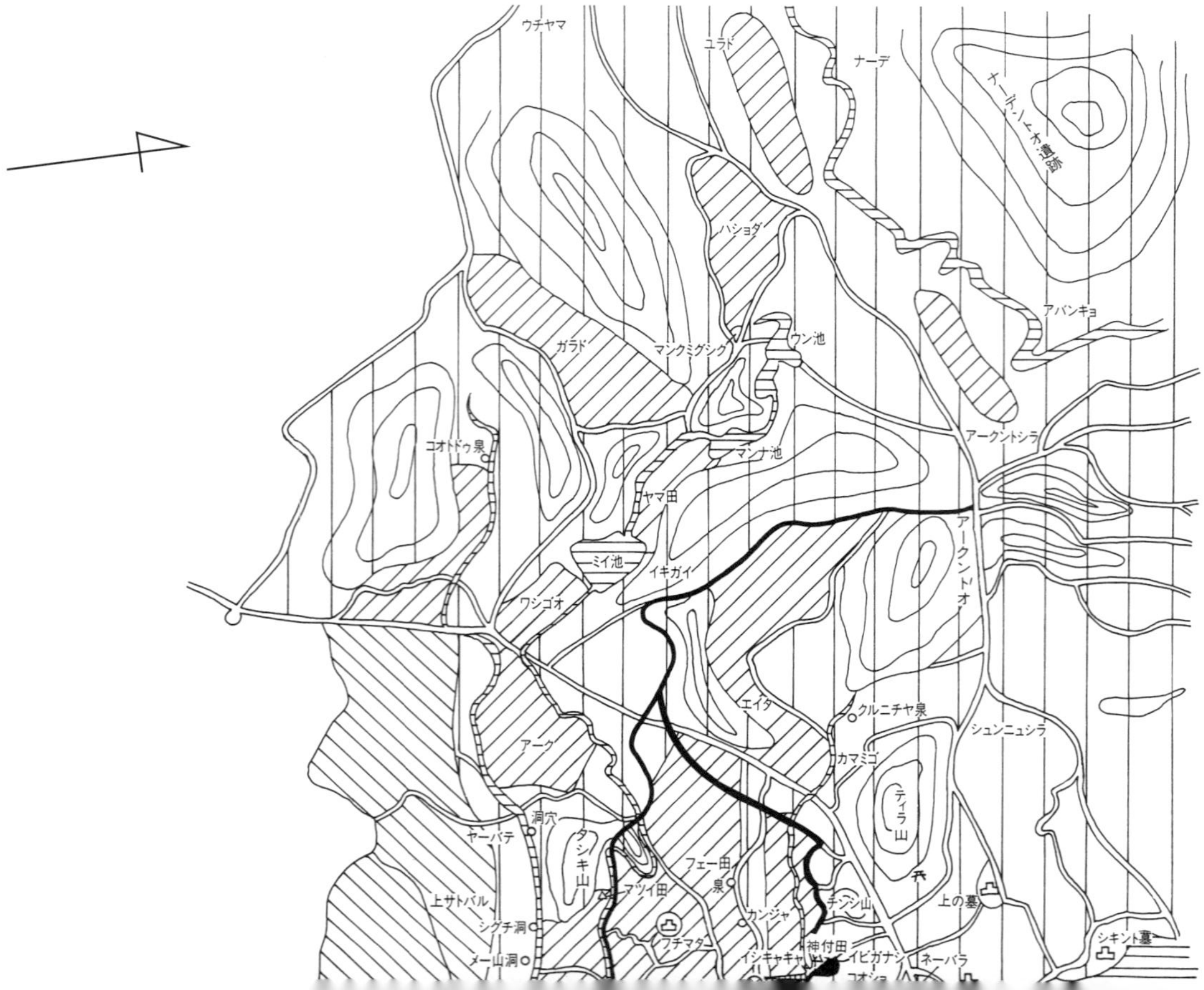
ウチヤマ
ユラド
ナーデ
ナーデノトオ遺跡
ハショダ
ガラド
マンクミグシク
ウン池
アバンキョ
コオトドゥ泉
マンナ池
アークントシラ
ヤマ田
アークントオ
ミイ池
イキガイ
ワシゴオ
エイタ
クルニチヤ泉
シュンニュシラ
アーク
カマミゴ
ティラ山
洞穴
ヤーバテ
タシキ山
フェー田
泉
マツイ田
上サトバル
上の墓
シグチ洞
カンジャ
チジン山
フチマタ
神付田
シキント墓
メー山洞
イシキャキャ
イビガナシ
ネーバラ

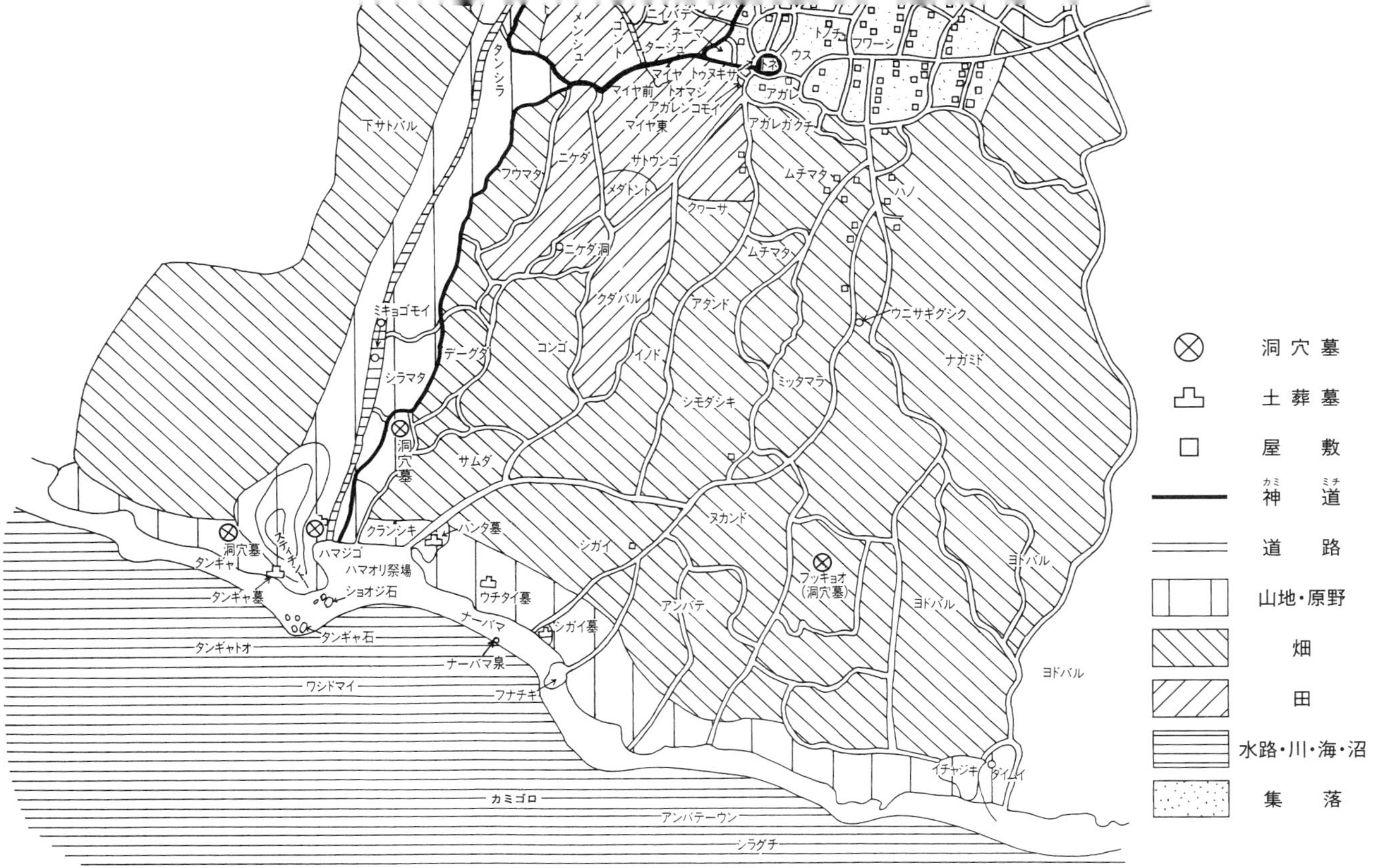

ワシムラ（徳和瀬）集落古図

また、トネの広場の東隣にアガレという屋敷があるが、ここは古く、トネの祭場やそこで行なわれる祭祀を掌握管理していた女司祭の住んでいた屋敷である。この屋敷のことを別に下ノトネとも呼んでいたことが、なによりの証拠になる。

それからこれは、ネーマとアガレ両家の古墓を調査して分かったことであるが、ネーマに住んでワシムラを統治していた支配者とアガレに住んで司祭をつとめていた女司祭はウナイ（妹）とイイリ（兄）の関係にあった。このことから推して、この二人のウナイとイイリは互いに協力し合って、イビガナシの神託を中心に捉えた典型的な祭政一致の古代政治を執り行なっていたことが想定される。くだって西暦一五〇〇年代の中葉のころに、琉球から「首里の主」と称する外来の島主一行が派遣され、その一部がフーワシと称する屋敷に住みついたために、ワシムラの政治は社会的優位に立つフーワシ一族と宗教的な面で優位に立つネーマ一族との間で、いろいろなトラブルが発生することになるのである。

さて、それでは集落を取り巻く周囲の自然的な状況はどうなっていたのであろうか。その特徴とでもいうべき点について、ここで概略的に述べておこうと思う。集落の前面（南側）はほとんどと言っていいほど水田で占められているが、この水田地帯を上から下へ三本の川が流れている。(1)カマミゴ、(2)ニズ（またはコント）、(3)ハマジゴである。(1)と(3)が自然にできた川であるのに対して、(2)のニズは江戸時代末期にできた人造の用水路、つまり、水田に水を引く溝である。三本の川はそれぞれ流域で水田を潤しながら、あるものは地下に吸い込まれていき、あるものは浜辺までも流れ出して、それぞれの姿を消してしまうのであるが、ワシムラの聖地と呼ばれる場所がほとんどこれら川の周辺に集中しているので、川との結びつきを軸にしながら少し具体的に説明を加えてみたい。

カマミゴはクルニチャ泉という湧水に源を発し、およそ五百メートルほど流れてファーサブという地の底へ通ずる恐ろしい洞穴へ吸い込まれていくのであるが、この一筋の清流の演ずる水の機能はまことに多彩である。一番上の方をカマミゴというのは、語源をたどっていくと「神浴ミ川」であって、その昔、神々が沐浴を楽しんだところである。昭和二十年代のころまでは、このカマミゴの流域は古木がうっそうと茂り昼なお暗く、恐ろしくて近寄り難いところであった。

少し下ればイシキャッキャ。ここも「美シ清川」という字を当てることが可能であるから、神女たちが沐浴して身を清める川であったことが明らかである。しかし、なんのために、身を清めなければならなかったのであろうか。その問いに答えるためには、この川の淵に祀られたムラ一番の守護神イビガナシをひき合いに出さなければならない。

昔、ムラ一番のハンサレ（老婆）が、古木の生い茂る山の中へ入っていったが、姿を消して行方不明になり、ついに帰らぬ人になった。それで人々は、姿を消した場所をイビガナシとして祀るようになったのだという。

そんな場所であるからなんにもないわけだ。ただ白砂が盛られ、側に盃が置かれているだけである。しかし、その周辺に広がる聖域のこみ入って複雑なことについては、驚かされるばかりである。まず、イビガナシのすぐ側には小さい池があり、そこにはいつも清水がたたえられていたが、この池にはワシムラ版の小さい羽衣伝説が伝えられていた。また、イビガナシの背後には、チンシ山やティラ山と呼ばれる恐ろしい神山が、うっそうとした老松に覆われてゆるやかに続いていて、人々を寄せつけなかったが、その中でも特に恐れられていたのがチンシ山であった。チンシ山の頂上附近には石の積み上げられたところがあって、その近くからは人骨が出てくると言われていたからだ。私は、幼いころに祖母から、「チンシ山へは近寄るな。ティラ山の木はたとえ小さいものであっても手折ってはいけない。必ずたたられる」と言いつけられたことがいまも忘れられない。

そしてついに登場してくるのが、カミチキ田（神付田）と呼ばれる三角形をした小さな水田である。神の領分に属する水田ということになろうか。イビガナシのすぐ前隣にある。田にはカマミゴの聖なる水がひかれる。この田にはイビガナシの司祭以外、入ることができなかったし、汚れた肥料も使用することができなかった。稲はイビガナシの見守る前で聖なる水の力だけによって成長し、いろいろな栽培儀礼を経たあと、小さい実りの秋を迎えることになるのである。

ところが、これは古図をつくってみて分かったことであるが、イビガナシの聖域と集落の聖地であるトネの広場は一本のけもの道のような細い「神ノ道」で結ばれていた。この道は祭りのときにだけ用いられる文字通り神の通る道なのであるが、これによってイビガナシの祭りはトネの祭祀とも深くかかわり合っていたことが証拠づけられたのである。どんな祭りが執り行なわれていたかについては、はっきりした伝承が残されていないが、断片的な古老の語らいや伝統行事の痕跡等から、古くは「冬ウンメ」と呼ばれる畑の作物の祭りや「十五夜」と呼ばれる水稲の祭りなどが行なわれていたことは、うっすらと想定することが可能である。

以上のような状況から、イビガナシの宿る聖域は、神山と聖なる川や池、それに水田や水稲や神道やトネの広場や集落が渾然一体となった小宇宙的な構造になっていたことが分かる。このようなイビガナシを、私は、最も近距離にある気やすく付き合える神ということで、私なりに集落の「内なる神」と呼ぶことにしている。

また、これも古図をつくってみて分かったのだが、右の「内なる神」のコース（小宇宙）に対して「外なる神」のコースのあることも確認され、私は驚かされた。アクントーと呼ばれる小高い山を原点にして発する神道が、集落の前にある水田区域のさらに外側を通ってナーバマ（中の浜）と呼ばれる祭りの浜に通ずるコースである。このコースは、集落の南のはずれのハマジゴ（川）の側を通るので長いし、このコースのあちこちには人々の立ち入ってはならないとされる場所があって、集落のみんなに恐れられていた。

こんな話がある。「Aさんは神道の隣に畑をもっていた。Aさんは当時の習慣として畑の隅っこに小屋を建て、そこに牛を飼っていたが、仕事の妨げになるので神道のそばに小屋を移した。ところが数日後に不思議なことが起こった。Aさんの牛が夜半に急死していたのだ。人々はAさんの牛が神聖な神道を汚したからだと囁き合った」という。

また、このコースの終点にあるナーバマは、古い時代の洞穴墓が散在する、集落では最も恐ろしいところである。この恐ろしい洞穴墓の前で、明治の中ごろまでは泊り込みで一年の夏の折目の祭り、その年の水稲の収穫感謝祭が行なわれていたから興味深い。伝承によれば、ハマオリの祭りの夜には海の彼方からネイラからも神様が訪れてきて人々に祝福をもたらしたというが、もう詳しいことは分からない。しかし、ネイラの神様がナーバマにやってくるときに目印にしたと伝えられるタンギャ石（立岩）だけはいまも健在である。

このハマオリの夜の祭りのときに、最初に踊られた「アッタラ七月」という歌がいまに伝承されているので、その歌い出しの部分をここで紹介することにしよう。

アッタラ七月ヤ　新冬ナスシヌキ
カナガ年吾ア年　寄ラスシヌキ
（惜しい七月よ、七月が去れば新しい年がやってくるのが淋しい。愛しい人の年も私の年も
また一つ寄っていくのがつらい）

この歌詞によって、古くは水稲の収穫される七月をもって一年がしめくくられたことが明白である。これは太陰暦の入ってくる以前は水稲の栽培周期によって一年の折目がもたらされていたという証にもなるものであるが、併せて八月一日から開始される新年のことを新冬（ミフユ）と呼んでいることも面白いと思う。それはなぜかと言えば、往時の人たちが今様にいう秋を抜きにしているからだ。別に春という呼称の季節語を見つけ出せないので、一年の季節を大きく夏と冬の二つに分けていたのではないかという考え方がここで浮上してくる。

いずれにしても、一年の大切な折目が水稲の収穫の時点に、しかも恐ろしい夜の祭りの浜辺で遙か彼方のネィラからも神様を迎えてなされるハマオリという儀礼によってもたらされたということが、ことさらに興味深く思われる。

さて、集落の「内なる神」と「外なる神」についてその概略を述べたが、私は、この内と外の関係を祭祀の二重構造と呼ぶことにしている。一方が集落の近くに住み、人々の日常生活の場で気やすく接触できる身近な神（イビガナシ）であれば、他方がいつもは人々が近寄りたがらない恐ろしい浜辺に、祭りのときだけ海の彼方から訪れてくるという来訪神。一方が現世をとりもつコースであれば、

他方は恐ろしいあの世、つまり他界へ通ずるコースということになろうか。いつもはなんでもない静かな集落の生活の底に、このような内と外の小宇宙や世界観が秘められていたことに、ひとり驚かされたのであった。そしてこれらの神々が、いずれも水稲を媒介にして集落の人々と結ばれていたことがなによりも不可思議で、人間の創り出した文化というものの奥の深さに言い知れぬ感銘を受けたのであった。

最後になったが、これら内と外の二つの川にはさまれるようにして流れているニズ（溝、水路）についても二、三ふれておきたいと思う。前二者が自然にできた川であるのに対し、この川は集落の人人の手によってつくられた川である。別にコント（台地を流れる川）とも呼ばれているのは、この川がノーシュ（苗代地帯）の最も高いところを流れて多くの水田を潤していたからである。『徳之島前録帳』という古文書に、「天明元年（一七八一）此御代和瀬村溜池普請有之」という記録が残されているから、ニズはこのころに引かれたのであろう。当然のこととしてニズの両側には新しい水田が開かれ、ワシムラの水田地帯は一挙に明かるく見はらしのよい台地へと登りつめて来たのである。人々の心も華やいだことであろう。このころから人々はカマミゴの暗い恐ろしいイメージからのがれて、コントと呼ばれる新しい霊力をもつ川へと心を移し始めるのである。ノーシュの一番上の方にはマツリ田という聖なる田もつくられ、田植えが近づくと、田植え始めの儀礼がなされるほか、ニズマツリもなされるようになった。

池ナ水溜メテ　溝下イ走ラチ
今年稲ガナシ　生マレナシキ

イノウデ（稲穂岳）遠眺　古い時代にイネィフ（稲穂）の象徴としてあがめられていたイノウデ。そのゆるやかな容姿は、畔を枕にして寝ている稲穂に似ている。かつて水田に見守られていたイノウデは、いま畑にとり囲まれている。手前の黒い森影はシマの聖地ティラ山のたたずまい。

ニズマツリのときは太鼓の音に合わせて華やかな田植歌も歌われるようになり、稲ガナシ（水稲）と水を寄りどころとしたワシムラの連帯感はいやが上にも高められていったのである。そして、いつの間にか人間の霊力を決定づけると信じられていた産湯の水も、また死者をあの世へ送るときに用いる清めの水であるサンカ水も、ワシシギョウと呼ばれるカマミゴから、このコントに移し替えられて昭和の時代にひき継がれていくのである。総じて言えば、琉球王朝の傘下にあったときはノロ文化とともにカマミゴが人々の心をとらえ、その後の薩摩藩の治世になってからは、ノロ文化の衰退とともに新しい人工川に象徴される住民の力が台頭してくるようになったと言えなくもない。

さとうきびの花　シマの基幹作物さとうきび。豊作に恵まれると薄紫の花を高くかかげる。かつての水田は、いま、さとうきび畑に変わっている。

溜池のフナ捕り　旱魃で溜池の水が少なくなると集落の皆でフナ捕りをした。大きなウナギを捕る人もいた。思い思いの捕獲網をつくり泥んこになって競い合った。水田がなくなると溜池も荒れてしまい、フナ捕りもできなくなった。

シマのこころの行方

あれはもう二十年も前のころのことであったか、当時伊仙町の公民館長をしていた糸泰良氏から、「井之川岳の元の呼び名はイネィフ岳だったそうだ」と聞かされて度肝を抜いたことがあった。井之川岳といえば、徳之島の主峰であるとともに、その気高くゆるやかな姿で朝夕私たちの心を和ませてくれる尊い山である。この尊い山の名がなぜイネィフ（稲穂）でなければならないのか。以来私はこの山の名に憑かれてしまった。少々理屈っぽくいえば、最初にイネィフウデがあって、それがイノウデになり、そして現在の井之川岳になったというのだ。井之川岳は明治初期の島役人たちが地籍を整理するときに単なる思いつきで当てた漢字に過ぎない。問題は、イネィフウデが音韻上イノウデに変化し得るかという点についてであるが、私は可能性は充分あるとみる。要はその心が気がかりなのである。なぜ故里の気高い山の名がイネィフ（稲穂）でなければならないのかと。

毎日その気で眺めていると井之川岳が、ついに稲穂に見えてくるようになったから不思議だ。その姿は、実った稲穂を数十本藁から引きぬいて、束にして北の方に向けて寝かせてあるように見える。ゆったりと重々しい感じだ。そして、古代に執り行なわれていた豊作祈願「稲霊寄セ」の儀礼の祝詞の中に、

上ン田ノ稲ガナシヤ下ン田ノ畔枕

という言葉を見つけ出してからは、ますますイネィフ岳説に自信を深めてきた。つまり、古代の人たちは実入りのよい「生マレ稲ガナシ」を、風に吹かれて横倒しになり、アブシ（畔）を枕にして寝ている姿としてとらえていたのだ。そして、その「生マレ稲ガナシ」の象徴としてイネィフ岳があったのだと。このように考えていると、神聖な稲ガナシと厳かな故里のイメージが折り重なって、私の胸の内はもう熱くなってしまった。

ところが現実の姿はどうであろうか。かつてのノーシュ（苗代）のあったかいわいに立って周囲を見回わして、私は愕然とした。昔水田のあったところに水田がなく、コント（川）のあったところに水が流れていない。昔あれだけ人々に恐れられていたイビガナシも、草木に埋もれて拝みに行く人もいない。

それからおもむろに私は不安に襲われてきた。私は伝承にもとづいて私の心の中に生きているシマの姿を書いてきたのだが、いまその書いたことがシマの文化や歴史とは関係のない架空のことを書いてきたような錯覚に襲われて、言い知れない淋しさを味わわされたのだ。それほどまでにシマの現実は変化している。

最後に私が言いたいことは、山の名と同じほどに古い時代からシマの人々の生活の場に根をおろし、そして人々の心の支えにしてきたこの厖大な水稲にまつわる文化を、今後どうするのかということである。要は、さとうきびが水稲にとって代わる文化を創造し得るかということであるが、これは不可能に近い。シマのこころはどこへ行くのであろうか。いまシマは揺れている。

徳之島の田植歌

田植歌が田植えの場で歌われなくなってから、すでに五十年の歳月が流れている。したがって、現在、田植歌を実際に経験した人々は、七十歳代以上の高年齢層の人だけ、ということになる。この人たちとともに、田植歌も消えていくかもしれない。この小稿では、私が最近、徳之島町徳和瀬に居住する古老(*)を相手に行なった聞取り調査をもとに、田植歌の民俗とでもいうべきものを述べてみる。往時の稲に対する人々の考え方を知るために、稲作儀礼を中心に、また、それに続いて田植歌が実際にどのような要領で実施されていたのか、その模様などについて述べてみたいと思う。

*重久米豊(九十歳、唯一の音頭取りの経験者)、同トク(八四歳)、松山喜豊(八七歳)、同メッタガ子(八五歳)、本田メタシ(八十歳)の各氏。いずれも徳和瀬在住の方々である。

田植歌の分布

奄美諸島の中で田植歌の伝承されている島は、この徳之島一島だけである。奄美の島々を隈なく歩き回っている民謡研究家の小川学夫(*)氏にも聞いたのであるが、氏も徳之島の田植歌と同じ流れの民謡は、その片鱗さえも見出していない。なぜ、徳之島にだけ田植歌があるのか。まことに不可思議なことといわねばならぬ。

一方、徳之島においては、これほど島全域に広く、しかも濃密に分布している歌は他にはなかった。それが田植えという稲作労働の中の最も体のきつい時点での労働歌であったところから、人々は他の民謡とは異なった感慨を、この歌に込めている。「痛い痛いと思っていた腰を田植歌を歌うことによって忘れてしまった」「田植歌をする時は、まるでナクサミ（祭り）のように賑やかだった。昔の田植えはイキオイ（活気）があってよかったなあ」等と述懐する古老たちの体内には、まだ田植歌のぬくもりがそのまま貯えられていて、話す時の表情や身振りなどにそれがよく現われてくる。

筆者の老父は、「タカ持チ（三反歩以上田を所有する農家）になって自分の田を田植歌を歌わせながら植えさせてみたい」という夢を抱いていたが、ついに果たし得なかった。というのは、田植歌は面積が狭いと、人数の関係で実施できなかったからである。老父にとって、田植歌は「夢」であったと同時に、「夢を果たし得なかった心残りの歌」として強く心底に焼きつけられているという。

田植歌はいろいろな形で、島の人たちの心中に強く喰い込んでいる歌であった。田植歌のもつエネルギーは、一種の飽和状態にあったともいえるのである。そのような歌が、なぜ、徳之島から他の島々へ流れ出て行けなかったのであろうか。他の島々にも水田はあったし、田植えも行なわれていたのであるから、受け入れる素地が全くなかったとはいえない。いかなる理由によるのであろうか。

＊　小川氏は昭和四十一年（一九六六）から同四十五年まで徳之島町亀津に居住し、奄美民謡の調査研究に専念された。A「奄美民謡における『歌掛け』の形式」（『演劇学』第一一号、早稲田大学演劇学会）、B「奄美沖縄におけるヨンナ系ハヤシ詞の歌謡」（『沖縄文化』三三号、沖縄文化協会）、C「奄美民謡の反復形式」（『南日本文化』第三号、鹿児島短期大学、南日本文化研究所）等の一連の論文に

見られる氏の奄美民謡の研究方式は、かつての研究方式には見られない斬新なものである。右のAとCで徳之島の田植歌にふれている。

徳之島の稲作儀礼

明治の中期ごろ、島には⑴フンナイ、⑵チジュミ、⑶ジコウ、⑷トオブンと呼ばれる四種の稲が栽培されていた（松山喜豊）。⑴が糯米種、⑵⑶⑷は粳種であるが、⑷は赤米である。

フンナイ（本苗か）は、別名ウヤダネ（親種）ともいい、最も古くから栽培されている稲だと言い伝えられているものである。唯一の糯米種で、他とは異なって神聖視される傾向が強かった。そのことはウヤダネが芽を出す時（種浸けの際）に限って、「火の神がおごり火事が出やすい」といって、人々が畏れ、集落の聖地に集まって、火の神を鎮める祭祀を行なったりしていたことでも分かる。また、フンナイは、栽培すること自体が儀礼化されていたものと思われる。というのは、島の重要な稲作儀礼の配列が、フンナイの栽培耕種の段階と一致するからである。稲作儀礼の一覧表を示して、簡単に説明を加えてみたいと思う。

島の稲作儀礼は、七月旧盆のすんだ後にやってくるハマオリが一つの基点（折目）になっている。ハマオリは、俗に「火オリテ土踏ンデ上リ」といわれるように、ヒノエに始まり、ツチノエで終わる連続三日間を祭祀の浜に降り、そこで泊り込みでなされた集落で一番の盛大な祭りであった。

人々はヤドリと呼ばれる特定の場所にいき、そこに設けられたカマに火の神を祀り、その年穫れた新米の飯と神酒を供え、夜通し七月踊りで明かす習俗であった。いわば稲の収穫感謝祭である。この

徳和瀬集落の年中行事一覧表（下欄は稲作関係）

行事（作業）名	日　柄	月	日　柄	行事（作業）名
正月 ○若水儀礼 ○初原（ハッハル）迎え ○墓正月	元旦 三日 十六日	1月	元旦早朝	○トシアミ（川で米粒による豊凶占い）
麦刈り（海にサワラが寄ってくる）	中旬	2月	ネ、ウマ、トリ	○水稲フンナイ田植え ○粳種播種
○麦シキュマ（麦収穫祭） ○三月三日（女児節句）	ミズノエ 三日	3月	ネ、ウマ、トリ	○溝祭り（水路祭り） ○粳田植え
		4月	ノゾク	○虫除キ祭り
○五月五日（男児節句） ○シュク（アイゴ稚魚）初寄り	五日 二十八日	5月	ミズノエ	○アンダネィ（畔固めの儀） ○ワクサイ（忌み籠り）入り
○シュク本寄り（二回目） （水稲収穫の祝いのため）	二十八日	6月	カノエ	○シキュマ（刈取始めの儀） ○ワクサイ終り
○タナバタ ○お盆	七日、十三日、十四、十五日	7月	ヒノエ ヒノト ツチノエ	○ハマオリ（収穫祭） ○ターワク（田仕事）始メの儀礼
		8月	十五日	○十五夜祭り （大綱引き）
○九月九日（衣替え） 闘牛大会		9月		○田仕事期
○大麦播種 ○ウヤホウジミ（先祖祭り）	ツワブキ開花 ツチノト	10月	ネ、ウマ、トリ	○アキムチ（フンナイの種浸け祭り）
○山仕事（製糖用の薪取り）		11月		○フンナイの苗は苗代田で生えたまま越冬
○正月準備		12月		

祭りで、まる一年間を費やした稲の栽培は、ついに終止符が打たれる。ヒノエの日柄を特に選定するのは、この日が火の神と深い関係にある日柄だからである。

また、ハマオリは、一方では稲作儀礼の始まりの時点でもある。というのは、ハマオリの最後の三日目（ツチノエの日柄）は、早目に集落に帰り、その日のうちに苗代にいき、ターワク（田仕事）始メをしておかなければならなかったからである。ターワク始メは、先ず田の畔を新しい土でぬり替えてから、牛を二頭（藁綱で首が結ばれている）稲株の立っている田に入れて、左り廻りに追い歩かせ、田を踏み固めさせるといった要領で行なわれる。この時点で牛が儀礼に関与することが面白い。

また、その日の夜は、夏目踊りという集団踊りも行なわれた。クガネ石[*]という霊石を先頭に、夜通しウタと踊りをしながら踊りの集団が各家々から餅と酒をもらい歩くという習俗である。夏目踊りでは、最初の打ち出しに「アッタラ七ガチ」という踊りをするのが原則（徳和瀬）である。その歌詞を一番だけ紹介してみよう。

アッタラ七ガチヤ　ミ冬ナスシヌキ、カナガ年ワ年　寄ラスシヌキ
（惜しい七月よ、七月が過ぎると新しい冬がやってくる。いとしい人の年も吾が年も、寄っていくのが淋しい）

この歌詞によって、古くは七月の時点で年をとったことが分かる。このことは、古くは稲の栽培周期によって年が更新されていたことを物語っている。

ハマオリがすむと、ターワク（田仕事）にかかる。ターワクは、アラワク（最初の耕起）、テング

ナ（二回目）、ウィジックェ（仕上げ）の三段階に分けられる。昔の人たちは肥料を施すことはせず、稲の豊作は水とターワクによってもたらされると考えていたので、このターワクには精魂を打ち込んだという。また、二回目の耕起をテングナと呼んでいるのは、古く、田を「踏み固める」耕法のあったことを暗示している。テンは二回目を、グナはクナシ、つまり、足で土を踏んで田を整えたことを意味するからである。人の足によったのか、牛など動物の足によったのかは分からないが、足で踏む耕法のあったことは興味深い。

ターワクがすむとタネツケである。十月の節（万年暦で分かるという）に入ってから、七日目に浸けるのをサキダネと呼び、以後、子、午、酉の日柄を選んで浸けるのをアトダネという。ただし、十月に浸けるのはフンナイだけである。他の稲は翌年の春二月の節に入った時に浸ける。

フンナイの種を別名ウヤダネとも呼ぶのは、これが親分格の稲だからだという。タネツケをした夜は、タネツケ餅を作って、家族でお祝いし、その餅を火の神と先祖の神に供え、また、別に位牌元（親戚筋の本家）にも配ったりした（徳和瀬）。二昼夜ほどでタネは白い芽を出す。この時、「火の神のおごる」のを畏れる。火の神と稲ガナシの関係は、はっきり分からない。

芽が出たところで、タネは苗代に播かれ、十月の残暑に育まれて、またたく間に青田になるが、そのまま苗代に放置されて一冬を越すことになる。マ冬と呼ばれる十二月から二月の初旬の頃までの期間、ニシブキ（北風）に吹かれ、ユキ（アラレのこと）に打たれて、苗は黄色一色に変わり、葉の先端は枯れて全く成長は止まってしまう。「なぜ十月にタネを播いたのか分からない。昔の人は馬鹿だったなあ」（松山喜豊）という。

正月になると、トシアミという豊凶の占いがなされる。元旦の早朝、アバンギョ（霊なる川）にいき、ハナ米（正月に床の間に供える米）を少量、川の水面に落として、米の沈下具合を見て豊凶を占うというものである。米が威勢よく沈下すれば、豊作ということになる。

一方、メー山洞では、その年の水の占いがなされる。洞内の七マシ田（七枚の田）と呼ばれる小さい窪地に水が溜まっておれば、その年は水に恵まれ豊作ということになる。

さて、二月はいよいよフンナイの田植えである。田植えの時期は、二月のヒガン（大体十八日前後）が基準になる。このヒガンに入る前の七日間、また、過ぎても七日間、つまり、前後の十四日間が田植えの時期ということになる。ヒガン後の七日間を越すと、ナイバラン（苗のままで穂朶む状態）になるので田植えは放棄してもよいという。フンナイは、どの家も二升～三升の種しか播かないので、田植えも家族だけのひっそりとした雰囲気の中で行なわれる。勿論、田植歌も歌われない。

フンナイの田植えの時期と前後して、他の稲（以下「粳種」と呼ぶ）のタネマキが始まる。しかし、粳種の場合は、タネツケ餅で祝ったりはしない。

明けて三月になれば、島はもう暖かい。ノーシュ（苗代の集まっている区域）は苗の緑で一面が美しくなる。ノーシュの中央を一筋流れているのがコントと呼ばれる霊なる川で、一名、ニズとも呼ばれる用水路の幹線である。そのコントの上流に、小さい三角形のマツリ田というのがあるが、三月のミズノエの日柄を選んで、粳種の田植えに先だち、ここでニズ祝いマツリが催される。ニズの番人が中心になって、部落のユウシ（幹部連）をそこに呼び、シトギと、神酒をマツリ田に供えてから、一同も酒とシトギの共食を行なう。その後に、一同はニズにそって一列に並んで太鼓を打ち鳴らしながら田植歌を歌って、トネという祭り広場にいく。これが一年中で最初に歌われる田植歌である。節は田植歌と同じだが、歌詞は次のような儀礼的なものである。

①池ナ水溜メテ　溝下リ流ラチ　今年稲ガナシ　生レナシキ
②今年世ヌ変テ　二月ユキ降ラチ　今年稲ガナシ　ユキヌ真米

　このニズ祝いがすむと、ノーシュのあちこちでは苗取り（原則として男性）が始まり、続いて田植え（女性が当たる）が始まる。泉田の場合に限って、その田の泉口にシトギと酒を供えて祀ってから植え始める。この時、早乙女たちも一口ずつ神酒をいただく。他の場合はこのようなことはしない。田植えの時に田植歌が行なわれる。

　四月に入ると、ノゾクの日柄を選んで、「ムシ除《ノド》キ」という儀式が行なわれる。これは稲についている害虫を払う儀礼で、朝早く朝食をとらずに田にいき、稲についている虫を数匹とって、里芋の葉に包み、それを海に流して棄てるといった要領でなされる。

　五月になれば、稲は大分伸びて中旬以降は穂孕み期にさしかかる。穂孕み期は、稲作周期の中では最も気をつかう時点である。アンダネからシキュマまでの間の約二十日間が、この気をつかう期間に入る。この期間を別にワクサイと呼ぶ。ワクサイの期間中、人々は田の畔へは一切いかず、また、集落内での鳴り物も禁じられ、人々の話す声までも小さくなる。田圃の近くからは、白い目立つ物なども持ち歩かない。しばらくの間、集落は死んだような静けさにつつまれる。

　六月の中旬から下旬にかけて、まだ稲は完熟ではないが、カノエの日柄を選んで、「刈取り始メの儀」が行なわれる。これがシキュマである。シキュマはその前夜祭（ユアカシという）から始まる。先ずネーバラという祭りの広場に老若男女が集まって集団舞踊（七月踊り）をする。この踊りは、夜通し続く。ワクサイからの解放感も手伝って、人々のはしゃぎようは一通りではなかったという。この晩、青年たちはアシビンド（夜業をする家）に集まっている若い女性たちに、チッパネという竹製の水鉄砲で水をかけて廻る習俗もあった。これを水ハンナギと呼んだ。一種の水カケ儀礼である。

一夜明ければシキユマ。女性たちは早朝、鍋やそのフタなどの炊事道具をコント（霊川）に運んでワクサイの期間中の汚れをおとす。一方、男性は朝食をとらずに田にいき、新米を刈り取ってくる。本数は火の神に供える分として三鎌（稲三本）、先祖の神の分として二鎌（二本）それぞれ根から刈り取り、また、家族の分は鎌で刈らずに、一人あて一穂ずつ手で引きぬいて持ち帰る。わずかばかりのこれらの稲は、束にしてそのまま火の神と先祖の神に供えられ、また、家族の分は一穂から一粒ずつ実をむいて米に混ぜ、飯に炊いてその日の朝食に出される。シキユマの晩、青年男女は、水かけのナカナオリといって、アシビンドに集まり、男性が酒二合、女性がニギリ飯を持ち寄り、それを飲み喰いしながら、歌アシビに興じた。

シキユマに刈り始められた稲は、翌月のハマオリまでには収穫を終えねばならぬ。一連の稲作儀礼は、ハマオリでケジメをつけられるからである。

＊　クガネ石は豊作をもたらす神のヨリシロと考えられる。神之嶺集落ではこのクガネ石をたくさん子石を産む石だと信じていた。

田植歌の場面

田植歌が実際に歌われる場面に、四つの型がある。⑴溝祀りの時、⑵一般的な田植えの時、⑶田を植え始めた日の夜、田主の家に集まって行なう「田植始めの祝い」の時、(4)田を買い、その田を植え始める時（ミー田の祝い）の四型である。(1)(2)(4)が屋外であるのに対して、(3)だけは屋内である。(2)を中心に実施の模様を簡単に説明してみよう。

田植歌は、総ての田植えの場合に歌われたのではない。普通、タカ持チと呼ばれる三反歩以上の田を持っている人の田を植える時に限られる。それは、田を植える時の早乙女の人数と関係があるという。つまり、人数が少ないと歌が面白くないからだという。また、他人を雇って田を植えさせる人は、それ相当に作業の能率を上げねばならず、そのために田植歌をするのだという。田植歌の入る時と入らぬ時では、能率に相当の違いがあったからである。

田植歌をする時には、歌イベン（歌の音頭取り）と、植手（早乙女）が揃わなければならない。音頭取りは歌に精通した、いわば名人格の人で、各集落にはこのような人が数人はいた。植手には、一般の若い女性たちが当たるが、当時の女性たちは、どの人も皆、田植歌を身につけていた。田植えの日程が決まれば、音頭取り（普通二人）と植手を前もって頼んでおく。音頭取りには、一般の男子並みの賃金を支払うのが常であった。

田植えの当日。音頭取りは太鼓を持って田に行く。しかし、一日中、田植歌を続けるのではないから、歌をしない間は、苗取りなどのような仕事を行なって待機している。一日の内、どの時点で田植歌をするかは特に決まっておらず、その時の条件で午前中にする時も、午後にする時もある。広い田を植える時には、嫌気が来て能率が下がるから、その田の中途以降に歌うとか、また、午後は腰が痛むから、どの時点で歌うとか、つまり、臨機即応である。しかし、一般的には午後に行なうのが原則であった。

田植歌を歌う時は、先ず音頭取りが田を植えている植手のそばの畔の上に立って、太鼓を左手の上に抱えるように持って打ち鳴らしながら、次のような打チ出シ歌を歌う。

今日ヌ吉カロ日ヤ　シュンタバル（地名？）植エテ　シュン田原稲ヤ　生レナシキ

それに応えて植手は、

生レ稲ガナシ　押シ上ゲサゲ刈ルイ　美ラ生レ美童グヮ　押シ上ゲ前抱キ

と返す。田植歌には、ツギ歌という歌詞を歌いついでいく順序があり、その原則にそって実に延々と掛け合いでつがれていく。しかし、臨機即応に歌われる場合もある。たとえば、田植えが予定の時間内に完了しそうにない時は、

テダ（太陽）向コテ見レバ　マサントキ（入陽の時）ヤナルイ　出ジリ肝（田植えを完えて田から上がる気持ち）揃テ　ハマテ（はまって）給レ

と歌って、仕事の能率をさらに上げるように催促する場合などである。また、歌は単純に掛け合いがなされるのではない。拍子言葉があり（男女共に相手方をはやす）、反復するところあり、重ね合うところありで、音頭取り（男）と植手（女）は、一つの歌詞を互いに分け合って歌っていく。その掛

田植歌の風景　畔に立った歌い手と田植えをする早乙女が田植歌を掛け合いで歌った。春の風物詩になっていたが、水田の消滅とともに演ずる機会がなくなった。

田植を終えた後のナクサミ（お祝い）　田植歌に合わせて田を植えたあとは、近くの原っぱで酒を汲み交わしながら、太鼓に浮かれて即興の踊りを楽しむ。雨も降らないのに蓑笠を着けているのは雨乞い（豊作）の祈願であろうか。

け合いのみごとな調和は、他のどの歌の追随も許さない。この掛け合いにも一つの原則があるが、それについては前記の小川学夫氏の研究（『奄美民謡における『歌掛け』の形式』）を参照されたい。

さて、時期を見はからって音頭取りに酒がつがれる。威勢をつけるためである。また、音頭取りは終始畔に立って歌うとは限らない。場合によっては、田の中に入って歌う時もある。この時は植手の後方に立って、ハヤシ立てながら歌う。歌うことをヌンダシ（滑らしていく意）ともいうのは、田植歌が滑っていくように楽に歌える歌であるからだという。

歌詞にも、豊作を予祝するもの、男女のセックスを歌ったもの、作業能率を促すもの、大和イシュギラ（薩摩の武士）を風刺したものなど、多様な内容が盛り込まれていて、飽きさせない。

古くは田植えは、縄を引かずに各人が自分の持ち前の広さを適当に植えて進む、という方法でなされたのであるが、手の遅い人は一人だけあとに残される場合があった。このような状態を「ウィクマイ」（植え込まれる）といい、人々に笑いものにされるので、田植えには自ずから競争意識がつきまとった。また、音頭取りのテンポによって、作業能率を上げたり下げたりすることもできた。一日の予定の作業量が完了するかしないかは、音頭取りの歌運びの手腕にかかっていたともいえる。

田植えの作業がすむと、早乙女たちは一度自宅に帰り、着物を着替えてから再度、田主の家にいく。その日の晩行なわれる「田植始めの祝い」に参加するためである。この時、早乙女たちは、蚕豆を煮たものを重箱一杯と、酒二合程度を持参するならわしになっていた。その晩には、田主の親類縁者も集まるので、田植えの時よりも人数が多くなった。この席で、男と女が別々に分かれて田植歌の掛け合いを演じた。歌に興がのると、昼間の疲れも忘れて夜遅くまでなされるのが常であった。

最後に「ミー田の祝い」について簡単に触れておく。田を買った際、その田を植え始める日に行なう儀礼を総称してこう呼ぶ。この儀礼は、「ミー田植エ」とその晩に行なわれる「ミー田の祝い」の二部からなっている。この祝いは、タカ（田の所有面積）の如何にかかわらず行なわれる。田植歌の実施の要領は、一般的な田植えの場合とほぼ同じであるが、打チ出シ歌が次のように異なる（重久米豊）。

上ン田グヮマ　吾田グヮ　下ン田グヮマ　吾田グヮ　吾嫁ナユン人ヤ　真米マン抱キ
（上の田も私の田、下の田も私の田である。私の嫁になってくる人には、真米を万抱きさせるぞ）

いかにも「この田は自分のものであるぞ」と宣言しているかのような歌である。
また、この田植歌の場合は、作業の能率を上げるためではなく、儀礼的な目的のためになされているのが特徴である。「田植歌は豊作祈願のトナエ（祭詞）である」（重久米豊、松山喜豊）という古老の話等と合わせ考えると、本来、田植歌は「稲ガナシ」の「生マレ」（受精、つまり豊作）を促すための一種の祭詞ではなかったかと考えるが、いかがであろうか。

徳和瀬のハマオリ行事

徳和瀬は古く「根ジマ」といわれたところである。いつごろからまたどういう理由で「根ジマ」と呼ばれたのかはっきりしないが、根という字がつくからにはそれ相当の意味があったように思われる。昭和二十五年頃まで徳和瀬の象徴はティラ山だった。このティラ山は、樹齢二百年以上の老松がうっそうと茂り、昼もなお薄暗くこわくて近よりにくい神山であった。徳和瀬はこの神山に抱かれていた。しかし、その後の度重なる大型台風と松喰虫の被害のためにこの老松も次第に数が減り、現在ではわずか二、三本を残すのみとなり、深い松林の中に姿を隠していたワシデラも最近ではみすぼらしい姿を下の県道にさらして往時の面影はしのびようもない。昭和三十六年、ティラ山の麓に大型製糖工場が建設されたが、その機械音や照明はティラ山に住っていた神々を追い散らしてしまったのか、「神様を見た」という村人たちの話もてっきり聞かれなくなった。

ハマオリ行事の概略

ハマオリの行なわれる日柄

ハマオリの行なわれる日柄は俗に「ひおりてつち踏で上り」といわれるように、ヒノエの日に浜に下りて、ツチノエの日にシマ（集落）へ帰ってくる。つまり古くは、ハマオリは三日間続けて行なわれたのだが、三日間の最初の日がヒノエ、最後の三日目がツチノエでなければならない。

期日は旧七月の盆がすんでから後ということになっている。旧盆後、最初の日柄に行なわれるときを「サキハマオリ」、二回目を「アトハマオリ」という。サキにするかアトにするかは、そのときの潮の干満の善し悪し、その他集落の都合の善し悪しなどで決められる。潮の干満をみるのは、ハマオリのときに潮干狩りをする都合からだという。

ハマオリの期日が特に「旧盆がすんでから」と、盆を中心にして位置づけられていることは、注意すべきことではなかろうか。私は旧盆が徳之島に入ってきたのは比較的新しいのではないかと推測しているが、古くからこの地に伝わるハマオリ行事に優先させて、旧盆を先にもってきているのは、ある時期、誰かの手で民間行事の実施順序を故意に整理したことを物語るものではなかろうか。

一日目の行事

この日はカママツリといって準備をする日である。まずハマオリヤドリをつくらなければならない。ヤドリとは小屋のことである。前もって山から切り出してきてあったキチ（直径四～五センチの丸太）やインマル（直径二～三センチの丸太）を一束ずつヤドリの男衆たちが出し合う。これは新しく山から切り出してきた青木でなければならない。この丸太で四角いヤドリの骨組をつくり、屋根にはインマルを並べて結びつけ、その上にトマ（藁であんだコモのようなもの）を覆せて陽よけにする。また壁には青竹をたてかけて地中に挿しこむだけ。ヤドリはこれで仕上がる。

普通よく利用される竹にガラとデがある。ガラは真竹のことであるが、デの和名ははっきりしない。

祭りの浜　シマ一番の祭りハマオリはこの浜で行なわれる。浜のあちこちにヤドリと呼ばれる一族集団のカママツリの座ができる。

ハマオリのカママツリの座　手作りの料理とお酒をカマに供えて一族の繁栄と五穀の豊穣を祈る。

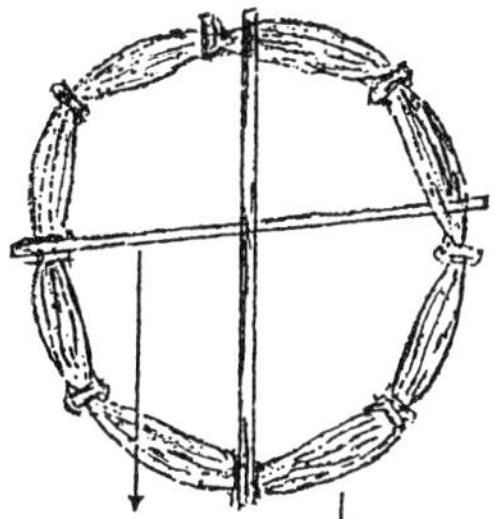
ミーワラ
デの小枝。この小枝は束にさしているものを取る。

カシリ

このデの方がヤドリの壁に使われる。また島の民芸品のテルやザルなどもこのデで多く作られる。

カマはヤドリの内部に位置させる。個々のヤドリにおけるカマの位置は固定している。この固定位置の上に特定の石を三個、コの字型に並べて置き、その上にさらにカシリを置いてカマもこれで仕上がる。カシリは図のようにつくるが、つくる材料はその年とれたミーワラ（新米の藁）で、ヤドリの本家にあたる人がつくる。

カシリはハシカが全快したときも使われる。「湯カラシ」といって茶わんに水を入れ、カシリをその上にのせ、デの葉をそのカシリの上から水に浸して、全快者の額や顔にぬる。用を足したカシリは道の三叉路に放棄された。カシリはハマオリのときが直径十四～十五センチ程度のもの。「湯カラシ」のときは茶わんの上に置かれる小さいものが作られる。

さきにいった特定の石とは、カマに一度使用した石は神がのり移っているので粗末にしない。翌年のカマにもこの石をつかわなければならない。石に酒を供えて祀ると神がのり移るといわれている。

徳和瀬ではだいたい明治四十年頃までヤドリをつくった。その後は形だけの間にあわせのヤドリをつくったりしていたが、それも自然消滅的になくなった。現在ヤドリといっているのは以前のヤドリの敷地を指しており、小屋ではない。ヤドリにとって肝腎なのはカマであるが、最近のヤドリの中にはこのカマの定位置を見失っているところさえある。

カママツリはそのヤドリの本家の女主人がする。カマの神様にお酒をそなえて祀る。ハマオリの来たことをお告げするのだろうか。徳和瀬ではすでにカママツリの祀詞を聞かれないが、神之嶺の祀詞は豊年祭りの祀詞と似ていたといわれている。またカママツリのときにカマに火をたいた。

神之嶺の豊年祭りは「アキモチ」である。新米の取入れが始まるとツチノエの日柄を選んで行なわれ、クガネ石をかついだ一団が各家を踊り歩いた。このクガネ石は特殊な形をしており、子どもを石を産む石だと信じられていた。各家で踊りをする前に次のような祀詞が唱えられる。

ウッシャレー　ウッシャレー　今年ノ稲ガナシ一束ジキ十チガ（一チガは五合）ジキ、来年ノ稲ガナシ一束ジキ二十（ハタ）チガジキ、ヤンメ（前庭）ナ大家大倉チキ立テテ、イシンミ（石の実）入レテカネンミ（金の実）入レテ、遠ハル弟者見チノミージ（楽しみ）、近ハル弟者食オテノミージ、クガネ（クガネ石）ト餅ト代エテタボレ

（益本芳豊氏提供）

このようなあらたまった祀詞がハマオリヤドリで唱えられていたとは思われない。豊作感謝の簡単な祭詞だったかも分からない。

二日目の行事

この日をウリユワイ（下り祝い）またはミックヮ（その年生まれて、初めて浜におりる子）の祝いといっている。いよいよ本格的な行事が始まる。集落総出で三三五五浜におりていくが、おりる前にしなければならないこともある。

まず一重一瓶をこしらえて墓へいき、先祖にもハマオリをさせる。また家ではびょうぶを床の前に

立てて先祖棚にハマオリカシキを供える。このカシキは翌日ハマオリがすんで家に帰ってくるまでそのままにしておく。このカシキは新米を蒸してつくる。蒸すのは同じ御飯でも長持ちするからだといっている。カシキをつくるときは、メーダト、ウチタイ、ウス、の三家の屋号の人たちのカシキが出来上ってからでないと他の人たちはつくらなかった。共に集落の祭祀に関係していた家柄だと思われる。これは他の人たちが先にしても米がなかなか蒸れなかったからだという。

神之嶺では浜へおりる前に先祖棚に五つ組の膳を供える。また分家は本家の先祖棚に同様に五つ組の膳を供えていたが、生活改善運動のためになくなった。

ハマオリの日に浜へおりないのは病人ぐらいのもので、ほとんど全員参加した。「ハマオリ自体がとむらいで不浄な行事だから、不浄のある人がいってもさわりはない」といわれている。

神之嶺には次のような言い伝えがある。

「ハマオリの日は皆が浜へおりたあと、杖をもった神様が一軒一軒各家を廻り、残っている人はいないか調べる。見つかってその杖でつかれると即座に死んでしまう。運悪く見つけられたときはカマンクシ（土ぬりの竈の後部のこと。昔は小屋の中など地面に竈を築いてあった）に掘ってある穴にカマツタ（真カヤを編んでつくった鍋のふた）を覆ってかくれると助かる。ハマオリの日は皆が浜におりてから神様たちが秘密の会合をしているので、その邪魔をしてはいけないのだ」

浜へおりていくときは、かねてハマオリのために新調してあったハマオリギン（ハマオリ着）、ハマオリサバ（藁でつくったぞうり）、ハマオリサナギ（ふんどし。以前は長さ六尺の白布を用いた）をつけていく。男は浜でハマオリスモウをとるときサナギだけになるので、汚れたものを人前にさらしたくないと気をつかったという。もし浜にいけないミックワがいたら、身代りにハマオリギンだけをもっていき、その着物を子どもになぞらえて当日のいろいろなしきたりを受けさせる。そのほか、一泊二日の浜での協同生活に備えて、炊事道具一式その他雑用具なども運搬しなければならない。

この日の中心はなんといってもミックヮであろう。浜におりるとき、ハマオリギンを着たミックヮの首にフィンダネ（ニンニクの種）を三個糸にぬいてはかせる。フィンダネは奇数であれば何個でもよい。このフィンダネは魔をはらうためだといっている。

浜につくとミーバマクマシ（新浜踏まし）とシューカイ（潮水かかり）をする。つまりミックヮに波打際にきれいな白砂を踏ませたり、また潮水で頭や額をぬらしたり、手を洗ったりさせるわけである。このシューカイは大人も似たようなことをする。シューカイがすむとヤドリにいく。後述するが、ヤドリは特定のヤドリにいく。他所のヤドリへはいかない。特定の人たちが特定のヤドリに来て特定のカマを中心にハマオリのお祝いをするわけである。

ヤドリのカマには先ずお酒が供えられる。この酒はオームイといって、各戸から均分に集められたものである。オームイはツボにつめられてヤドリに置かれ、ハマオリの期間中のお祝い用につかわれる。それからハマオリカシキが供えられる。これは各家からつくってもってくる。カマに供えた残りのカシキは皆も食べた。

その後、各自準備して持って来てあった一重一瓶を開いてお祝いのやりとりが始まるが、このときも先ずお初をカマにお供えしてから始める。カマに料理を供えるときは、カシリの上に重箱のふたをのせその上におく。祝いのやりとりは男女別々に円陣をつくってする。またミックヮのいる家は別にミックヮの分として余分に一重一瓶を一人前つくってもってくる。これもカマに供えてから、ミックヮの分として皆に配られる。

神之嶺ではミックヮのいる家は餅をつくってきて皆に配る。また神之嶺ではカマに供えたシュキ（料理）は子どもたちには食べさせない。大人でも、子どもを産み終わった女の人たちが食べる。

ハマオリヤドリでは膳組料理が各人にも供えられたというが、いずれの日にまたどんな料理が供えられたのかはっきりしない。膳組は四つ組とか五つ組とかいって特に改った儀式の座でしかいただけないものであるが、わざわざハマオリヤドリにきて膳組を供えたりするのは、それ相当の理由があったと思われる。また、ヤドリのカマに火をたいてそこでつくったものを共食したというが、これも具体的なことが分からない。ハマオリヤドリの最も神聖なところ、祀りの対象であるこのカマでつくったものを共に食うということ、ここにも重要なこのまつりの意義が秘められているように思われる。

夜になるとハマオリオドリが始まる。踊りはヤドリ別でなく全員一個所に集まってする。ネーマビキとアゲレビキのヤドリの下に位置する場所で行なわれた。踊る曲目は最初が「アッタラ七月」、その次が「トヨミイチャジキ」の順で、その後は特に順序はなかった。徳和瀬の踊りはうず巻形の円陣で、男が中の円に入り太鼓と歌の先導をし、女は外側の円で男性陣を包むような体形で踊られる。浜にはたいまつがたかれ、踊りはおそくまでつづけられた。

現在は簡単な形でこの二日目のハマオリ行事が行なわれている。子どものハマオリといってミックヮのいる人たちだけが一重一瓶でカママツリをしに浜におりている。子どもたちも一部で大人たちは殆んどおりていない。この二日目のミックヮの祝いは三日目に合併されているようである。

三日目の行事

この日をヌブイユワイ（上り祝い）という。この日の一番の行事は相撲である。前晴れ、後晴れの対抗の相撲をとる。ヤドリの女性陣はいろいろな御馳走をつくってまかなう。カシキも作って食べさせたりした。勝った組は酒ツボやソーメンなどを貰った。この相撲は「シマジマ」といって古くから島に伝わっている流儀の相撲である。シマジマをとるときはサナギだけの裸になり、腰に帯を二回まわして結んで出る。両人とも組み合って帯をもち坐ったままで仕切られる。背中を先につけた人が負けになる。相撲のあとはまた踊りがなされた。

夕方になると帰る準備をする。まずハマオリヤドリで使用した箸を集めて藁で結んで束をつくりカマの上に置く。この箸は墓から先祖さんたちがおりて来て、箸の数を調べて、自分たちの子孫がどれだけ栄えたかを確かめるので、なるべく多い方がよいと余分の箸を入れるときもあった。それからカマに火をたいた。

薄暗くなってから帰途につく。ちょうどそのころ、シマ（集落）の方からオキリ火をもった人が「ヤーマデシチュンキヤウラミヘーヘー」（家を見失なった人たちはいないかへーへー）といいながら浜の入口で迎えたというが、そのオキリ火をもった人が誰だったかはっきりしない。神之嶺では、ニズバン（溝の番人）が夕方になるとハマの入口の高台の上から「上レ、上レ」と叫ぶと人たちは帰途についた。

人々が帰ったあとは忘れ物があっても浜におりてはいけない。先祖さんたちが皆浜ヤドリに集まっているからだ。またこの日の夕方は墓参りをしても、墓には神様がいないから無駄になるといわれた。

家に帰るとまずシルマシというカユを食べなければならない。このシルマシは浜におりるとき、先祖棚に供えてあったカシキでつくったものである。琉球のオモロにもシラマシという言葉が見られるが、そこでは米でつくった神酒のことである。

七月踊り　カマ祀りのすんだ後、全員が集まって潮騒を聞きながら七月踊りを踊る。「アッタラ七月」という曲目を一番最初に踊る習慣になっている。

「七月踊り」に欠かせない太鼓　男と女が輪になって踊る「七月踊り」は中央部に太鼓が陣取る。打ち手は男。太鼓以外の楽器は用いない。古老が太鼓を叩き始めると踊り手が集まってきて次第に輪になってゆく。

帰ってからミックヮのいる家ではミーハモリといって親類知己を呼んで祝いをした。ムイショ（盛塩）をいただいたあと、飲み食いしながら歌ナクサミでミックヮを祝った。

一段落つくとネーバラ（部落の上方にある広場）に集まり七月踊りをする。現在も七月踊りは行なわれている。この七月踊りがすむと皆で各家々を踊りながら廻り歩いた。この家廻りを夏目といった。夏目踊りがくると家々ではシルマシ（水のように薄いおかゆ）やアキモチやママメ（あずき）などをふるまってもてなした。この夏目をやり出すと途中で止めるわけにいかず、夜通しの踊りつづけになった。明治三十七年頃、二年続けて夏目をしたことがあったが、そのときのは「昔の親ほう（先祖）たちの真似をしよう」と思いつきでやったもので、本式ではなかったと古老たちはいっている。本物の夏目はその頃よりもずっと前の時代らしい。夏目踊りで家を廻るときは廻る順序があったというが、その順序ははっきり分かっていない。

ハマオリの発祥伝説

徳和瀬ではハマオリのおこりについて次のような二つの流れの言伝えがある。

① 重久米豊氏の話

昔、クブシアジンとアオシアジンという二人のアジガナシがいた。クブシアジンの妻はたいへん美しい人で、かねてアオシアジンの羨望のまとだった。ある日、この二人はつれだってキゴイ（魚を酔わせる毒のある木の果実や皮）をさんご礁の水たまりに流して漁をするために海にいった。漁を終えてそれぞれ帰途についたが、アオシアジンはなかなか帰ろうとしない。一人だけのこって取り残しの魚をさがし廻っていた。

ところが急に大声で、すでに遠くまでいっているクブシアジンを呼び戻した。深い岩かげに大きな魚がかくれているから潜ってとって来てくれという。潜ったクブシアジンは水中から上ってくるところを不意にモリで刺されて死んでしまった。知らぬ顔でアオシアジンは帰っていった。クブシアジンの妻は帰ってこない夫のことを思うと気も狂わんばかり。浜にヤドリ（小屋）をつくってこもり、ネィラ（海の彼方）に向かって、願を立てて祈りつづけた。すると、三日目の夕方、体にモリを刺されたままのあわれな姿でクブシアジンがそのヤドリの前にあらわれた。

それから幾日たったろうか、アオシアジンはクブシアジンの妻に結婚を申し入れた。クブシアジンの妻は新しい家をつくってくれることを条件に結婚を約束した。いよいよ山へ木をとりにいくことになった。このときクブシアジンの妻はこっそり釘をかくしもって後に従った。二人は適当な木を求めて山中を巡り歩いた。ちょうどひとかかえある木が欲しいとクブシアジンの妻が注文をつけるからだ。とうとう一もとのティサン（木の名）を見つけた。クブシアジンの妻は言葉巧みにアオシアジンにティサンを抱かせたまま木の裏側にまわり、とっさに両手もろとも釘づけにしてしまった。

身動きできなくなったアオシアジンに「立木と共に枯れよ、根っこからも枯れよ、私の夫を殺したのはあなたではないか」と言い残して、クブシアジンの妻はそこを立ち去った。

② 松山喜豊氏の話

「ハマオリはクチギントムライ」という言伝え。

昔、クチギンという神様がいた。どういうわけか、この神様が海にはいって出てこなくなった。それからたちまち潮水と真水の区別がつかなくなり、人々は生活することができなくなり困り果てていた。集落の人たちが浜に出て、三味線・太鼓の鳴り物入りでクチギンのとむらいをしたら、クチギンが再び現われて、「潮と水、別れよ」といったら潮水と真水ももとのように別々になり、生活ができるようになった。これがハマオリの始まりである。また、三味線はもともと、とむらいから生まれた楽器だといわれている。

徳和瀬に伝わるハマオリ発祥の伝説は、ともにとむらいの内容をもっている。

①は多少昔話として整理されたようにも思われるが、話の中心はやはり「浜に小屋をつくって、こもり、ネィラの神様に願を立てて祈ったら願がかなった」ことで、これはむしろハマオリの発祥というよりも、ハマオリを初めて行なった人のようにも思われる。

②のクチギンについては、はっきりしたことが伝えられていないが「海の中にいる神様ではなかろうか」という古老がいた。なお「クチギンは、中国のクツゲンだ」という人や、昔、ウヤホウジミをふれて歩いた「七日寝太郎と同じ神様だ」という古老もいる。

また徳和瀬ではハマオリは海や山でなくなった人たちのとむらいだ、という人もいる。

ネィラという言葉はいまでも一部の古老の間に生きている言葉だが、これは古く南島一帯に信じられていたニルヤの名残りであろう。「眼に見えぬ海の彼方に、最も貴とい国土があるという信仰が、久しくまた弘くおこなわれていた」（『民俗学辞典』「にらいかない」の項）という。沖縄には「火の起源」と稲の種子は共にニライから来たという伝説がある。また面縄では、ハマオリには、岩の下につくったカマの上にカシリをのせ、その上に貝殻に馳走を入れ、酒を注いで、ネリヤの神様を祀る。むかしは泥の国＝ネリヤから稲種が伝来したという理由で、稲穂を供えて祀ったという（『日本民俗学』5）。

浜におりる行事は他の島々にもある。沖縄の国頭地方では三月三日には必ず浜に出て遊び、また海の産物を食べなければならない。そうしないとアカマタ（蛇）の子を産むという（島袋源七『山原の土俗』）。また沖永良部では、赤い鳩が家の中に入ると不吉な兆候として恐れ、その家だけ一週間鍋釜をさげて浜におりて泊りこみで過ごした。宇検では四月午の日をハマオリといい、またハブの遊びだともいい、身を清めてハブに当らないようにするのだという（北見俊夫「奄美大島の年中行事」『人類科学』IX）。

徳和瀬ではハマオリ行事のとき浜におりると、まずシューカイをする。また他の祭りの場合はクマリといって肉親が亡くなったときは参加しないが、ハマオリには参加してもよいことになっている。また病にかかると海から潮水を汲んで来て、家で手足を洗ったりする風習があった。潮水には体を浄める力があるので病気が治るという。

前記のハマオリ発祥伝説の中心をなす部分は、ネィラの神または海の神に願を立てていること、浜に出てこもったり、鳴り物入りのとむらいをしていること、最後に願がかなった点にあると思うが、これらはともにハマオリの原初的な姿ではなかろうか。現在行なわれているハマオリ行事はいろいろな要素がからんで複雑な内容をもっていて分別できなくなっているが、古くは浜に出て身を清め、海の神を祀る行事ではなかったろうか。

ハマオリヤドリ

徳和瀬のハマオリヤドリ（以下ヤドリという）はナーバマに集中している。ここでヤドリといっているのは特定の親族集団がハマオリを行なう場所のことである。

ヤドリは現在十一カ所ある。すでに絶えたところや少人数になって独立できなくなり隣のヤドリと合併したところもあるから、古老の話をまとめると十四～十五はあったようである。合併したヤドリもカマだけは同様に祀るので、ヤドリの計算はこのカマの数ですべきである。岩の上や岩かげ、広場など、ヤドリはナーバマのあちこちに散在する。しかし、最近ヤドリの手入れをしないので、雑草や、かやなどのために荒れてしまい、古くからの定位置でハマオリのできるところは少なくなった。肝腎なカマの定位置を見失っているヤドリさえある。

徳和瀬のヤドリのメンバーは父系中心の同族で組織されている。同じ兄弟姉妹でも兄弟だけが親のヤドリに属し、姉妹は夫のヤドリにいくわけである。ハマオリの中心はカママツリだが、間違っても他所のヤドリのカママツリをしたということを聞いたことがない。固い同族意識で結ばれている。しかし同族意識といってもカマに対する信仰を中心にして結ばれたきずなであって、親族意識とは違う。ハマオリの盃を交わしながら、この人と自分と先祖が同じだったのかと不思議な感情にとらわれるときもある。現在はあかの他人になっているからである。現在ヤドリのメンバーは多いところで十五～十六名、少ないところで三～四名程度である。古くは他集落へ出ていった人たちもカママツリにやって来たというが、現在はごく最近集落を出た人しかやってこない。

ナーバマは両方の端を奇岩で守られた長さ三百メートルほどの白浜である。中央に水量豊かなナー

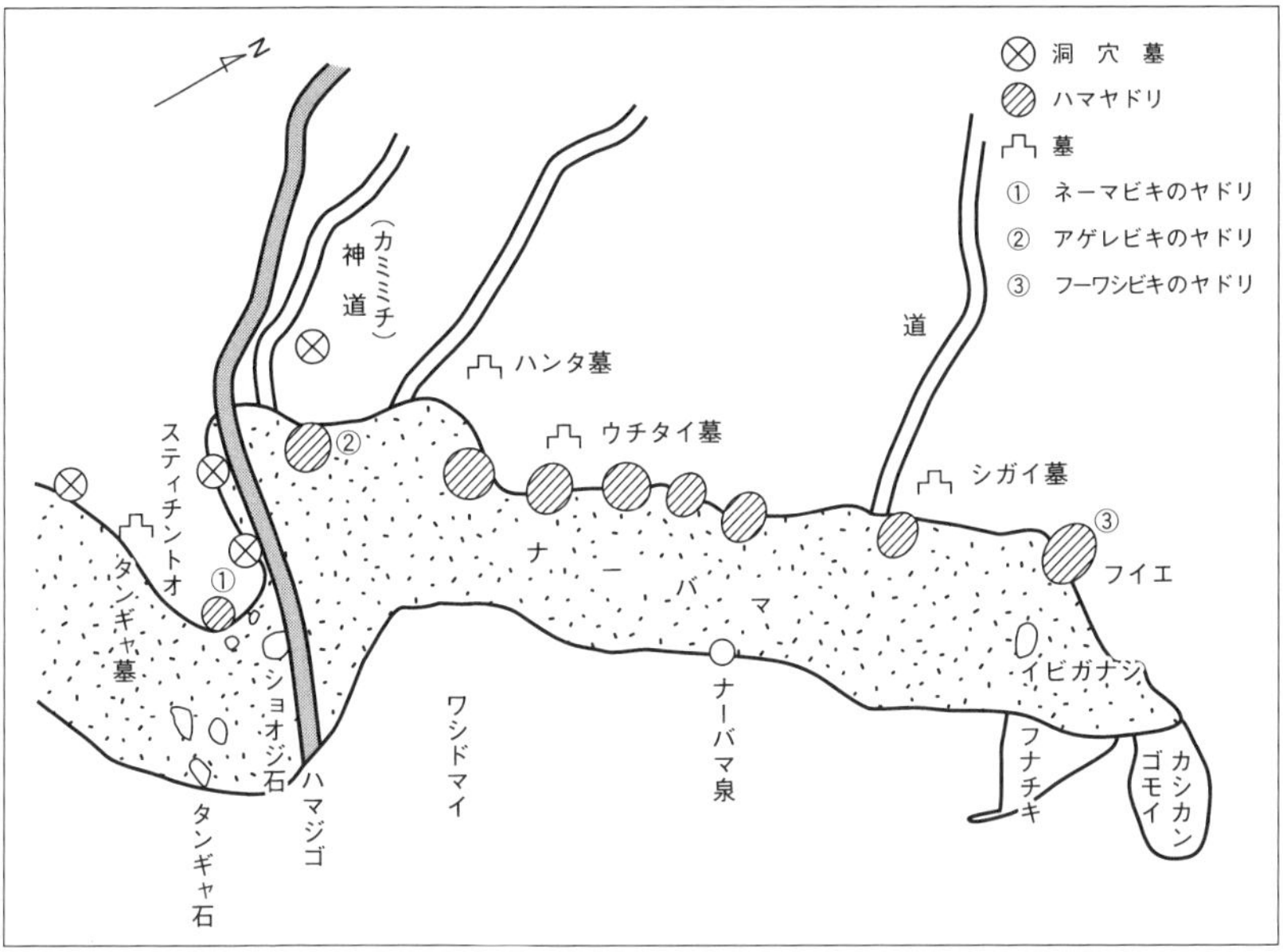

ナーバマ略図

バマ泉があり、南の端にはハマジゴが注いでいる。ハマジゴの川尻にはショオジ岩があり、その南隣にはタンギャ石がそびえている。タンギャ石の西側近辺には古いタンギャ墓や洞穴墓の跡が四〜五カ所あり、洞穴墓の跡には古い骨が散らばっている。またナーバマにはほかにも墓があちこち散在していて、ヤドリと隣合わせのところもある。

北の端にはフナチキ（舟だまり）があり、そのすぐ側にはイビガナシという石があって、サワラをとったときはモリで刺された部分の肉片を切り取って供えることになっていた。また新しいくり舟をつくり山から引き下して来たら「エーロー（竜巻）ワンサバ、グジラ、イキオウサンゴシタボレ」と先ずお祈りするのもこの石である。このナーバマは、一方では穢れているともいわれ、ウジキ（お月）祀りのときなどの清め砂はここからはとらなかった。ナーバマには各種の祭祀が雑居している。ナーバマにおけるハマオリヤドリの位置は古い時代の門族の社会的な位置を知る上に重要である。特徴のあるヤドリ三カ所について少々述べてみたい。

ナーバマで一番高い位置にあるヤドリは「ネーマビキ」のヤドリである。ナーバマの南端のタンギャ石の隣、スティチントオの麓の、他のヤドリを一眺の中に見わたせる見はらしのよい台地が選定されている。

すぐ隣にはタンギャの墓がある。この墓は徳和瀬の最も古い墓といわれ、現在は特に祀っている人はいないが、ネーマビキの古墓といわれている。言伝えによると、ハマオリの祝いはこのネーマビキが始めないと他はできなかった。また、ハマオリ踊りもここの下で踊られていた。ヤドリの中で一番条件のよいところである。

すでに諸家の指摘していることでもあるが、根間と呼ばれる屋号はその集落の先占開拓者（村の草分けの家）に付与される名称である。そのため、各村落とも必ず一戸の根所（根間と同義語）がある。しかしいかなる人間もこの先占開拓者の名誉ある屋号を奪うことができない（鳥越憲三郎『琉球宗教史の研究』）。

集落の古図を作成して分かったことだが、徳和瀬では根間の屋敷を中心に祭祀の場所や聖地が分布し、また古道も密集している。根間の屋敷は集落の南端のつき出た部分に位置しているが、集落はこの根間を基点にして北へ展開していったようである。根間の南側にはメー山（前山）があり、その中央を谷川が流れている。この川は前述のハマジゴの上流である。この川をさらにいくとタシキ山があるがこのタシキ山には「昔、誰かが助けられたのでタシキ山といわれるのだ」という伝説があるが、私はメー山やタシキ山のこの一帯のどこかに徳和瀬の先住門族の上陸の地点があるのではないかと想定している。また根間のすぐ北隣にはトネキサがあるが、ここは昔のいろいろな祭祀の広場である。どのような祭祀が行なわれていたか今でははっきりしないが、古くは根間が総ての祭祀を掌握していたものと思われる。山の神の司祭は根間から分かれていった人（ネーマビキのヤドリの一メンバーである）だし、またトネを管理していたアゲレビキも、古くはネーマビキの一族だったようだ。ネーマビキとアゲレビキの古墓の位置やまたトネキサ（祭祀の広場）をはさんだネーマとアゲレの屋敷の位置などを見ると、両家の密接な関係が感じられる。ちなみに、アゲレ（東）という屋号は、東側という意味だが、これはネーマの屋敷を基点にして東側に位置するからである。

ネーマビキのヤドリの隣にはアゲレビキのヤドリが位置している。このヤドリも古くは割合い高いところにあったが、長年の風波のために浸蝕され、いまは砂浜と同じ高さに地ならしされてしまった。アゲレビキとネーマビキのヤドリの間には、藪の中に洞穴墓のあとがあって古い人骨が散らばり、また、ハマジゴが流れ、ショオジ石がそびえている。この場所は古く他の祭祀の行なわれた場所でもある。徳和瀬集落には、古老たちが恐れるカミミチがあちこちにあるが、古図をつくって、連結してみたところ、一本はこのアゲレビキのヤドリの側に通じていた。

またハマオリ踊りはアゲレのヤドリの下でなされたという古老もいる。アゲレビキは力がつよいので自分たちのヤドリの下でさせたともいう。

アゲレの本家の屋敷はトネと呼ばれていたところだという。トネキサ（トネの木の下の意。昔、大木が生えていたのでこの呼び名がついた。祭祀の広場のこと）の東側に位置している。トネキサでの祭祀を司ったほか、アゲレの家も祭祀のときは一役かったようである。トネキサは現在道路の少し広くなった部分として残っているが、古くはもっと広い場所だったと思われる。トネキサの付近の畑は近年までほとんどアゲレの所有地だった。そのアゲレの畑を囲んでネーマ、アゲレ、ウス、などの主要な屋敷が位置しているから、昔はこの畑の部分もトネキサにはいっていたもののようである。また、アゲレの屋敷の前隣にはアゲレンコモイがある。コモイとは小さい池のことであるが、このコモイには最近までコントからひかれた清水がたたえられていた。人々は葬式の野辺送りのあと、このコモイで手を洗って身を浄めていた。このコモイをアゲレが管理していた。このコモイはもともとトネキサに付属していたものと思われる。

アゲレはハマヤドリも屋敷も墓も、ともにネーマのとなりに位置している。またアゲレは封建時代における村の実力者で、郷士格を与えられた唯一の家柄である。古くから近年にいたるまで、アゲレは村の中心的実力者だったわけである。

次は、北の端のフーワシのヤドリにいってみたい。フーワシは義間ビキの本家の屋号であるが、ヤドリの呼び名にもなっている。フーワシヤドリは、ネーマヤドリとは真向いの場所に向き合って位置している。もともと北の端の高台の上にあったのだが、いつ頃からか、その足下のフイエに移動してきた。

フイエとは人工的に掘って作った洞窟という意味である。何故に人工的にヤドリを掘って作らなければならなかったか。古老の話によると、このフイエはもともとモヤ（洞穴墓）として掘ったのだが、洞の天井から水滴が落下してくるので不適だとして、モヤを止めハマオリヤドリに切りかえたという。それにしても、高台のヤドリがあるのに、足下のヤドリに移動してきたのには何か理由がありそうだ。ナーバマのヤドリのなかで場所が移動しているのはここだけである。また、昔フーワシヤドリは、アゲレビキのヤドリと仲が悪く、フイエを見せしめようと口げんかをよくしていたそうだ、という言伝えがある。

フーワシとは屋号（現在は、屋敷の固有名詞）のことである。昔、フーワシ主という高貴な人が徳和瀬を支配していたことがあったといわれるが、その人が住まっていたのでこの名前があるという。集落の中央部の最も高い坐に位置している。昔、村人たちはフーワシの前を牛をひいて通るときは、牛の尻の下にクバ傘（ビローの葉でつくった仕事用の傘）をあてて通ったという。これは万一、牛がふんをたれてフーワシの前の道を汚すといけないからである。いかにフーワシをおそれていたかが分かる。「フーワシビキはキジ（貴士か）、アゲレビキはゴーシ（郷士）」という古い言伝えもある。フーワシ主は沖縄から来たと言い伝えられている。

上の墓（フーワシビキとトノチビキの墓）のフン主ガナシ（本主ガナシか。その墓の主のこと、つまり最初にその墓にまつられた人）の名前から思いつきを得たことがある。この本主ガナシの名前は、その墓に棺を葬るときや、法事の時に祭司がその本主ガナシに先ず許しを受けてからなされるところから今まで受けつがれてきたものである。その本主ガナシの名前も今では葬式の場合もほとんど聞かれなくなった。つまり上の墓には本主ガナシが二神いて、東の区域をヌルコオシガナシ（ヌルはノロか。コオシガナシは頭蓋骨ガナシのこと）、西側の区域をジャラコオシガナシという。ヌルが女でジャラが男である。このジャラという言葉は沖縄では高貴な人に対する尊称であるといわれる。このジャラコオシガナシがフーワシ主ではなかったろうか。

ジャラとヌルが一つの墓に祀られている姿は、古い祭政一致時代の面影を伝えているようにも見える。古く、琉球では支配者はウナリ神との組合せで政治をとっていた。ウナリ神とはウナリ（妹）のことであるが、このウナリ神は祭祀を担当するほか、自らが生きた神として支配者であるイイリ（兄弟）にのぞみ、神託を告げたという。イイリはウナリ神を通して神のこえを聞き、政を行なったのである。このウナリ神が後世のノロに発展したといわれる。

ちなみに、現在その区域内にある墓の祀主を調べてみよう。ジャラはフーワシ主の末裔で、同じ義間姓でもフーワシの義間である。ヌルは現在トノチといわれる屋敷またはトノチから出た人たちの墓で、ハマオリヤドリは皆同じところである。上トノチが西田（ティラ山の神社の祀主）、中トノチが宮田、下トノチが松山姓である。同じトノチの出であっても分家は上の墓に属していないところもある。墓石の並び具合を見ると、東側の区域では上トノチが前の方、下のトノチが奥の方に位置している。西側の区域では中央部にフーワシの墓石が位置し、その後と前に中トノチの墓がとりまいているような形で混然としている。また屋敷の位置はフーワシのすぐ前が道一つ隔てて下トノチ、中と上のトノチは一区切りずつ西側に寄って位置している。

フーワシは徳和瀬のイビガナシを祀っている（現在祀っているのは本家ではない）。うっそうと木が繁り、畏しいところだった。近くをイシキヤツキヤ（美しい清川か）が流れ、チブマ泉があり、カナ山様の洞がある。イビガナシの林の中には清水をたたえた水溜りがあったが（今はない）、そこでは天から神様がおりてきて水浴をしたという伝説がある。他にもこのイビガナシにはいくつかの伝説がある。このイビガナシのまたの名（聖名か）をイビツカサガナシというが、『琉球宗教史の研究』の中にも同名の沖縄のウタキ（御獄）の聖名が数個所あげられている。

ハマヤドリの位置や特徴は、前にも述べたように、そのヤドリの門族の古い時代の社会的な位置や他の門族との関係を知る上に重要なヒントを与えてくれる。

ナーバマの南と北の端の高い坐に陣取って相対しているネーマビキとフーワシビキのヤドリの諸相を知ることによって、徳和瀬の歴史をつくったこの二つの門族のいろいろな古い関係が分かってくるだろうと思う。このようなことは他のヤドリについてもいえることである。

このたびの調査に当っては次の人たちからご教示、ご協力をいただいた。深く感謝申しあげたい。

徳和瀬　重久米豊（明治十八年二月生）・松山喜豊（明治二十年十月生）・東まる（明治十六年三月生）

神之嶺　益本芳豊（明治二十三年七月生）・大生盛俊（明治四十五年五月生）

神・霊魂・祖霊

屋敷に宿る神々

まず、冒頭に、最近、徳之島の古老から聞いた六十年ほど前の体験話を紹介してみたい。

S氏は所用のため、集落の夜道を急いでいた。木の茂った道の辻までくると、木蔭に黒い柱のようなものが立っているのに気づいた。よく見るとその柱のようなものは木よりも高く、天へ向かって聳え立っているようだった。S氏はびっくりした。立ちすくんだまま「どうしようか」と考えていたが、先に進むのは危険だと思い、家に引き返すことにした。そこでS氏は一策を講じた。「家に煙草を忘れた。それをとってこよう」と、そしらぬふりをして方向転換をし、また、ゆっくり歩き出した。途中で後を向いてみると、その黒い影のようなものは、まだ立っていた。S氏は自分の屋敷にたどりついて、ほっと胸をなでおろした。S氏の屋敷の周りにはアムトと呼ばれる生垣が生い繁っていた。まず、門口の側にある便所に入り、用を足してから、家の前庭に祀ってあるジガミサマ（屋敷の神）にアクナムン（悪い神）に会ったことを報告し、その悪い神を屋敷内に侵入させないように願いを立ててから、塩で体を浄め、家の中に入った。家の中でもウカマガナシ（火の神）とウヤホウガナシ（先祖の神）に手を合せて、願いを立ててから、カマヌクシ（竈の後）に置いてある鍋からイモを一つ取り出して食べてから床についた。S氏は危く一命をとり止めることができた。

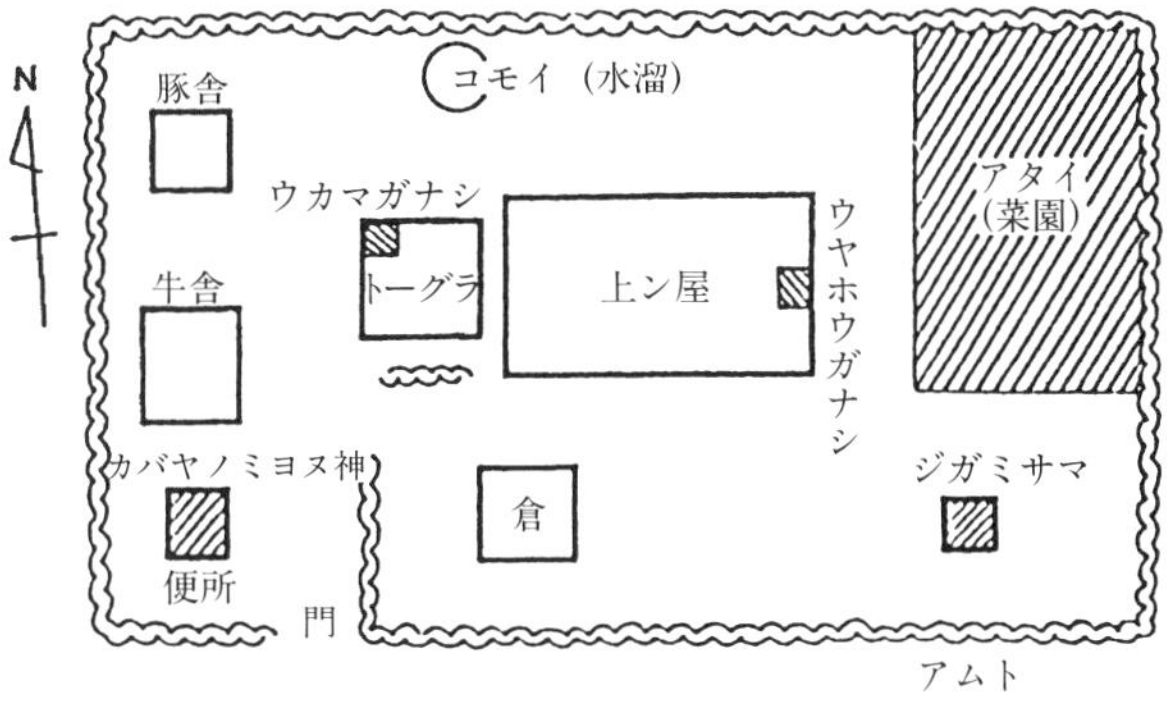

古い様式の屋敷見取図

長々とS氏の体験話を紹介したが、この素朴な話の中に、往時の人々の信仰生活を知るための生きた資料が組み込まれていたからである。話の理解を助けるために、古い様式の屋敷の見取図を示しておこう。

話の内容を順を追って整理してみると、まず、S氏の屋敷の囲りにはアムト（ガナシの尊称をつける場合もある）が生い繁っている。このアムトには屋敷を守る神が宿っているという信仰がある。どのような神かはっきりしないが、屋敷の外側に睨みをきかしている見張り役のはたらきをする神である。どの家にもきまってこのアムトがあるが、古くは、アムトにはデンギチ（ツゲの一種）という臭気のある木を用いる習俗が見られた。この木を用いるのは、臭気にもまた、悪い神々を祓う力があると信じられていたためである。

S氏は屋敷についてから、まず最初に便所に入って用を足しているが、これは計画的な行動であって、便意を催したからではない。便所は悪神からのがれるための最高の場所だとされているからである。

徳之島の夜の海に出没するイワトシ神というおそろしい悪神に追われる場合も、便所の中に逃げこむのが最上の策だとされている。便所は聖なる所で、そこにはカバヤノミヨヌ神様がいて守護するのだといわれるが、本来は、その臭気が悪神どもを払ったのであろう。

屋敷の中に入って行くと、東南の隅に白砂の盛られた一メートル四方ほどの小高い区域があり、その中央部にジガミサマが祀られている。神の依代《よりしろ》は蒲鉾型の自然石であるが、一見したところ、墓のような様相をしており、四囲には清浄な雰囲気がただよっている。毎月一日と十五日に海からとってきた白砂と清水を供えて祀るが、そのとき唱える祭詞の内容から悪霊や悪神などの屋敷内への侵入を防ぐ役目をしていることが分かる。

本来、屋敷が人々の信仰生活にとって最も重要な場所であることは、先のS氏の話でも分かるが、そのことは、古く、屍を屋敷内に葬る習俗のあったことでも理解できよう。

幼児が死んだり、死産児が生まれたりすると「霊がまだ未熟なので屋敷内の神々の庇護をいただくために」屋敷内に葬ったという事例のあったことは、よく聞かされることである。ところによっては四十～五十年ほど前あたりまでは、このような屋敷内葬が行なわれていた。

ところがよく調べてみると、幼児だけでなく大人の屍を屋敷内に葬ったという伝承も出てきた。徳之島町徳和瀬集落のある旧家の屋敷の東北の隅の近くに、およそ百五十年ほど前に若くして死んだ美女が葬られた、という伝承が語り継がれているのである。

また、「縁つけ煙草」という昔話の中には、ある日、突然訪れて来て、頓死した乞食（以前その家の女主人の夫であった）を前庭の高倉の雨落ちの下に埋めた、というくだりがある。

死産児は火の神の下の部分（トーグラと呼ばれる建物の床下）に葬るものだったそうだ、という老婆もいた。

屋敷内に屍を葬るということは、現代人の感覚では考えられないが、古い時代の屋敷には墓と同じようなはたらきをする力もあったのである。先にジガミサマを「墓のようだ」といったのは、屋敷のもつ、そのような複雑な歴史とのからみ合いから生まれてきた一つの感覚でもあった。

つぎにウヤホウガナシとウカマガナシについてであるが、この二神は家屋内に祀られる神である。二神とも悪霊防止に力を発揮するのはもちろんであるが、家族の招福や五穀の豊穣にまでも関係するところが他とは異なっている。人々と最も密接な関係にある神である。

「ウカマガナシはウヤホウガナシよりも位が上だから、食物のお初はウカマガナシの方から先に供えるのだ」という伝承もあり、ウヤホウガナシとの濃密な関係を無視して、ウカマガナシを上位に位置づけるのは腑に落ちない気もするが、それはそれなりに意味がなければならない。

また、ウカマガナシは女性と縁の深い神である。そのことは女性がウカマガナシの司祭であることによって証明づけられる。ウカマガナシの前で女性が呪言を唱えると、その呪力はたちまちにして呪った相手に現れると信じられ、男性たちからその呪力（霊力）を畏れられていた。

女性を別に「ウナリ神」（姉妹の神）と呼び、生きながらの神として、特に航海安全の守護神として崇敬する習俗のあったことはよく知られているが、この時の女性の霊力も、実はこのウカマガナシの信仰と深い関係があったのである。

また、ウカマガナシは水とも深い関係を持つ。ウカマガナシが五穀豊穣をもたらす神であることは前にも述べたが、この五穀は水の霊力によって稔ると信じられていたからである。「ミナクチ稲」（泉田の湧水口の穂祀り儀礼）はウカマガナシの前だけで行なわれるのである。

いままで述べてきた神々を、人々とともに屋敷の内側に宿る神ということで、私は仮に「内側の神」と呼ぶことにしている。「内側の神々」は長い歴史の道程を人々とともに生き続けてきた、いわば、血のかよった神々であった。これに対して、外界に数限りなく存在する神々を、これも仮に「外側の神」と呼ぶことにする。「神ヌ世は畏しい世だった」と述懐する古老たちの心の底にいまも焼きついている畏怖の念はこの「外側の神々」のもたらすものであった。人々は神々の姿は見たことがないが、神々の宿る依代《よりしろ》（水や石や森や大気など）によって間接的に神の存在を知り、また、祟り（病気や怪我）によって神々の怒りを知ったのである。これらの荒ぶる神々に対して「内側の神」の果した役割は計り知れないものがある。

奄美の島々は明治の初期まで、ついにキリスト教や仏教などの高度の教理をもつ組織的宗教の定着を許さなかったが、それは同時に人々の心の中に、いかに根強く「内側の神々」への信仰が刻まれていたかを証明するものでもある。

霊魂について

島では人の霊魂のことをマブイとか、タマシなどと呼ぶ。マブイは時折、生きている人間の肉体から離れて別に行動することがある。「夕暮れ時に、きれいなしぼり模様の着物を着けた美しい二十歳ぐらいの生きマブイを見た。そのマブイは墓の方へ急いでいた」などと言って人々を怖れさせるのは、普通、ユタ、フドンガナシなどと呼ばれる、霊位の高い、民間の司祭たちであった。マブイが肉体を離れてさまようのは普通の場合、病人であるが、そのマブイが墓の方へいくようになると、もう死期が近い、という。このような時は急いでマブイを肉体に呼び戻す呪術をしなければならない。この呪術をするのもユタやフドンガナシであった。

また、このマブイは何かの拍子に健康な肉体からも突然、抜け出すことがある。マブイが抜け出すと人間は夢遊病者のようになるので、人々は大変おそれていた。

健康な生命にとって、最もマブイの不安定な時点がトシ日（十二支の）である。それで、トシ日には葬式や法事があっても墓へはいかない。墓へいくと不安定な状態にあるマブイが、墓にいる死ニマブイ（死霊）に招き寄せられると考えられていたからである。

また、トシ日には織機に糸をしかけたり、着物を裁断したりもしない。このように着物を大切に取り扱うのは、着物がマブイを保護する重要な機能を担っていたからである。その意味からすれば着物は肉体の一部ということができる。着物は単なる暑さ寒さを防ぐだけの道具ではない。したがって、着物を作る作業は厳粛な仕事だったのである。不浄のついた着物を着ると、その人は霊力が衰え短命になると考えられていたので、縫い始めの日柄は厳重に選定された。「月ザラシ着」という着物にまつわる伝説が徳之島にある。

昔、親のすすめで無理に嫁がされた女がいた。その女は毎日の生活に耐えきれず、ついに相手の男に復讐を企てる。月のよい晩になると女は、こっそり家を抜け出して裏の芭蕉山へいき、そこで月の光を利用して芭蕉の茎から繊維をとり、それをつむいで見事な芭蕉布を織り上げた。この布をさらに十五夜の満月にさらしてから、それで着物を縫った。つまり、これが月ザラシ着である。ある日、女はこっそりと、男にその月ザラシ着を着用させた。すると不思議——、その日以後、男は夢遊病者のようになり、ある日、断崖の上から谷底に落ちて死んでしまった。

この伝説の場合、月の精とでもいうべき自然霊が着物に乗り移っているのであるが、いずれにしても、着物は霊と深い関係をもつのである。

生きマブイ（生霊）に対して死にマブイ（死霊）という霊魂もある。これは人の死後に残る霊であるが、一般的には個性を持ち、人に憑きやすく、祟りやすい霊として人々に怖れられる。この死霊に対する人々の畏怖は葬式の日に行なわれるいろいろな習俗によって、垣間見ることができる。

たとえば、葬列が家を出ると、二人の女性が、箒で内から外へごみを掃き出したり、戸を締めて、ドンドン叩いたりするのは、死霊を家から追い出すための行為である。また、墓の入口へ来てから棺を三回、左へ回転させてから墓の区域内へ入るのは、棺の中の死霊に通って来た道の方向を分からないようにするためのものだった。このような行為は、往時の人たちが、死霊を墓地内に封じ込めるために、いかに苦労していたかを知る一つの手がかりにもなろう。

生前不遇であったり、また、十分供養されない死霊は、葬式の後、ヨーリ（怨霊）となって、人々に災厄をもたらしたり、人里を徘徊して、人々を驚かしたりするようになる。徳之島の夜の海を徘徊するイワトシ神は海で悶死した怨霊だといわれる。

また、死霊にもミーマブイ（新しい霊）、フルマブイ（古い霊）の二種があって、古マブイは次第に個性を失って、人々の記憶から遠ざかり、普通の場合は三十三年忌を最後に昇天し、神になると信じられている。

祖霊信仰

伊波普猷氏の「南島古代の葬儀」（『民族』二巻）の中に興味深い記述がある。

そこ（津堅島）では人が死ぬと莚に包んで後生山と称する藪の中に放ったが、その家族や親戚朋友たちが、屍が腐爛して臭気が出るまでは毎日のように後生山を訪れて死人の顔を覗いて帰るのであった。死人がもし、若い者である場合には生前の遊び仲間の青年男女が、毎晩のように酒肴や楽器を携えて、之を訪れ、一人一人死人の顔を覗いた後で、思う存分踊り狂って、その霊を慰めたものである。

右の風葬の様子は明治の中期ごろ（筆者が逆算）沖縄の津堅島で行なわれていたというものである。人が死んでもその屍を埋めたり、焼いたりせず、それを地上に安置して、そのまま風化させ、肉体の枯れるのを待って、残った骨を洗い清めて祀るという、いわゆる風葬の習俗が古くは南島一円（沖縄、奄美など）に分布していたことはよく知られている。これは人間の霊が骨、特に頭蓋骨に留まるという信仰に拠ったもので、骨を直接対象にして祀る、いわば一種の骨の信仰であるといえよう。島に火葬場ができても土着の人々の利用がほとんど見られないのは、いまだに古代から続いている骨の信仰が、人々の心の中に生きていることを物語っている。

この津堅島の例は、莚に包んで藪の中に放った、とあるから、おそらく、風葬の歴史の中では最も古い様式のように思われる。明治の中期ごろにこのような様式が残っていたとすれば、珍しいことではなかろうか。

また、永吉毅氏は次のような報告をしている。

永良部にも「現在でも『フルバ』と呼ばれている処が残っている。『フルバ』とは『葬る場』のつまって発音されたものであり、『放る場』である。この葬る場（放る場）には現在何百年、あるいは何千年前の先祖達のものであろう骸骨が散らばっているが……」（『薩琉文化』奄美葬墓制特集号）

徳之島町徳和瀬集落には「フッキョオ」と呼ばれるところがあり、両方を崖に囲まれた藪の中に人骨がかつてはあったというから、これも沖永良部の「フルバ」に相当するところであろう。

以下、葬制の変遷を概略述べてみたい。

「フルバ」という単なる藪（林）にすぎない「葬場」は、次の段階では自然の岩蔭や洞穴に屍を葬る様式に移行したのではなかろうか。この洞穴葬時代は割合い長いあいだ続いたようだ。というのは島々の海岸沿いの洞穴には、ほとんどといっていいほど、古い人骨が散在するからである。徳和瀬集落にはこのような洞穴が群をなしている区域があり、そこを「ハンタ」と呼んでいる。「ハンタ」は断崖の意であるが、同時に「境」の意味も持っていた。

おそらく、この屍を葬る穢れた区域と生きている人たちの生活の場を区別するために、この断崖が「境」として利用されたものであろう。ここの浜をナーバマと呼ぶが、今でも、そこは穢れているといって月祭りの清め砂などはとらない。また、木を伐ってもならない。

しかし、このナーバマで年に一度、盛大な行事が行なわれる。「ハマオリ」である。旧暦七月の盆のすんだ後のヒノエとツチノエの日柄を選んで三日二晩にわたって行なわれる。特定の場所にヤドリ

トゥル墓（洞穴墓）の内部　土葬に移行する以前のトゥル墓。遺体を洞穴に安置し、埋葬しなかった。いつ葬られたとも分らない遺骨が、いまも静かに眠っている。

現在の土葬墓　墓地には白砂が盛られ、周囲を石垣やブロック塀などで区切っている。歴史的に仏教が定着しなかったので、寺院がない。そのために、墓は一族が守っている。

という仮の小屋をつくり、その中に自然石三個で竈をつくって火の神を祀り、新米を供えて豊穣を感謝し、あわせて、その年生まれた赤子のお祝いをする。七月踊りが初めて踊られるのもハマオリからであり、かつては、アキ（水稲収穫）が過ぎてミフュ（新冬）に更新されるのもこの時点からであった。

ハマオリが、なぜ、洞穴墓の前で行なわれるのであろうか。火の神を祀るところからネィラの神（はるか海の彼方の楽土の神）の祀りであろうという人もいるが、場所が洞穴墓前であることから、ハマオリ行事の発生は洞穴に葬られている祖霊祀りにその根源を求めるべきではなかろうか。祖霊に一年の豊穣を感謝する簡単な儀礼がいつの間にか盛大な行事に発展したものであろう。

洞穴葬の次に現われる様式がトゥル墓ではなかったろうか。断崖などの横腹に人工的に割合い浅い横穴をうがち、そこへ屍を葬るもので、原理的には洞穴葬とあまり変わらない。先祖祭りのことを別にトゥルミと呼ぶ区域のあるのは、祭りが本来、トゥル（洞穴）を見にいくこと、つまり、洞穴の中の霊（骨）に会いにいくことだからである。

この次がモーヤという墓制であるが、伊波氏が「野屋」という字をあてているように、これは死体安置用の小屋である。

このモーヤの出現により、墓制にも大きな変化が起こる。一方では埋葬が普及するからである。古いゆかりのある墓地には決まって割合い広い前庭を持つのであるが、徳和瀬集落の場合、ここがモーヤのあった跡である。ここでは、今でもミキャミ（三日目）という法事のときに、形式化したシキシカイという儀礼が行なわれる。この儀礼はモーヤから屍を出して埋墓に葬るときの儀礼の形骸化したものではなかろうかと思う。当時の人たちは埋葬の場合でも、葬式の当日に直接埋めたりはしていない。三日間（ところによっては七日か、それ以上のところもある）、モーヤに屍を安置してから埋葬しているのである。そのことは現在でも「三日目ノ別レ」という霊との別れの儀礼を三日目にしていることでわかる。この三日間、人々は毎晩のように墓に見番にいくものだったという。モーヤは風葬から土葬に移行する過渡期の葬法といえなくもない。

土葬（埋葬）は島の人々の自然発生的な要求によって普及したものでないことは、次の一文で明らかである。これは明治十年九月、鹿児島県が沖永良部の住民に対して出した諭達である。

「（前略）爾来地葬すべきは当然に候処或る所はその棺を墓所に送り、モヤと唱ふる小屋内に備置き、親子兄弟等此モヤに到、その棺を開き見る数回、終に数日を経、屍の腐敗するも臭気を不厭赴に相聞、右は人情の厚きに似たれども、その臭気をかぐものは甚だ健康を害し候は勿論、近傍通行の者といえども、其臭気に触るれば病を伝染し、或は一種の病気を醸すものにこれあり、衛生上甚不宜事に付、自今右様之弊習は吃度相改め、死するものは速に埋葬に致云々諭達す。」

官庁側の風葬の禁止の理由は右の一文を見れば分かるように、単なる「衛生上」の問題からだけであった。そこでは島の人々の信仰や神霊観の問題などは全く無視されていたのである。

こうして人々は土葬に移行するが、その次は独特な改葬という葬法を生み出す。

改葬というのは、一応墓場に埋めた屍を、三、五、七年目などの奇数の年を選んで、再び掘り上げ、その骨を潮水や酒などで清めて壺に入れ、再度墓石の側に葬るというものである。改葬することを「親孝行する」とか「明かりを見せてやる」「骨が拝まれる」などというが、長いあいだ、土中に閉じ込めておいた祖霊に対する思いやりの念が感じられる。この改葬は各地区で現在もなお実施されており、人々の骨に対する信仰は、いまも衰えていないことを示している。

徳之島の葬制

徳之島の葬制の現状を概観すると、土葬（埋葬）地区

金見、山、轟木、花徳、花時名、反川、池間、下久志、井之川、三京、神之嶺、諸田、徳和瀬、亀徳、亀津、南原

と改葬地区

手々、与名間、松原、岡前、浅間、湾屋、阿布木名、平土野、兼久、大津川、当部、瀬滝、西阿木名、小島、糸木名、崎原、白井、八重竿、尾母、中山、馬根、犬田布、阿権、木之香、鹿浦、伊仙、検福、古里、面縄、目手久、佐弁、喜念

の二種に大別できる。

ここでいう土葬とは、遺体を棺に納めて墓地に埋める葬法であり、改葬とは一度墓地に土葬した遺体を三、五、七、などの奇数のいずれかの年を選んで掘り上げ、その骨を潮水などで洗い浄めてから、頭蓋骨と第二頸椎を真綿でくるんで骨壷に入れ、再び同じ場所に葬る、いわゆる南島特有の二重葬のことである。しかし土葬であっても、埋葬するための穴掘りのさい出てきた骨を、改葬と似た処理の仕方でほとんどの集落が行なっている。

数年前、徳之島町亀津に町有の火葬場が完成したが、その利用者はほとんどが本土からの移入者で、

島の人たちには未だ利用されていないようである。

死の予兆

①鳥に関するもの

一般的に飛び鳥が家の中に入ったり、屋根の上にとまって鳴くのを島の人たちは忌み嫌う。島の中でも一番不吉な鳥だとされているのがカラスである。カラスは時たましか集落に現われないが、古老たちは死や不吉なことをあたかも知らせるために来たかのように恐れ、家の近くでカラスが鳴くと、どぎもをぬかれるという。特に夕方のカラスが不吉で、集落のイビガナシの森の木の上で鳴けば、数日中に集落に死人が出るとか、墓の森で鳴けば、その墓に近々棺がいくようになるかもしれない、などと語り合うという。屋根のイツキャ（千木）の上にカラスがとまるのもいけないという。

宵から夜更けにかけて、けたたましい声でギャーギャーと鳴きながら空を飛ぶユウガラという鳥や、夜中に鶏が告げるトキも不吉であるという。夜中のトキは火事の予兆でもあると恐れられる。

②墓の石塔が傾いたり、墓に穴が開いたりすると、ウヤホウガナシ（先祖の神）が子孫の誰かを仲間に入れたがっていると恐れる。しかし、勝手に穴を埋めたりしてはいけない。ユタを呼んで来て呪文を唱えさせてから、海から生け捕って来たウブという小魚を穴に入れて、ユタが砂を穴に少し入れ始めてから一族の人たちが穴を埋める。

母間集落でも、穴を家族の者だけで埋めないで、親族の者が集まって、親族の者皆の手で埋めるという。また、母間では石塔についているコケが白色に変じても不吉であるといっている。

③生きマブイ（生きている人から抜け出た魂）がさまよい歩く。

死期が近づくと、体からマブイが抜け出て、さまよい歩くときがあるという。そのマブイを見るのは普通、ユタか、または、世間で「マブイをよく見る人」といわれている特殊な人たちである。

ユタが「○歳くらいの女の人のマブイを見た。そのマブイは○○の装いをして○○の方向に歩いて行きよった」などといいふらして歩くと、集落の人たちは恐れて夜道を歩くのもいやがったという。また、病人をかかえている家では、ユタを呼んできて家の中の祓いをさせたりした。祓いをする前にマブイが抜けているかどうかの占いをする。

占いはユタ（フドンガナシ）が茶碗に水を入れて、その上に白紙を被せ、糸でしばって呪文を唱えてから、トーグラ（炊事場のある建物）の表入口と、上ン家の表入口にそれぞれ置いて行なわれる。しばらくして、その白紙を開けて見て中に砂粒が入っていれば、その人の魂は既に墓に行っており助からないし、砂以外の小粒のゴミ等であれば心配ないという。不思議に砂の入る時があったという。

祓いは酒と塩とイリ大豆でなされ、呪文を唱えて病人から病魔を追い出し、続いて塩とイリ大豆をトーグラの火の神の前から撒き始め、屋内いたるところにまきながら悪魔を庭に追い出し、さらに門口に至って屋敷外に追い出す。また、身代りといって病人のタオルや着物の切れ端や銭などを道の辻に棄てたりもした。この品物を拾った人に不浄が移るという。

④異常な物音や人の泣き声が聞かれる。

この異常な物音を徳和瀬ではシマオト、神之嶺ではユナビキと呼んでいる。

人が寝静まってから、棺箱をつくる時のカンカンという音が三回聞かれると、必ず近くで人が死んだとか、ハタ（糸くり機）の音が夜の漁の海まで聞こえる時は、集落に何か不吉なことがあるなどといわれる。

人の泣き声が聞かれる時もある。特に夜の海で漁をしている時、不思議な物悲しい泣き声やうめき声がどこからともなく聞かれることがあるが、これをシュナキ（潮泣き）と呼んで恐れる。また、海でなく、墓へ通ずる道の近くからクヤ（葬式の時の泣き声）の遠く近く聞かれることもあり、人びとの騒動の様子が感じられることもある。

⑤チュンタマシ（人の魂）が飛ぶ。

チュンタマシは火玉のようなものだという。火の玉の飛んで行った方向の墓に不吉があるとも、また、山の方に火玉が行ってから、海の方にさらに降りていくと、死人が出るともいう。母間では火玉が海に入れば三日内に、山の方に入れば七日以内に人が死ぬといっている。

病人のトゥギ

重病人が出ると、親戚知友が集まって夜通し看病に当たり、家がいっぱいになった。小料理と酒を持ってくる人もおれば、三味線をもってくる人もいた。病人は夜が淋しいので、淋しさをまぎらすために慰めるのだという。トゥギ（伽）は普通、長病みの人や、ハブアタリ（ハブ咬傷）の時などになされ、急病の場合は本人の要望によりなされた。

トゥギの時、人々はチガシ（松木の灯）を燃いて家を明かるくし、飲み喰いしながら病人の側でシマウタを掛け合いで歌って聞かせたり、また、話も聞かせたりした。

ウタはアサバナ節やマンカイ玉など、平常歌うものならなんでもするが、本来のトゥギのウタは二上り節であるという。一名ハヤリ節ともミチ節ともいわれ、大変物淋しい静かな感じのウタで、普通の日には古老たちがあまり好まないウタである。同じ二上り節でもミチ節の場合は、別名「送り節」ともいって、舟旅を送り出す時、自宅から港までの道程を歌いながら行くウタでもあった。参考までにミチ節の代表的な歌詞一片を記しておく。

井之ヌイビガナシ　風ノ親テシガ　真南風給レ　手シリ拝マ
（井之川のイビガナシは風の神様の親だと申しますが、真南風を下さい、手を合わせて拝みますから）

徳和瀬にハルグヮというシマ一番の美人で遠島士族の娘がいた。ハルグヮは長病みの末、十六歳の若さで死んだが、彼女の療養中は毎夜青年たちが三味線をもってトゥギに来た。ハルグヮが掛け合いで最後に歌ったといわれるウタが今でも語り草になっている。

サミシル（三味線）ヌミジル（一番下の線）切レテカラモ接ガユシガ、切レテ行キュル吾ア命接ギヌ成ユミ

二上り節には次のような歌詞がある。特にトゥギの時にだけ歌われる歌詞だったのかどうか分からないが、参考のため二、三記しておく。

地ゴク極楽ヤ　如何遠ンベヌ島ガ
行キ声ヤ有テモ、戻リ声ヤ無ン

三日精進タテバ夢見シテ給レ
七日精進タテバ行キ会ウチ給レ

別レテヤ行キュイ、何ヌ形見置キュンガ
生爪ヤ剝ガチ、ウレド形見

ウリ思バ辛気、此レ思メバ辛気
辛気重ネトテ、思タンバカリ

親ガナシオ蔭斯ンゲガデフデテ（成長して）
親ガナシ事ヤ、粗粗ダ思ンナョ

（提供　井之川・前田八百芳、法元盛秋）

ハブ当りの人には次のようなウタがある。

ハブ当り薬、大和医者ガナシ、

カデ（風邪）シキヌ薬ヤ真米ガナシ、

（提供　母間・大川吉成）

子どもを亡くした親を慰める時は、ヤガマ節というウタがトゥギに用いられる。このウタは二上り節よりもむしろ古風な悲しさを持ち、どちらかといえば葬式の時に死人の側でうたうオモイ（供養歌）に似た響きがある。

このヤガマ節を飢饉年のヤガマ、墓送りのヤガマ、ネンゴロ（恋愛）のヤガマの三種に歌詞の上で分けて歌う人（下久志・松岡亀次郎、故人）もいる。飢饉年や墓送りの時にも歌うところをみると、ヤガマは悲しい時のウタのように思われる。

島では、病は神のサワリ（たたり）から来ると信じられていた。サワリは次のように大別できる。

①コータラジ

いわゆる孝行不足、法事不足のことである。先祖の神に不足を感じさせると、その不足を知らせるために家族に病気をさせたり、四ツ足（牛・馬・豚など）にさわったり（飼料を食べなくなったりする）、また、悪い夢を見させたり、鼠をつかって仏壇に供えた湯飲み茶碗を倒したり、線香を不揃いに燃やしたりするという。本家のコータラジが分家に知らされることもある。したがって、本家は分家のためにも先祖供養を怠ってはならない。先祖の神のムヌ知ラセであるか否かは、ユタの占いで断定させる。

②拝ミ足ラジ

山の神、地神、水神、金山様、火の神など先祖以外の神々の拝み不足によるたたりである。それぞれ祀り方と祀る日が定まっていて、本来の祀り方を間違ったり、怠ったりするといけない。ハブ当りは水神様の拝み不足だといわれている。

③神サワイ

人間が神様の領域のものを侵すことである。たとえば神山の木をとったり、他人の拝んでいる神を邪魔したり、神聖なところに汚物をかけたり、コーシガナシ（海岸の洞窟などにある頭蓋骨）をけなしたりする類のことである。石を勝手に家に持ち込んでもいけない。母間で某氏が死んだ後ユタにエキ（易、占い）をさせたところ、家の側の石垣に赤い石が積まれているが、その石が祟っているといわれ、吃驚してその石垣を崩して、赤い石を取り出して棄てたことがあった。きれいな石には神がついていると信じられている。

④悪ナムンに負けた時の病

悪いこともしないのに、人間に被害を与える悪魔のような神もいる。たとえばイワトシ神（海や浜に出没し、あうだけで命をとる）やヨーリ（極楽に行けず迷って歩く霊）やケンモンなど、また、ホーショー（天然痘）の神やハシカの神なども。

臨終

特に臨終に相当するような方言はなく、「気分を悪くする」とか「イキが切れそうになる」などという。

長期間の病気の人や老人の場合は「イキが切れそうになる」とオカユを口に入れて食べさせた。これをムチガテといった。ムチガテを食べさせると命が早く落ちて楽になるという。いまでもお湯を飲ませる時がある。

徳和瀬に、臨終が来ても苦しみもがいてなかなかイキの切れない老人がいた。不思議だと思ってユタを呼んで来て見せたところ、「この人の祀っている神様のせいだ」というので、早速老人の祀っている洞窟の中の、フトキンガナシという神に酒を供えて呪文を唱えさせたところ、途端に楽になったという。

若い人や急病、ハブ当りなどの臨終には、昔は「アビケーシ」（呼び戻し）ということをしたという。これは離れていった魂をもう一度呼び戻すという意で、古くは屋根の頂上部分（千木のあるところ）をはずして穴を開け、その穴の側に立って、

「○○カンコー、○○カンコー」（○○ここへこい）

と呼んだという。

この風習は島一円に伝えられていることであるが、具体的にはもう分からない。井之川集落だけで「墓の方に向かって呼ぶ」と言い伝えられている。

アビケーシは重病人の側でもされる。これは現在でもされている。臨終にある重病人の枕元で大声で名前だけを呼ぶ。こうすると、すでに閉じている瞼を開いて呼んでいる人を見つめるという。

三京集落で若い青年が原因不明の病気にかかり、意識不明のまま数日苦しみもがいて死んだことがあった。この時は特に臨終ではなかったが、青年を五、六人頼んで来て枕元で大きな声で名前を呼ばせた。四十年くらい前のことである。

また、臨終の時に屋内にある農作物の種子を大急ぎで外に出す風習もあった。死の穢れで種子が発

芽しなくなるのを恐れていたからであろうか。神之嶺、井之川では臨終の時、側に居合せて死顔を見た人をサンザレチュ（穢れた人）といって区別し、三日目（法事）という霊との別れの儀式の時に御飯を別にして食べさせる。

死

死ぬと近親の女たちが遺体を囲んでクヤをする（地域によってオモイともウヤモイともいう）。死人はクヤをされたがっているとも、また、クヤをしないとアン世にいけないともいわれている。クヤとは一種の供養歌のことである。淋しい美しいメロディーでその死を悲しむ泣き声や号泣も混り合うので、その雰囲気は肉親にとってはいたたまれない。歌う時には口々に白い布をあてがい、女同士の掛け合いでなされる。死んだ人の年代によってクヤの詞が違う。

親や老人の場合　ウヤガナシ（ウヤヌカナシという集落もある）

青年、中年の場合　ウトジャモイ

子どもの場合　カナシグヮ（クヮヌカナシとかクスイグヮという地域もある）

短い歌詞であるが、実際に歌う時は長く調子をつけるので割合い長いものになる。クヤはころを見はからって休んでは続けられる。

ころを見はからって遺体の足を曲げて紐などでしばる。棺が坐棺であるところから、棺に合せて足の形を整えるためである。手は胸の上に合わせて重ね、「手を折る」といって関節を曲げたり、もんだりする。骨の硬化を防ぐためだという。

床の間にかけてある掛画や額などを裏返しにし、時計の振子を止めてその上のガラスに白い紙を貼りつける。

死後できるだけ早く親戚一同に伝達する。葬式の準備一切には親戚一同があたる。

マックヮガイ飯（枕元飯）という御飯を炊いて供える。一杯飯ともいわれ、一合の米で、子を産み終わった女の人が炊き、できあがった御飯は一回で残さず茶碗に盛る。盛った御飯のうえに箸を立てる。箸は御飯の上に十の字に立てる集落（母間、西阿木名、井之川など）と、二本をそのまま挿し立てる集落（神之嶺）、立てない集落（徳和瀬）がある。

枕元飯を供えるのはアン世へのアシ（昼食）（徳和瀬）にさせるためとか、アン世へいく時の位を持たせるため（西阿木名）だなどといわれている。

ユアミ

母間ではアミコキ、西阿木名ではアミショオジといっている。遺体をぬるま湯で沐浴させることである。ユアミは弔問客があまり集まらないうちになるべく早くさせる。その人の死んだ場所の畳を取りはずした床（竹を編んで作ってある）の上で、近親者から男二人女二人を選んで当たらせるが、男の二人だけは左綱のタスキを交叉させないようにしてかける。西阿木名では一本の藁をつないで男女共にタスキをかける。死の穢れのためからだろうか「葬式の時以外は藁一本を体に結びつけるな」という戒めがあるという。

ユアミをさせる時は「ユアミをさせてあげますから」といってから始める。ユアミをさせている間は周囲に蚊帳を張る。母間では筵を張るという。他人に見せないようにするためだといっている。

ユアミに使う水をサンカ水といい、徳和瀬では、コントという特定の川から二人で行って汲んでくる。汲む時は最初杓子を反対側にして三回汲んで入れてから普通の汲み方に移る。井之川ではサンカ水を汲みに行くときは着物を裏返しにして被っていき、西阿木名ではころあいを見はからって、迎え人を差し向けるという。サンカ水は泉から汲んでくるところや、川から汲んでくるところなどさまざまだが、ともに流れている水でなければならない。

ぬるま湯をつくる時は水を先に入れてから、あとで湯を注ぐ。

ユアミは死人の頭に水を杓子を反対側に向けて、三回かけてから始める。体をきれいに洗ってから爪を切り、男ならひげをそり、散髪をし、女なら髪を整えてきれいにする。切った爪は白紙に包んで置き、納棺の時に懐に入れてアン世に持たせる。

死んだ時に着ていた着物をユアミ着という。ユアミ着はなるべく早く洗濯して家族か近親者が着ける。汚れた着物をさらしておくと霊が気の毒がるという。畳は外に出して日蔭などに放置する。母間では死んだ時のフトンや畳や着物をサンゼレムンといって屋外に取り出し、人目につかないところに放置する。また、西阿木名では「死着」といって、死ぬ時着けていた着物は地中に埋めるか、焼却するかする。

装い

肌着は新品を用いる。特にフンドシは新品でなければならなかった。昔は布類が不足していたので、娘たちは自分の親の死ぬ時のために、こっそり白い木綿の布をしまっておいたという。

着物は夏冬用を一枚ずつ計二枚、その上から羽織を重ねさせる。着物二枚のうち、内側の一枚は裏返しにして着せ、衿を左前に合わせる。また、衿の後方部を一寸くらい破って穴を開ける。

衿の合わせたところの下の方に針を逆にして挿し込むというところが多い。針を挿し込むのはアン世に行ってからその穴から水を飲むためだという。西阿木名では針や爪、茶、穴開き銭などを共に白紙に包んで、アン世への土産として懐に入れて持たせるが、その穴からアン世を見るためのものだといっている。

マンマ口説という歌にも針がでてくる。ここでは、

継母にいじめられる男の子が亡くなった母親のことを思い出してたまらなくなり、母親を尋ねて旅に出るのであるが、途中、白髪の老人に会う。老人によると、母は石ジョ金ジョのケタの上（墓のことか）にいるが、針の穴からその中を覗けば見られるという。はたして母親と対面するが、母親から「ここはゴクラク、恐しいところ、早く家に帰って、一日、十五日にはお茶の初を位牌に供えなさい。それを受け取るから」と逆にさとされ家に帰って供養する。

という針の使い方の話になっている。いずれにしても、島に針と茶の入ってきたのは割合い古い時代のようである。

安置

装いが整うとシルビ（表座の裏側の間）に遺体が安置される。安置するとき、枕を南向きにする集落（徳和瀬、西阿木名、井之川など）と西枕にする集落（亀津、亀徳、母間など）がある。埋葬するときの枕の方向は、安置のとき西枕をさせる集落はそのまま西枕であるが、南枕の集落は北枕に変える。顔に白布を覆せ、手は胸の上に重ね、足は坐位に曲げて紐でしばられる。

お酒と盃が枕元に置かれると、近親者は順に酒を口孔に注いで別れの挨拶をする。枕元に線香を供える家もある。外では葬具の製作が進んでいる。葬具で最初に作るのはマエジクという縦四十センチ、横八十センチほどの木の机である。遺体の枕元に置いて、その上にいろいろな供えものをする。

マエジクの上にミタマシロという霊札が二つ置かれている。これは神官が唱文を唱えて遺体から霊を乗り移らせた札である。昔はこの札をイフェ（位牌）といった。一枚のミタマシロの表面には「故〇〇の霊璽」と書き、裏には〇月〇日没、行年〇才と書き、その上をさらに白紙で包んで糊で貼る。貼るときは項部分に小さい穴を開ける。他の一枚には字も書かず紙も貼らない。紙を貼られた方は、葬列が家を去った後もなお家に残され、仏壇の前の畳の上に屏風で囲いをされて拝まれる札であるが、他方の木だけの札はマエジクと共に墓に持っていかれ、棺と共に埋められる。

この頃になると村中の人たちがトゥンベ（弔）にくる。喪主に挨拶してさがり、外で葬列まで待つ人もいる。男の人たちは決まって表の座にいき、女の人たちは遺体の安置されているシルビにいく。男たちは淡々としているのに、女の人たちは直接遺体の側までいき、泣いたり、話しかけたり、また、クヤの仲間入りをする人もいる。女の座からは悲痛などよめきが感じられる。

ころを見はからって集まった客に「茶碗酒」が出される。重箱に四個の湯飲み茶碗を入れて、女の座に配ってから男の座に配り歩く。女の座に先に配るのは、内から外の方向にことを運ぶためである。

葬具つくり

葬具つくりには近親者が中心になって当たり、手の足らないときには遠縁の人たちにも手伝ってもらう。

棺をのせるデー(台)

大別すると、棺箱やヤギョウなどのように材木で作る大工の領分と、旗や紙花などのように女の人や一般の人たちにもできるものとがある。棺箱などの方には棟梁が一人おり、この人が中心となって作業を進めるが、昔は棟梁はいろいろな呪文を知っている人でなければならなかったという。

棺道具は棺箱と台とヤギョウ（屋形）の三部分からなっている。昔はほとんど坐棺だったが三十年ほど前から寝棺が始まり出し、今ではほとんど寝棺になった。寝棺の場合、多少遺体の形がくずれていても楽に納まるが、坐棺の場合は、跛の遺体を納める時などは足の関節をボキボキ折らないと間に合わないこともあったという。母間などでは現在も坐棺であるという。墓の穴掘りも寝棺の方が浅い穴で楽だという。棺箱のつくり方は打ち廻しといつて板を𠀋字形につき合わせて釘で打ちつける。

昔は山に行って木を伐り、それをノコで割って板にしないと棺の材料が得られないので、平常から準備するのが常であった。準備する暇がない時はシチ（衣類入れ箱）という木製箱を代用に使った。家々にはほとんどこのシチがあった。

デー（台）とは棺箱をかつぐ時にのせる台のことである。両方に二個ずつ穴があって、その穴に唐ギンチクという青竹を挿しこむ。他集落では青木の丸太を挿しこんでいる。昔は二ノデー、三ノデーといって財力のある人はこみ入った形のデーを作る人もいた。

ヤギョウ（伊仙ではタマヤという）は、棺を墓まで運ぶときの棺の上に覆せる屋形のことである。棺の大きさによって屋形の大きさも違ってくる。昔はそのつど作ったが現在は他家のものを借りたり、共同使用になっている集落もある。

棺道具ができあがると、棟梁は棺箱を酒と塩できよめてから「フナマツイ」（舟祀り）の呪文を唱える。この呪文はもう採録できないが、山の神に唱える呪文だといわれている。山の神から貰い受けた木材を棺にして穢すからだろうか。この呪文を間違ったりすると大変なことになるという。

井之川では棺ができあがるとヤギュウシといって、ドンブリシュキ（料理）と酒で大工たちだけで小宴を張るという。徳和瀬でヤギュウシといえば、新築住家が完成した晩に、大工や親戚一同が揃って歌と踊りと共食をすることを指す。

その他の葬具

ツカ。長さ約六十センチ、幅十センチほどの木札で、表面に「○○の奥津城（または墓）」裏に「○年○月○日没、行年○才」と書き、白紙にくるんで糊づけにし、葬列が家を出るまでは遺体の枕

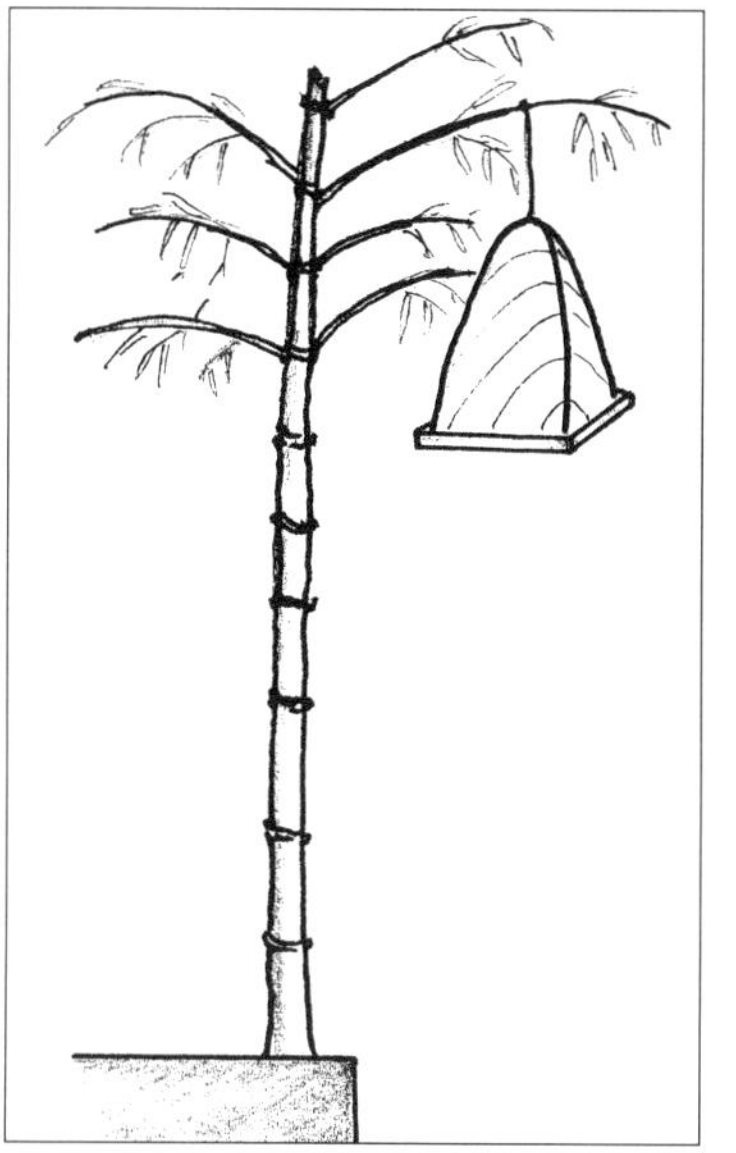

徳和瀬のマブイゴメ

元にあるマエジクの上にのせて置く。墓に立てる時は白紙をはずす。徳和瀬や諸田ではツカを墓の前に立てるが、他の集落では後方部に立てている。

紙花。色紙などで必ず自家で作ったものだが、最近は花輪を買ってくる人も多くなった。

ハタ。赤旗白旗（布）それぞれ同数（偶数）長さ一メートル、幅〇・五メートルくらい、旗の数は家の力によって多くするときもあった。

他に紙旗が一つある。葬列では一番先頭になる旗である。「〇〇の柩」と書く。西阿木名ではシテ旗といって、広幅の白布に「〇〇の霊」、二行目にやや小さく「〇月〇日没、行年〇才」と書いたものを葬列の先頭に立たせる。他の旗は七日目に墓から取り除くが、このシテ旗だけは四十九日まで立てて置くという。

マブイコメ（魂込め）。チョーチンというところもある。十センチ角の板の上の四隅に竹のヘゴを∩型に二本交叉させて挿しこみ、白紙を貼って中をチョーチンのように空にする。名前の通り霊を込める一種の依り代で、西阿木名では、遺体の上にしばらく吊して置き、マブイを込めてから、墓にもっていったという。徳和瀬ではそのようなことはしないが、道が暗いのでチョーチン代りだなどという人がいる。

ブサン（杖）、サバ（草履）。杖は青木の皮を剥いだもの。草履は藁で作り、井之川では足半《あしなか》といって、踵のないものを、しかも、綱を交叉させないでつくる。西阿木名では草履のほかに木の下駄もつくるという。

穴掘り

人が死ぬとなるべく早く穴掘りにいく。アンネ（案内人）一人、穴掘り役四人（後で棺をかつぐ役にもなる）計五人でいく。アンネ人はその墓の過去の埋葬の事情に詳しい人でなければならない。穴掘りには妻が妊娠していたり、トシ日に当たっている人はいってはいけない。妻が妊娠していると、もし誤って頭蓋骨を割ったりすると奇形児が生まれると恐れられ、一方、トシ日の人は霊が墓の先祖の霊に招き寄せられる恐れがあるという。

穴を掘り始める前に、案内人はフン主ガナシ（本主ガナシか。最初にその墓にまつられた人）に酒を供えて、次のように許しを乞う。

〇〇ガナシ、此ン区域ノウヤホウ（先祖）ガナシンキャ、〇〇ドシノ〇〇歳ヌ〇〇ガモイセ（死）タンキ、カン（ここに）トモスンゴトセユンキ（埋葬しますから）驚カンゴトシ給レ

この唱えがすむと、各人酒を飲んで体を浄めてから作業にかかる。まず石塔を倒す。尾母では石塔

は倒さないで石塔の前の方を掘る。徳和瀬では原則として石塔の下部を掘るが、都合によっては少し横の方を掘る場合もある。花徳でも墓の区域内なら石塔から離れていてもよいという。掘る時の道具は、鍬、木のへら、スコップ、ザルなどを使う。骨が出てくると、用意して持って来てあった木箱に入れて別にして置く。案内人は始終側で見ていて、この骨は○○のもの、これは○のものと間違いのないように確認し、後で葬列が墓に来た時に改めて親族に報告する。

納棺

納棺が近づくとイトマゴイ（別れの言葉）をする。イトマゴイをするのは近親者だけである。遺体の口に酒を注ぎながらする。イトマゴイは相手によって違うが、たとえば次のようにするという。

ヤ（あなた）ヤ思イ残スン処ヤ無ンキ、後カチヤ向コテ来ルナヨ、後ヤ事ヤ無ンキ喜コデ先カチ行ケヨ、ヤクヮ（あなたの子）ヤ、今、ヤクヮアランキ（あなたの子でないから）子ノ事ンキャ思ユンナヨ、一日、十五日、タチョ日（墓にたった日）ヤ茶ノ初々ヲ供テ上スンキ受ケ取レヨ

（三京・若山まる）

二上り節にイトマゴイに類すると思われる歌詞がある。

イキャカナサアテモ、チュウミチ行カレユミ

ウイヤ　先行ジ待チュレ　吾ヌヤ後カラ
（いかに愛しい間柄であってもアノ世にだけは同道できない。あなたは先に行って待っていてください。私は後から行きますから）

納棺する前に西阿木名では棺の上をサカキの小枝で祓う。生キマブイと死ニマブイを分けるためだといい、生きている人のマブイが間違って棺の中に入れば、その人もしばらくして死ぬことになるので、その生キマブイを追い払うためだともいう。

母間では棺に蠅が入るといけないといって、棺の側に蠅追イベン（蠅追い役）が一人ついてサカキの小枝で上を払う。伊仙では死体を浄めるのだといって杓子に水をくんで来て、シュロやクバ（ビロー）の葉で死体の上に振りかけるという。

納棺の時は周りに蚊帳を張る。棺に入れる時は敷いてある筵と共に持ち上げて入れる。この作業には近親の男たちが当たる。納棺の時になると人々の悲しみは最高潮に達するので、遺体に寄りすがる女の人たちもいるが、それを払いのけるようにして取り上げるときもある。

棺の中に入れた後は木の枕をさせ、腕ウチケという丁字形の木製の腕かけの上に腕をのせ、空間に藁をつめて体を固定する。それからいろいろな持たせ物を入れる。まず欠かせないのがユアミの時に切った爪、髪の毛、アン世への土産として茶の葉、煙草などを白紙に包んで懐に入れる。別にニギリ飯（枕元飯でつくる）も白紙で包んで入れる。親が死ぬと娘たちは形見といって、手製のテサジを入れる習慣が古くはあった。娘たちは親との別れのために平常からテサジを織ってしまっておくものだったという。その他、生前愛用の小道具等も入れる。

死んだ場所の床ガラ（畳の下の床竹）を二本短く切って棺に入れる。死んだ場所には霊がついていると言い伝えられているためで、床竹のない時は床板のカケラでも入れる。

一家から年内に死人が二人出ると、二人目の棺には木人形といって杵を短く切って入れる。母間では妊娠している女が死ぬと藁で人形を作って添わせるという。二回続けば三回に通ずるという古い言伝えがあるが、三回目の不浄を人形に負わせるためだろうか。

納棺がすむとフタを覆せて釘を打ちこむ。釘は大工四人が代る代る一本ずつ打つ。後は藁綱をかける。昔は綱ではなく、芭蕉か木綿の布で縛るものだったという。これを棺マツキ（棺巻き）といった。これもかねて娘たちが親のために準備するものだったという。

別れの儀式

綱をかけられた棺は、台にのせられて表の座にもってくる。棺の前には米と塩（フタをとった重箱に一杯）と酒が供えられ、その側にはデージン（台膳）といって、御飯と汁と皿料理二つ（四ツ組という）も供えられる。

神官が棺に向かって唱文を唱えてから、近親者は神式なら玉串を供え、仏式だと線香を供えて棺に手を合わせる。これが終わると坐に二つ出されているドンブリシュキ（ドンブリに豚肉、トーフ、テンプラ、大根などを盛る）で、一同「トリカワシをする」といって料理と酒を配って、簡単な共食をする。

トリカワシがすむと表の入口から棺を庭に出し、表庭でもう一度、棺を筵の上に置く。

ここでも神官は酒を供えて唱文を唱える。母間では庭での式がすんだあとススキで棺を祓う。これをアラフリといっている。運気の悪い人の魂が棺の上に乗って一緒に墓にいく時があるので、そのような魂を追い払うためだという。

ウサギベン（棺をかつぐ人）が白布を頭に結んで左綱のタスキをしてから、神官から酒と塩をいただいて身をきよめると、いよいよ葬列が出発する。

棺が門の近くまでいくと、家では女二人が藁箒で内側から外（表の入口）に向かってゴミを掃く。これをヤーダレ（屋さらえ）という。西阿木名では掃き出した後、戸を締めてからドンドン戸をたたく習俗があった。亀津でも戸を締める真似を最近までしていたという。

葬　列

典型的と思われる葬列の型の順序を記録する。古老から聞いた葬列の順序であるが番号で示したそれぞれの集落の葬列の型は、二、三十年前頃まで見られたもの（引き馬）なども入っている。ごく最近まで見られた「半開き傘」や「着物の裏返し被り」なども現在の葬列では全く見られなくなり、タオルを被るなどの簡単な習俗に変わってきている。徳和瀬や諸田などでは、クヤ（供養歌）を間に合わせに数人の老婆などによってまだ葬列の中で歌うことができるが、これもする場合としない場合とがある。若い人たちや中年の人たちの中には、歌える人をほとんど見かけない。

徳和瀬型

①紙旗　②マブイゴメ　③赤旗、白旗　④マエジク　⑤紙花　⑥棺　⑦喪主　⑧女主人（半開き

の傘をさす）　⑨近親の女（半開きの傘をさす）　⑩近親の男　⑪一般人

神之嶺型

ここでは旗も屋形もいっさいしてはならないといわれている。葬列の順序は、①草履を杖にさす　②マエジク　③ツカ　④棺（屋形をしない）　⑤喪主・女主人　⑥近親の女（半開き傘をさすか、着物を裏返しにして被る）　⑦近親の男　⑧一般

この順序は、他に母間の池間集落と諸田の一部（後墓）に見られる。

それぞれの集落に、葬列のいわれがある。

○神之嶺は昔ウシシギャという主によって治められていた。ウシシギャは神技に近い武芸の達人で、飛んで来る弓の矢は箸ではさんで受け取り、噛み砕いて捨てるほどの技の持主だった。ある年、ことあって沖縄へ試合に行き不覚の戦死を遂げた。遺体を受け取ったウシシギャの父親は「他村に行って戦死して帰ってくるとは全くの親不孝者だ」と怒り、遺体を葬らずに家の前の藪に放置したまま見向きもしなかった。それを知った集落の人たちは、主を野ざらしにするわけにいかず、密かに粗末な葬式で葬ったという。主の葬式をこのように粗末にしてあるので、以後、派手な葬式ができなくなり、屋形などをつけて行くとウシシギャの霊の怒りにふれ、取って投げられるという。

○諸田は昔ネータラカンジャクという主によって治められていた。しかし、隣集落のカンニンウシシギャと仲が悪く、水のことなどで争った。ネータラカンジャクは、早朝、神之嶺のカンニンイジュン（泉）に水を飲みに行くことが多かった。それと知ったカンニンウシシギャはモリを持って、泉の上の木蔭に身を潜めて待ち伏せていた。はたしてネータラカンジャクが来て水を飲もうとして前かがみになったところを上からモリで一突きにした。最期だと悟ったネータラカンジャクは、傷ついたま

ま川に降りていき、墓の石塔になる石をかついで諸田の後墓に急いだ。墓についたカンジャクは自分で墓穴を掘り、自分で土を覆せ、石塔までも立てたという。このネータラカンジャクの墓が後墓の始まりだといわれ、現在も祀られている。このように墓の主である人の葬式が粗末にされているので屋形や旗を持っていくことができないという。

○池間集落の南側に聳える井之川岳の中腹に「イキマウデガナシ」と呼ばれ、集落の人たちに恐れられている神石（自然のままの大石）がある。ウデガナシの下へは不浄のついた人や女の月のもので汚れている人たちは行ってはいけないと戒められていた。ある年、金持ちの子が葬式に旗をなびかせて墓に行ったところ、その年はウデガナシの祟りに触れ、集落にハブ当りが多く出て困ったという。それ以後、ウデガナシの下では旗や屋形などをするのはいけないことだと悟り、つつしむようになったという。

西阿木名型

①引き馬（マブイゴメを馬のクラにのせる）　②シテ旗　③杖に草履と下駄各一足ずつさす　④ハカキ（ツカのこと）　⑤赤・白旗　⑥紙旗　⑦マエジク　⑧棺（屋形）　⑨喪主（芭蕉の紺の着物を被る）　⑩近親の女（半開きの傘）　⑪男子　⑫一般

西阿木名の特徴は、なんといっても「引き馬」であろう。引き馬は一般的なものではなく、生前、馬にのっていた人とか、身分の高い人だけだったともいわれている。瀬滝にも引き馬の習俗があったというが、瀬滝では馬の上に藁人形を乗せ、その上に故人の袴や着物を着せて墓までいき、墓へいって袴と着物をはずして後、藁人形は特定の場所までいって棄てたという。

西阿木名では用を果して家の門口まで帰って来た馬は鞍をはずし、馬綱もはずして馬を自由にしてどこへでも追いやった。不思議に三日ほどは家に帰ってこなかったという。

引き馬をひいて墓に行くとき、軽い荷物のはずなのに不思議に馬が汗をかいたり、片一方に傾いたりする時があるが、人々は霊が乗っているからに違いないと話し合ったという。

徳之島で歌われる「チョオキク節」にも馬が出てくる。この歌では、ホーショーヌ神（天然痘の神）が白馬にのってアキギャンという山の北側の頂上からやってくる、と歌われている。また、瀬滝のマツカジという墓の側からは、夜になると、霊に妨げられて、馬に乗っては通れなかったという。

霊や神が馬にのって往来するという信仰は、人びとの間に強くしみこんでいたようである。

他には、草履の他に下駄ももたせるのが違っている。

伊仙型

①塩とイリ豆をまいて道を浄める人　②紙旗　③旅道具（傘、草履、下駄、箒などを束ねて孫がもつ）　④赤・白旗　⑤紙花　⑥マエジク（跡とりがもつ）　⑦引き馬（故人の袴と着物をしばりつける）　⑧棺（屋形）　⑨女主人（着物を裏返しに被る）　⑩近親の女（白タオルを被る）　⑪男子　⑫一般

伊仙では先頭に道を祓う人がいるのが他と変わっている。塩や米や酒などで悪霊を祓うことは古い儀式によくあることであるが、葬式の関係にだけイリ大豆が出てくるのは何故だろうか。ミキャミワーリや七日ワーリの霊と別れの儀式にもまかれる。本土の豆まきとも関係があるのではなかろうか。

旅道具として傘や箒をもたせるのも伊仙型の特徴である。また、引き馬の違うところは、馬鞍に故人の袴と着物だけを縛りつけているところである。伊仙には横笛でうたを吹きながらいく葬式があったという語り伝えもある。

亀津型

①タイマツ（藁に白紙を巻いたもの）　②ツカ　③紙旗　④赤・白旗　⑤マブイゴメ　⑥杖と草履　⑦花輪　⑧マエジク　⑨棺（屋形）　⑩ザルに灰や箸、杓子などを入れてもつ　⑪喪主　⑫近親の女　⑬男子　⑭一般人

先頭に藁でつくったタイマツの模造品をもつところが変わっている。このタイマツのあるのは私の知る範囲では亀津だけである。ザルに灰や箸や杓子を入れてもっていき、途中の特定の場所に棄てる習俗は、他の集落（屋母、井之川など）にも見られる。徳和瀬でミキャミ別れの日、シキャッタとして棄てるのに相当すると思われる。

葬列が通っていくと近くの家々は戸を締め、家の中にとじこもり、「口を動かすものだ」といって何かを食べた。畑にいるときは木の葉を口にくわえたりした。

西阿木名ではマブイゴメと会うと、その人は墓までついて行かなければならないといわれていた。もし、葬列からのがれようと思えば、シバ（木の青枝）を折って、後手にして葬列に投げ捨てなければならない。

徳和瀬では葬列は決まったコースを通って墓へ行く。途中で棺をおろして休憩し、神官が酒を供えて簡単に唱文を唱える場所が二カ所あるが、ここも決まっている。いずれも集落のはずれの道の辻である。最近はこの辻で遺族の代表が一般会葬者へのお礼の辞を述べ、親族以外の会葬者はここから先へはいかず、家路につく。一昔前まではこの辻の側には小池があって、そこの水で手を浄めて帰るならわしであったが、現在は水も枯れて草が茂っている。

昔、鬼サゲグシクというところの前を葬列が通ったところ、棺の中から遺体が何者かにとられていて大騒ぎになったことがあった。人びとは鬼サゲグシクの松の木にさらされた鬼子（鬼に似た子が生まれたので松の木に吊るして殺したという伝説がある）の悪霊の仕業だろうと恐れ、それ以後、そこからは通らなくなったという。

墓につくと墓の入口で棺を左の方に三回廻してから墓の区域内に入る。井之川や神之嶺ではこうするのを「シマブシ見シリ」といっているが、徳和瀬では霊に帰り途をわからないようにするためだといっている。

埋　葬

墓に着くと、穴掘りの時に出て来た骨をまず祀る。近親の人たちが「こんな姿に変り果てて」などといいながら骨と対面し、準備してきてあった白布か白紙を頭蓋骨の上に被せ、さらに酒をかけて清める。他の骨にはそのようなことはしない。母間集落では頭蓋骨を潮水で洗い清めて、白布でくるみ、ツボに入れて墓の片隅に埋め、他の骨は浜のアダン山の中に棄てたという。頭蓋骨を白布でくるんで酒や潮水で清める習俗は、他の土葬区域にもよく見られることである。

頭蓋骨を他の骨よりも大切に取り扱う習俗は南島一円に共通することだが、頭蓋骨に白布や白紙を被せたり、潮水や酒で清めたり洗ったりするところは改葬地区の骨の処理の仕方と共通するところがあるように思われる。特に三、五、七年などと特定の期限は切っていないが、実際上は改葬地区と同様のことを行なっていることになりはしないだろうか。土葬の習俗の中には、改葬の歴史が含まれているように思われてならない。

棺を穴の中に入れる前に、徳和瀬では神官が酒を注いで清める。伊仙や西阿木名などでは、穴を木の青枝で祓ってから入れるという。

棺は綱で縛って吊るし、ゆっくりと落とす。かけてきたタスキやマエジクの上にあった位牌（木札。紙で包んだ方は家に置いてある）や豆、米、塩なども一緒に入れて埋める。土は近親者が三回少量ずつ入れてからウサギベン（棺かつぎ役）が入れ始める。多少土が入ったところで先ほどの古い骨も入れる。土入れが終わると、表面をならして石塔を元の位置に置く。それから石塔の上に屋形を被せ、赤、白旗を周囲に立て、マブイゴメは前方に立て、紙花やマエジクは前の方に置く。不用になった台や青竹の旗は裏の藪に棄てる。

チケクチの式

埋葬が完了して墓の装いが整うと、チケクチの儀式が行なわれる。新しく墓に入った霊を先祖のウヤホウの神たちにくっつける、つまり、仲間に入れるための儀式のようである。徳和瀬では酒だけを供えて、次の唱文を唱えるだけの簡単なものである。

此ン区域ヌウヤホウガナシンキヤ、〇〇トシヌ、〇歳ヌ、〇〇ガ此ン墓カチ、キェータシガ、ウヤホウガナシンキャムールシ、抱キ組デ、アマチカン、クマチカン、シミラサンゴト、守テ給レ
（此の区域の先祖の神様たちにお願いします。〇〇トシの〇歳の〇〇という者がこの墓に参

りましたが、先祖の神様たち皆で抱きこんで、彼地に行ったり、こっちに来たりさせないように守ってください）

母間ではチケクチダグという小さいニギリ飯と、他に料理三品と、ツボに入れた酒を棒に縛りつけて二人にかつがせ、墓にもって行ってチケクチの儀式に使うという。山では先ガテ（棺かつぎのこと）に対して後ガテといって、棺が墓についてから、一足おくれて、二人が酒ツボや料理をかついで墓に上ってくるという。料理と酒を墓に供え、右のような唱文を唱えた後、参加の人々と飲食する。

帰途

帰りは同じ道を通らない。徳和瀬では帰途のコースが決まっている。帰る時は大声を出して話したり、泣き声を出したりしない。霊に聞かれると後からついてくるという。海岸近くの墓では、帰途につく前に海まで降りていって潮水で手を洗い、潮水を三回反対側にはねて不浄をはらい、海の遠い墓では、途中の道の辻の側にある小池の水で手を洗い浄めてから帰宅し、家でも塩をなめたり体にふりかけた。

井之川では往復同じコースを通っている。家（葬式のあった家）に帰ると、ヨーネバンというオカユを食べる。埋葬に参加した人々も寄って食べた。ヨーネバンを食べないと霊がアン世にいけない、という。

その後、近親者は料理と酒で小宴を張る。棺をかついだ四人には、特別に酒とドンブリ料理が出される。

位牌は四十九日まで仏壇に上げないで、仏壇の前の畳の上に屏風で囲い、木製の台の上にのせてまつる。果物や料理、飯、線香などを供える。山集落では、葬式の夜から七日までは近親者が毎夜、一重一瓶で集まり、その初を霊に供えてから、飲食を共にし、夜通し語らう風習があったという。

この日から七日までは毎晩墓に灯をともした。ともしに行くときは必ず二人でいった。墓の前の石の灯籠に豚油（皿に入れて）をともした。亀津では朝は茶湯の初を供えるために、昼は水マツリといって水とハナを供えるために、夜は灯をともすために、一日三回も墓に行ったという。

神之嶺では墓の側に小屋をつくり、その中にいて墓を番したという。これは遺体を犬などにとられないようにするためだったと伝えられているが、埋葬なら犬にとられる心配もないはずなのに、埋葬以外に地上に遺体を置く葬法などがあったのだろうか。

幼児の埋葬

七歳以下の幼児には葬式や法事の儀式などいらないといわれ、諸事簡単にすませるか、または、まったくしない時もあるようだ。幼児でも赤子（乳呑児）が死ぬと、墓へは持っていかず、屋敷内に葬る習俗があった。島内では広く行なわれていた習俗のように考えられる。

埋める場所は、家の軒下の雨だれの落ちるところという言伝えが最も多く、屋敷のいずれかの隅（はっきりしない）あたりという人もいる。雨だれの下に埋めるのは雨水が打ち流すからだという。

特殊な例として、徳和瀬の某家の屋敷の東北の隅の近くには、昔、伊仙の方に嫁いでいって、若死した女の人の遺体が葬られているという。若くして死んだ吾子を他集落に葬らせるのにしのびず、夜、伊仙からつれて来て屋敷に葬ったのだという。

徳和瀬には「縁つけ煙草」という昔話が伝えられているが、その中にも、故あって急死した元の自分の夫を屋敷内の倉の軒下に葬る場面がある。埋めたその上から葉の広い変な草が生えてくるが、それが煙草の始まりであるという昔話である。

また死産児はトーグラ（火の神を祀った家、炊事をするところ）の床下に埋めたという。ジル（イロリ）の下の部分に埋めるという集落もある。死産児に限って、トーグラやジルの下に埋めるのは、火の神の守護を信仰するからだろうか。

幼い霊は未だ一人前になっていないので、墓の霊たちの仲間入りはまだできず、したがって、屋敷内のウヤホウ（先祖）の神々の守護の力を借りるのだという人がいた（三京）。屋敷に葬る時はチケクチの儀式だけで、後は何の法事もないという。

ハカメイ（法事）

法事にはミキャミ（三日目）、ナンカ（七日目）、この七日は二回七日、三回七日と順に七回七日、つまり四十九日まで続けられる。イヌラ（一年目）、ニチュ（三年忌）、七ト（七年忌）、十三年忌、二十五年忌、この二十五年忌は特に改まった法事としては取り扱っていない。記憶している人たちだけで間に合わせに行なうという。三十三年忌で法事の一切が終了する。

法事は本家の責任であるとされ、本家が中心になって執り行なう。法事には料理と酒がつきものなので相当の費用がかかるといわれる。本家の財産にイフェワイ（位牌割）という土地がある。親の財産を分ける時、男の兄弟の場合、長男が二人前分くらい、二男以下の男の兄弟と親がそれぞれ一人前分ずつ分け、女の姉妹へはココロザシといって、戸主の気持ち次第で分けてもよく、また分けなくてもよかった。親の分け前をインキョ割ともいって、これは親を扶養する人がとる。親が死んだ後は、このインキョ割がイフェ割に変わり、位牌を祀る人の所有になる。この位牌割で法事の費用をまかなうわけである。法事の中で特徴のあるミキャミナンカと三十三年忌について概略を述べる。

ミキャミ、ナンカ

ミキャミとは葬式後三日目に行なう法事、ナンカとは七日目に行なう法事のことである。

徳和瀬では、ミキャミとナンカが併せて行なわれるからか、ミキャミナンカと呼ぶ場合が多い。三日目、七日目といっても、これは原則であって、必ずしもその日とは限らない。当日の日柄が悪かったり、家族のトシ日であったりすると期日を早めたり延ばしたりする。たとえば、トラは一夜に千里の道程をかけ戻るというので、霊が家に戻ってくることにつながるとして、またイヌは犬のツマ（蹄）帰りといって足跡の臭いを嗅いで家に帰ってくるので、同じく霊が家に戻ってくることにつながるとして忌み嫌うという（西阿木名）。

このミキャミの日には、墓で法事を了えた後、家に帰って来てからヤーダレ（家掃え）といって、家を浄める儀式をしたり、他の法事とは違ってこみ入ったことをする。亀津や亀徳ではミキャミヌワーリ（三日目の別れ）と呼び、この法事は霊との別れのためのものだといっている。

井之川ではミキャミの墓での法事は他と同様するが、ヤーダレや霊との別れの儀式はナンカワーリ

（七日目の別れ）といって、七日目に行なう習俗がある。

最近は法事も簡素化され、葬式の当日に、チケクチもミキャミもナンカも同時にすませる集落が多くなった。同時にすませる時は、ミキャミのシキ（霊に供える膳組料理）、ナンカのシキと別々に作って持っていき「これはミキャミのシキですよ」「これはナンカのシキですよ」と霊に念を押さなければいけないという。

島には「シキどモト」という考え方がある。これはシキさえしっかり供えれば、ぜいたくな大がかりな法事をしなくても霊に対して無礼にはならないという考え方である。シキだけを供えて家族、兄弟だけで仮に法事をすませておいて、後日改まって親族一同を揃えて、大がかりな法事をする時もある。母間ではチケクチのシキがすめば「これでチケクチはすみましたよ」と霊に告げて、一応家に帰る真似をして、また、出直してミキャミのシキを供えるという。

すでに葬式の時に霊との別れがすんでいたはずなのに、なぜ三日目とか七日目に改めてさらに別れの儀式をせねばならないのだろうか。この三日間や七日間の期間の意義をどう理解すればよいのだろうか。徳和瀬の例をとると、葬式の当日の墓での儀式がごく簡単にすまされているのに対し、ミキャミの法事はこみ入った、入念な儀式が行なわれるのが常であった。ミキャミには霊が家に見に帰ってくるといって、葬式の日よりも、むしろ、ミキャミの日に人々は恐れ、夜になると外出などをつつしんだ（二十年前頃まで）ものである。このようなことなどを考え合わせると、葬式は仮の別れで、三日目の別れが本格的な別れと考えられないこともない。三日間とか七日間は単に死体を墓に移しただけではなかったか。神之嶺で葬式の後、墓の側に小屋を作って泊まり込みで番をしたという言伝えからも推察できるように、三日目か七日目までは遺体を埋葬しないで、墓地に安置して置いたもののようにも思われる。

以下、徳和瀬のミキャミナンカの法事の概略を述べながら考えてみたい。料理は屋外でつくり、屋内に入れないでそのまま墓へもっていく。料理でなくてならないものはニギリ飯、豚肉（昔は、葬式やミキャミナンカのために豚を一匹屠ったという）、豆腐、コンブ、野菜など。酒はどの法事にも決まってつく。

墓へ着くと墓石の前座（墓の区域）にいく前に、墓地の前の空地（ソトと呼んでいる畳六枚ほどの草地）の入口の近くでミキャミのシキシカイ（シキ供え）ということをする。

空地にシキ（ニギリ飯をいっぱい入れた重を二つ、酒チョーシ二本対置した膳）を供え、その両方に近親から選ばれた女の人が二人ずつ計四人対座し、墓の方とは関係なしに四人だけで、酒とニギリをやりとりしている。これをミキャミのトリカワシ（やりとり）というが、トリカワシなら相手がいそうなものだが、儀式の時間中はこの四人が互いにトリカワシするだけで特に供えるわけでもなく、四人以外に相手がいるわけでもない。

トリカワシがすむと「これでミキャミはすみましたよ」という。そばに墓もないのに、誰に言っているのか分からず、側から見ていれば、独語のように聞かれる。

あとは近くにいる参加者にニギリを配ったり、酒を配ったりする。ミキャミの料理や酒は残っても家に持って帰らないといわれているので、残さずに配って食べさせる。

ソトで行なわれているシキシカイと前後して墓の区域内でも儀式が始まっている。ここではニギリ飯の他に前述の料理も供えられる。特に女の人たちは選定されず、神官（昔はユタかフドンガナシ）が唱文を唱え、酒や料理を供えた後、ソトの広場で宴を張る。酒好きな人は酔ったりもする。

徳和瀬には「ミキャミのチケクチ」という言葉もある。葬式の日にチケクチの儀式のあったことはすでに述べたが、ミキャミにもチケクチがあったとすれば、チケクチは重複して使われていることになる。古式のチケクチに新式のチケクチが複合されたのだろうか。

三日目のシキだけが何故に墓の区域外で、女の人たちだけによって、しかも簡単にすまされるのだろうか。墓の区域内ではミキャミのシキは供えてはならないといわれるのには、それ相当の理由があったと思う。また、区域外に何か祀る対象でもあれば別だが、何もない草原でシキを供えて、対座している女の人たちが、ニギリ飯と酒をやりとりして、「三日目の式はこれですみましたよ」と念を押しても、誰に言っているのかも分からない。不思議なことをするものである。

この儀式は大変古くから行なわれているもので、ある時点まではシキを供える対象もあったのではなかろうか、と私には考えられる。何もないのに区域外で厳粛なシキをし、しかも女四人で供えるとは思われない。ある時点で、供える対象がなくなり、シキを供える必要もなくなったのに、その形式だけは受け継がれて現在まで来たものだろう。

そうだとすれば、供える対象はもともと何だったろうか。「昔はモヤという遺体を置くところがあったそうだ」という言伝えがあるが、そのモヤが墓の前の広場にあったのではなかろうか。葬式の日、墓に運んで来た遺体は一応モヤの中に安置され、人びとはその側の小屋にいて、夜通し番をしていたのではなかろうか。そして、三日目がくると、改めて死を確認し、モヤから遺体を出して、墓に埋葬したのではなかろうか。三日目のチケクチ（先祖の霊に新しい霊を付ける儀式）という言葉や、墓の区域外の儀式と区域内での儀式などが併せて行なわれているところは、三日目にモヤから遺体を出して墓に埋葬した一連の作業と対置して考えても、そう不自然ではないように思われるのだが、どうだろう。三日目のシキシカイという形式的な儀式は、モヤの中に安置されていた遺体に関する何かの儀式ではなかったろうか。

三日目の法事がすんで家に帰ると、親が死んだ時に限って、畑にいって葉のついたままの青竹を挿してくる。三日目には霊が家や作場に見廻りのため帰ってくるので「畑はこんなに竹藪になりました」と見せかけ、以後見廻りをさせないようにするためだという。西阿木名ではデクという竹を、井之川ではススキを挿すという。

徳和瀬では三日目の日の薄暗くなった頃、シキャッタというものをフドンガナシ（ユタやモノシリでもよい）に作ってもらい、集落はずれの道の辻（特定の場所）に棄ててくる習俗がある。シキャッタは藁包の中にユアミの時に使った杓子と箸を入れ、さらにイロリの灰とニギリ飯を入れて綱で縛り、丸太棒に結びつけて仕上げ、二人（棺をかついだ内の二人）で持って棄てにいく。辻に放置する時は包みを開いてニギリ飯を取り出しやすくする。誰かの生きマブイ（魂）がさまよって来た時に食べさせるためだという。

このニギリを食べたマブイは死の不浄を拾ったことになる。三日目の晩は葬式と関係のない家でも、御飯を炊いて食べたが、これは魂に空腹感を与えるとシキャッタのニギリをとって食べられる恐れがあるので、その防止のためだという。昔は一家の女主人が死ぬとイロリのかまどを崩して道の辻に棄てたという。シキャッタに灰を入れて捨てるのはその名残りだという古老もいる。

亀津では墓から帰ってから宴を張るが、それに先だって、近親から選ばれた三人の女が膳を囲んでやりとりし、膳におかれた三本のモメン糸を各人一本ずつ持って外出し、特定の三叉路にいって、その糸を反対側に向けて投げ棄てて知らない振りをして、そのまま自分自身の家に帰っていくという。

井之川では、三日目の別れの儀式に相当することを七日ワーリといって七日目に行なう。法事のため墓に行く途中、棺をかついだ四人の中の一人が海岸の潮つき場から長い形のきれいな石を迷わずにさっと拾い、墓の前に供える習俗がある。井之川の墓ではその石の数で葬られている霊の数を知ることもできる。

井之川でもシキャッタを棄てる習俗があるが、井之川ではシキャッタを棄てに家を出る時、豆（イリ大豆）を撒く風習がある。このとき、「この大豆の生える時に帰って来なさい」といいながら撒く。撒いた後、屋内を掃き出してからシキャッタは家を出発する。棄てた二人が帰ってくると家の人たちは知らない振りをして「今でしたか」というと二人は「はい、今でした」と返事をすると、三日目の晩の儀式も終了し、人々は家へ帰る。

瀬滝でも三日目の法事の晩に豆撒きをする。瀬滝では電気を消して暗くし、豆を戸や壁にたたきつけながら、「ハナシキノ神（?）ヤ出レ、ウヤホウ（先祖）ノ神ヤ内ニ」とか「此ン豆ノ生ル時イ参レ」などと唱えるという。

三十三年忌

最後の法事である。三十三年で清められ神となって昇天すると信じられている。

徳和瀬では、三十三年忌の料理には、必ず豚のキム（肝）、フカ（肺）を供えなければならないといっている。豚のキムが得られないと鶏でも屠ってキムをとる。本家の兄弟は餅を重箱一杯、料理重箱一杯ずつ、また招待された近親の人たちは料理一重、酒一ビンをもち寄って墓に集まり法事をする。法事の儀式が済むと椎の木の枝を墓石の後に挿しこんで立て、その下に枯葉を集めて火をたく。位牌（木札）も共に焼く。この椎の木の枝をつたって煙に乗り、三十三年間墓にいた霊は神になって天トウガナシに昇って行くといって、人々は白い煙を見つめる。井之川ではこの時マンカイ玉という歌（徳和瀬では祝いつけ歌）を唱和するという。厳かな歌である。

ハレ　天トオ押シ上テ　神トナレテイ
ハレ　天トオ押シ上テ　神トナレテイ

三十三年忌がすむと、一人だけ葬られていた墓は石塔を倒す。

本稿のために次の諸氏にお世話になりました。心から感謝申しあげます。
松山喜豊（徳島町徳和瀬・明治二十二年生）、本多メタシ（同・明治二十八年生）、前田八百芳（徳之島町井之川・明治二十六年生）、大川吉成（徳之島町母間・明治二十二年生）、若山まる（天城町三京・明治二十一年生）、三島重安（同）、柴田正徳（天城町西阿木名・明治二十六年生）、向井実良（天城町瀬滝・明治二十三年生）、大生盛俊（徳之島町神之嶺）

徳之島の葬歌クヤとその周辺の歌謡

クヤ

クヤとは肉親の死に際して、その遺体の周りに親族の女性（ふつう従姉妹あたりまで）が集まってこれを囲み、直接遺体に呼びかけるように歌う供養歌のことである。葬式のことを別にクヤミともいうから、クヤという呼称の語源はこのクヤミからきているのかもしれない。この世の最後の別れのときであるので人々はいたく悲しみ、ときには泣きじゃくる声も混じる異常な雰囲気の中で歌われる。ごく近親者（親子、兄弟あたりまで）に限られるが、遺体の手を揉みながらイギャネィ（しのびごと）を語りかけたりもする。イギャネィは即席なので死者との思い出やお願いごとなど、なんでも出まかせに語りかけるのであるが、それでもよく用いられる型の文句があった。たとえば、

①「あなたはもうなにひとつ思い残すことはないから、どうか真直ぐにサキノシマ（あの世）へ行ってください」

②「どうか後は振り向かないでください。この家はもうあなたの家ではなくなったし、あなたの子どもたちは、もうあなたの子どもではありませんから」

死者が若い人である場合には、

③「どうしてこんなに早く呼ばれたのであろうか。あなたはまだ若いし、いい人だったのにその理由が分からない」

などと語りかけたりもする。

イギャネイにはひとつの禁句があった。それは「また戻っておいで」という類の言葉である。この言葉だけは厳に慎まれた。この禁句に、死んだ人の霊をアノ世（墓場）へ送り届けるために精いっぱい気遣っていたことを窺い知ることができる。肉親との別れはつらく悲しいが、もう死んでしまった以上、その霊が家に留まっていたのでは禍のもとになる、という受け止め方がその底に流れているのである。

死んだ人の霊を家に戻らせないための気遣いは葬式の他の行動にもよく表われている。たとえば、棺が家を出た後は箒で内側から外側へ向かって掃き出すことをしたし、また、墓の入口に到着すると、シマブシ見シリ（最後に集落を見せる見おさめの儀礼）といって棺を左側に三回まわしたりするが、こうするのは方向感覚を狂わせて元の集落へ戻って来れないようにするためだとされている。野辺送りのコースが往きと戻りが別になっているのも、霊が人々の後からつけてくるのを避けるためであった。戻りのコースでは大声で話したり泣いたりすることも慎まなければならなかった。霊に気づかれないように、こっそり帰ってくるのである。埋葬する前のチケクチの儀礼（墓の本主ガナシに新しい霊を葬る旨届ける儀礼）では、そのものずばり「○○ドシの○○があっちへふらついたり、こっちへふらついたりしないように、どうかあなたの力で抱きかかえてください」と墓に封じ込めるお願いごとを唱えるのである。

私の幼いころ（昭和十二〜十八年頃）には、普通二十〜三十人ほどの女性が遺体の周辺に集まり、口々に白いタオルを当てながらクヤの大合唱をしていた。その歌声は集落内にも響きわたり、集落内すべてが葬式の厳粛なムードに包みこまれた。

シマには、「クヤをしないとアノ世へ渡っていけない」とか、「クヤは途切れさせないで連続させないといけない」という伝承があり、女性たちは二組に分かれて交代で延々と三、四時間もの長いあいだクヤを歌い継いでいったのである。「親族の少ない一門がクヤを途切れさせるものだ」という諺には親族の多いことを誇示する風も窺える。葬式の場合は祝いごとと異なって近親者だけが中心になるので、親族の少ない一門はいろいろな準備のために手をとられて、クヤに参加する人数が少なくなる場合もあったのである。

私ごとで恐縮であるが、私は昭和十八年に当時二十二歳の姉の死に出あった。姉はすでに嫁いでいたのであったが、産後の肥立ちが悪く、親子ともに若死をした。両親や肉親の悲しみの念が深く、クヤもそれなりに悲痛なものになった。それは幼い私（当時十二歳）の胸にも深い陰を落とした。以来私はクヤに対して特別な感慨をもつようになり、その後クヤとの出あいを重ねるうちにいつの間にか自分の体のうちにクヤの響きを染み込ませていったのである。現在私がクヤを歌えるのはこのような事情による。クヤを口ずさむと、もう五十年も前の姉の死の悲しみが昨日のことのように甦ってくる。クヤは別れの悲しみそのものといった方がよいのかもしれない。

ここでクヤのなされる時期について示しておきたい。

①死後のクヤ。本クヤともいう。死後のユアミ（サンカ水による遺体の清めの儀礼）のすんだ時点から納棺までのあいだになされる。遺体は死装束をさせられている。シマでは通夜をしないので、普通三、四時間ほどがクヤにあてられる。このクヤが一番盛大である。納棺が近づくころに最高潮に達

する。

②野辺送りのクヤ。これをウクイヌクヤという。棺が家を出て墓へたどり着くまでの行列の中でも近親者を中心にして女性たちが棺の周りを囲み、歩きながらクヤがなされた。このときごく近親の女たちは半開きのコウモリ傘をさして頭を覆った。他の女たちは頭に白いタオルを被った。男たちはなにも被らない。

③墓にとどめるためのクヤ。これをトドメヌクヤという。埋葬が終わると墓石塔の前に集まり、クヤがなされた。これが葬式に伴う最後のクヤとなる。

④墓参、法事のときのクヤ。これをハカメイヌクヤという。シマのハカメイは豚肉を中心にした料理（三日目の別れの儀礼のときはにぎり飯が必ずつく）とお酒を墓前に供えたあと、その残りを参加者がともに食べるのであるが、このような儀礼を行なう前に墓石塔の前に女たちが集まってクヤがなされた。「もうこんなに神様になりましたね。私たちに病などをさせないように守ってくださいね」などと語りかけながらなされる。ハカメイは墓での儀礼を済ませたあと一同がそのまま家へ移動して家の表の座に祀られている位牌の前でも共食がなされるが、このときにはクヤはしない。位牌を拝んだあと静かに飲み食いをするだけである。礼拝や供養の対象は同じ霊であっても、墓場と屋内の位牌とではこのように対処のしかたが異なってくるのである。

クヤの種類

クヤは、親や年長者が死んだときには「エーウヤガナシ」、中年者が死んだときには「エーウトゥジャモイ」、幼い子どもが死んだときには「エーカナシグヮー」と歌われる。クヤはこのような短い三種類の言葉を相手に応じて繰り返して延々と歌い継いでいくのであるが、それが間をとりながらゆったりと歌われるので、実際には割合い長い歌になる。本クヤなどの場合はイギャネィが入ったり、泣き声が入ったりするので、その分さらに長くなってしまう。

ここで注意しなければならないことは、イギャネィのような語りかけの言葉や泣きじゃくる声が加わるからこそ、クヤはその説得力を増すという点である。つまり、イギャネィや泣き声の類も重要なクヤの要素であるということ。むしろ、イギャネィなどのような語りかけの言葉の中にこそ、具体的な死者への問いかけがあるということもできる。クヤの歌いの「エーウヤガナシ」だけではあまりにも抽象的すぎて、言葉としての具体性を表現することができないからだ。逆のとらえかたをすると、クヤの壮厳な響きがバックに流れていないと、イギャネィや泣き声も死者を送る厳粛なムードを帯びることができない。このようにみてくると、クヤは壮厳な響きをもつ歌いとイギャネィ（しのびごと）と泣き声の三者が渾然一体となってはじめて死者を供養する力となり得るということもできる。このような雰囲気は実際の場に入ってみないと理解しがたい側面がある。クヤはそんな歌である。

このクヤは奄美群島が祖国日本へ復帰した昭和二十八年（一九五三）をひとつの境にしてその勢いを次第に衰えさせていく。復帰後は本土の文化が行政主導の形で急速に流入してきたし、それと同時に若い人たちが仕事や学業を求めて本土を目指して出ていったので、シマの伝統文化は次第に後継者を失っていった。クヤもその例にもれなかった。そして昭和三十八年にテレビが生活の場に定着することによって、決定的なダメージを受けることになる。生のままで即座に届けられる本土の華やかな文化に魅せられて、次第に伝統文化への自信と意欲を弱めていったのである。昭和四十年代になると神社の神官が葬式に深くかかわるようになり、画一的な神道方式の葬式へ移行することによってクヤも次第に歌われなくなっていく。昭和五十年代に入ってからはほとんど途絶えてしまった。ごく一部に伝承している古老がいるが、高齢のためにまともな歌いができなくなっている。クヤは歌遊びの場に受け継がれていくこともなく、ついに過去の歌になってしまったのである。

クヤ周辺の歌謡

ウジョグイ節

この歌は昭和四十一年（一九六六）に小川学夫氏と私の二人が徳之島町母間の実寿当翁（明治二十年生、故人）から採集したものである。他に類歌が採集されておらず、実翁だけが伝承していた。もの静かな淋しい響きがあって、三味線がつかない。三味線が島に入ってくる以前の歌だろうかなどと私は考えているが、はっきりしたことは分からない。

歌詞の内容は最初から恐ろしい幽霊が登場し、次に舞台は墓場へと移っていく。お月さまも登場してくるから薄暗い夜の世界であろうか。そこで母親といとしいわが子の霊との歌の掛け合いがなされる。アノ世と現世の交錯するなんとも不思議な歌の世界である。歌詞を紹介してみよう。

①　阿母《アモ》イモイ　阿母《アモ》イ
　　轟木原《バル》　夜《ユ》クヮーチ参《モ》ンナヨ
　　カマチェヌ　石クビリナ　ハレ

一チガ立ッチュンドー　ハレ
二チガ立ッチュンドー
（お母さんよ、お母さん、轟木原《とどろきばる》（地名）からは、暗くなってからは帰って来てはいけませんよ。カマチェ（地名）の石クビリ（海岸のくびれて狭くなっているところ）に、幽霊が一つ立っているよ、二つ立っているよ）

②

御《ウ》月天《ジキテン》トウガナシ
ユガ守《マブ》イヨ　シンソンナ
アタラキャヌ　吾《ワ》ア子《クワ》グヮ　アレ
守《マブ》ティ給《タボ》レ
（お月様よ、お天とう様よ、片寄ったご守護をしないでください。いとしい私の子（霊）も守ってください）

③

ヘーイ　石枕敷《イシマクラシ》チュティ
欲《フ》サル物《ムン》ヤヨー　無《ネ》シガ
水《ミジ》ヌ初々《ハチバチ》トゥ　ハレ　花《ハナ》ヌ御《ミ》枝《ユダ》
（ヘーイ（お母さん）、石枕を敷いて眠っているので欲しいものはないけれど、水の初々と花の御枝は供えてください）

④
石枕敷《イシマクラシ》チュティ
帰《カイ》ランチェーヤヨー帰《カイ》リナランドー
石枕敷《イシマクラシ》チュティ　アレ
帰《カイ》ル道《ミチ》　無《ネ》ン
（石枕を敷いて眠っているので、帰ろうとしても帰れませんよ。石枕をしていて帰れる道理もありません）

①は自宅での母親と子どもの現世における対話、②は一転して舞台が墓場に移っているようだ。そこで母親は墓場に石枕をして葬られているわが子の霊も分け隔てなく守護してほしい、とお月様や天の神様にお祈りをしている。③は墓場に葬られている子どもの霊の返した歌である。子どもの霊の返し歌であるから、母親の問いかけの歌がその前段に置かれるべきであるが、それが欠落している。子どもの霊は石枕をして墓場（トゥル墓、つまり洞穴墓と思われる）に眠っている自分への供養のしかたをこんこんと訴えている。④も子どもの霊の返し歌であるが、ここでも母親の問いかけの歌が欠落している。母親はここでわが子いとしさのあまり「一緒にわが家へ帰ろうよ」という類の言葉を問いかけたのではないかと私は思う。「マンマロ説」の中に登場してくる墓場（ここでは石ジョ金ジョといっている。トゥル墓のこと）での母と子の対話（この場合は母親が霊になっている）でも似たような言葉のやりとりがなされているからだ。「いとしいお母さん、早く家へ帰ろう、どうしてこんな恐ろしいところにいるの」という子どもの問いに対して母親の霊は、「私の体は肉が土になり、骨は関節がはがれてしまって、もう歩くことができない。ここはサンカのシマという恐ろしいところだ。早

く家に帰ってお茶の初を位牌に供えなさい。私はその湯気を受けとるから」と諭してわが子を家へ帰すのである。これに対してウジョグイ節④の場合は「石枕をして墓に眠っているので帰ろうとしても帰ることができないし、また帰る道理もない」とアノ世の理を説いている。双方を比較してみると、内容の筋書きが似ているので、何らかの関連があるのではないかと考えている。

また、霊の口から語られる供養のしかたにおいて、ウジョグイ節③が「水の初々」を供えてほしいといっているのに対してマンマ口説の方が「お茶の初」を供えるようにといいつけていることについても関心をそそられる。「水」と「お茶」の違いは何を意味しているのであろうか。

ウジョグイという曲名の由来については、長いあいだ頭を痛めていたが、ウンジョウ布（仕事用の再生布）とウジョニャウ（虎毛の猫）とウジョグイ節（グイは声、つまり歌のこと）を比較検討した結果、私なりに考え方をまとめ、仮説として『南島研究』三十三号（一九九二年）に発表した（「徳之島の歌者　實寿當翁のこと」）。ウジョという言葉のもつ意味を、ウンジョウ布やウジョ猫のもつ文様の特徴から「判然としない曖昧模糊とした色合いの世界」としてとらえ、それから転じてウジョグイ節の場合、「アノ世とコノ世が交錯する曖昧模糊とした世界」を歌っているということで、ウジョを冠した曲名が生まれたのではないかと結論づけをしたのであるが、いかがなものであろうか。

ヤガマ節

ヤガマ節は不吉な歌として夜は歌わない歌であった。古老たちにこの歌を所望しても、尻込みしてなかなか歌い出さなかったことを思い出すことがある。この歌もウジョグイ節のように三味線がつかない。わずかな抑揚をつけて、いかにも語りかけるように歌われる。あまりにも物静かすぎて三味線のつけようがないのかもしれない。これから紹介する松岡亀次郎翁（故人）のヤガマ節の中には「墓送りのヤガマ」というのがあるから、この不吉だとされる歌は古く葬式に関係していたことが明らかだ。古老たちが歌いたがらなかった理由もここからきていたのであろう。葬式との関連からいえば、ヤガマという曲名の由来も墓場の呼称からきていると考えている。ヤガマの「ヤ」は「家」のこと、また、「ガマ」は石でできた「岩屋」のことだと理解することができるから、ヤガマ即ち「岩屋の家」のもつイメージはトゥル墓（洞穴墓）以外に考えることができない。

シマでは海岸部といわず内陸部においても、洞穴の中に人骨の収められている例が数多く見受けられる。古い時代の土葬以前の墓場である。別にモーヤともいわれるのは、この岩屋の中でモガリが行なわれたからである。入口を石垣で塞いで外部と遮断されていたが、これが「マンマロ説」にも登場してくる石ジョである。石を積み上げてあるだけだから、石を二、三個取り除けば内部を覗き見ることができる。普通、トゥル墓の前には前庭があったといわれている。人々はそこに集まって遺体を弔ったのである。このトゥル墓の前庭での弔いのときにトゥギ（魂を鎮めるための歌遊び）として、ウジョグイ節やヤガマ節が歌われたのではないかと思う。

松岡亀次郎翁は「墓送りのヤガマ」とともに、「ネンゴロ（恋愛）のヤガマ」と「飢饉年のヤガマ」の三曲をセットにする形で伝承していたが、これはなにを意味するのであろうか。なぜネンゴロや飢饉年の歌が忌まわしいヤガマ節の中に組み入れられているのであろうか。考えれば考えるほど謎が深まっていく。歌の世界のもつ奥行きの深さに圧倒される。それぞれの歌詞を紹介してみたい。

(1) 墓送りのヤガマ節

(A) 離《ハナ》リ干瀬《ヒシ》ヤ　ヨー　渡《ワタ》ティ　ウジョ貝《ニャ》グヮヤ　拾《ヒロ》ティ
(B) ハレ　ムゾネイ二個《ターチ》ヨー与《ク》イタントゥ吾《ワ》ヌヤ　マタ一粒《チュシジ》
(C) アレ　落《ウ》ティイユン此《ク》ン世《ユ》　ヨーメトゥグェ
(D) 吾《ワ》ン子《クワ》グヮ　マタ如何《イキャ》スンガ

(離れ干瀬に渡って、ウジョ貝(和名不詳)を拾って
いとしい人に二個与えたところ、私はたったの一個になってしまった(それでさらに貝拾いをしていたところ、潮が満ちてきて帰れなくなってしまった)
ああ、溺れて命を落としていくメトゥさんよ
私の身ごもっている子どもを、またどうすればよいのだろうか)

この墓送りのヤガマ節は、別に「孕み女のヤガマ」ともいわれているものである。海で溺れた事故死を歌った内容であるだけに哀れをさそう。現代においても、離れた干瀬に渡っていき、漁に夢中になるあまり潮の満ちてくる時期を見逃してしまい、あたら命を失くしていく人が時たまいる。それだけにこの歌は真実味をもって迫ってくる。それが孕み女の事故死であるからなおさらのことだ。

ここで注意しなければならないことがひとつある。それはこのヤガマ節は、私の知る限りにおいて、唯一の一人称で歌われている歌であるということだ。右の歌詞のうち、(A)、(B)、(D)は溺死した孕み女のメトゥさん本人の語っている言葉であることに注意してほしい。特に(D)の部分では、溺れていくときに体内に身ごもっているわが子を気遣う孕み女の悲嘆が語られている。痛ましい限りだ。なぜ墓送

りのヤガマ節の中で、すでに亡くなっている女の言葉が歌詞の中に登場してくるのだろうか。これも不思議なことだ。ただ(C)の部分だけはどうしたことか、二人称である。この部分だけはメトゥさん本人の語り言葉ではない。誰か他の人が、「ああ、溺れて命を落としていく可哀想なメトゥさんよ」と嘆いている。二人で掛け合ってでもいるかのようだ。これも私にとっては謎の多い歌である。

(2) ネンゴロのヤガマ節

まず歌詞の紹介から始める。

① 三京《ミキョウ》ヌ後《クシ》ヨー山ナ　ヤガネガハ筵《ムシロ》
　ハレ　ヤガネガハヨー筵
　敷《シ》チャル　マタ清《キヨ》ラサ
　　(三京（地名）の後にある山中に、クワズ芋の葉を筵代わりに敷いてあるのが、なんと美しいことだろう)

右の松岡翁の歌だけでは歌詞がなにをいわんとしているのか理解することができないので、それを補足するために昭和四十年に採集した実寿当翁（故人）のヤガマも並べてみる。

② 三京ヌ裾山《ススヤマ》ナ　アレ一声鳴《チュクイナ》キュン
　ヨー鳥《トリ》ヌ

ハレ聞《キ》キヤ聞《キ》チャレドモ
ハレ姿《シガタ》ヤ見《ミ》ラランドエー
(三京の裾山に、一声だけ鳴くという鳥がいるそうだ。だが鳴き声は聞くことができても、
姿は見ることができないそうだ)

もうひとつ、元村徳満翁(故人)の「三京ヌ裾」に歌われている類似の歌詞も付け加えてみる。

③ 三京ヌ裾山《ススヤマ》ナンティ
一声鳴キュン鳥グヮ　ヤレコヌ
声ヤ聞キャレドモ
御《ミ》肌《ハダ》見ララン　ヤラヘン　ヤラヘン
(三京の裾山に、一声だけ鳴く鳥がいるそうだ。その鳥は鳴き声は聞くことができても、
お肌は見られないそうだ)

三氏の歌詞を仮に、①松岡歌、②実歌、③元村歌と名づけておこう。
①松岡歌では、山中とある場所にくわず芋の葉を敷いて誰かが寝るためのベッドらしきものを作ってあるが、それが美しいと称えるだけで、なんのために葉筵を敷いたのかが語られていない。②の実歌になって初めて不思議な得体の知れない鳥が登場してくる。この鳥は一声だけ鳴くけれども、姿は見せないという。そして③の元村歌になると、その見ることのできない鳥の「姿」が「御肌」に変化

してきて女の体を想像させる表現になってくる。

ここまできて「ネンゴロのヤガマ」と呼ばれる理由が見え隠れするようになる。しかし、なぜ恋の相手が姿の見えない鳥として表現されなければならないのであろうか。私はこの鳥に象徴される恋の相手を人間（女性）の魂ではないかと想像しているのであるが、いかがであろうか。

最後にもう一曲付け加えてみたい。それは実富時翁（故人）の歌った「三京ヌ後」の一節である。これを④富時歌としておく。

④ 三京ヌ後《クシ》ナンギョウナ
苦水《ニガミジ》ヌ　アッティンダ　ヤリコリ
夫振《ウトフ》ユル女《ワナグ》　其《ウ》リシ浴《ア》ミル
アラエイ　アラエイ
（三京の後のナンギョウという川には苦い水が流れているそうだ。夫（男）を振り捨てる女は、それで浴みるということだ）

この④の富時歌では、女の相手である夫（男）が登場してきて話の筋書は途端に現実味を帯びてくる。二人のあいだには夫婦関係のトラブルらしきものがあったことまでも語られる。しかし、ここでも現実にはあり得ない苦い水の流れている川が登場してくるから、現実の人間世界でのできごとを語っているのであろうかと疑わざるを得ない。それに苦水の流れている川で水浴することの意味が分からないし、なぜ夫（男）を振り捨てたのかという理由も語られていない。この④の富時歌を引き合いに出しても、ネンゴロのヤガマで歌われる男と女の関係の説明は謎のままで終わるしかない。

(3) 飢饉年のヤガマ節

三京ヌ後ョー山行ジ
ニギャヤングヮヤ　ハンギティ
アレ　マチヌギヤ　ヨーハガマ
ブクヤ　マタ　ジナシ
（三京の後の山へ行って、樫の実を拾って、澱粉の部分は羽釜で炊いて、ブク（泡）の部分はジナシ（大丸鍋）で炊く）

ヤン（ヤンダラともいう）とは樫の実のことであるが、そのヤンにニギャ（苦い）が付けられているから、よっぽど味がまずかったのだろうと思われる。そしてそのヤンダラからあく抜きをする作業が大変難儀したのだという。古老たちが、「昔は食べるものがなくなると、椎の実を拾って食べたそうだ。椎の実がなくなると、ニギャヤンを食べることになるが、これはアク抜ギが大変だったそうだ」と語っていたことを思い出す。いわゆる救荒食のことであるが、昔はヤンダラを食べるほどの飢饉年になると死ぬ人も出たと語られているから、この飢饉年のヤガマ節は飢饉で飢え死した人の弔いにかかわっていたのかもしれない。先に述べた「墓送りのヤガマ節」では海で事故死した女のことが語られていた。この飢饉年のヤガマ節には人の死にかかわる言葉は出てこないが、難儀でつらいヤンダラのあく抜きの過程を説明することによって、飢え死にした人の生前を偲んでいるのではなかろうか。これが私の考えである。飢え死にした人のモガリのときのトゥギには、このヤガマ節が歌われたのではないかと思うのである。

送り節

送り節という項目の設定が適切かどうか迷っている。というのは、この歌はひとつの歌が五種類の機能をもって歌い分けられているからだ。その歌われ方を示すと左のとおりである。

①ミチ節。古い帆前船時代、危険な船旅に出発する別れの儀礼に、家から港までの途中、三合瓶の酒を汲み交わしながら歌ったのでこの呼称があるという。別に送り節とも呼んだ。南風を願う祈りとウナリ神テサジの歌詞などで満たされている。

②トゥギ歌。もう助かりそうにない重病人が出ると親しい人たちが枕元に集まって、淋しい夜を慰めるのだと、トゥギ歌による歌遊びをした。

③サカ歌。同じ歌が、歌の掛け合いの相手を呪力によって呪い殺すこともできるという恐ろしい歌に変身する。それで他集落では不用意に歌の掛け合いをしてはならないという戒めがあった。サカ歌に対する返し歌もある。

④ハヤリ節。読んで字のとおり、ミチ節やトゥギ歌やサカ歌のような厳粛な歌が、歌遊びの場で流行り出し、明かるいイメージに変身して島内各地で歌われるようになった。恐ろしいサカ歌も座興歌の中に組み込まれてしまった。

⑤二上り節。二上りとは三味線の調絃のしかたである。一番線と三番線の音程を少し下げて調整す

るために、結果として二番線が上がったことになる。沖縄風の民謡は、この二上りの調絃をしないと弾けないのだという。つまり、徳之島で生まれた送り節は、ここまできてついに沖縄風の弾き方と出会ったのである。二上りの調絃でハヤリ節を弾くと二上り節に変身するのである。

以上五種類の歌われ方のちがいは、そのまま送り節のたどってきた歴史を物語っているのかもしれない。

それぞれの歌われ方の中で、どの部分が変わり、どの部分が変わらなかったかについて、私なりの分析を行なってみた。

歌の成立条件を大まかに、リズムとメロディーと歌詞の三要素としてみた場合、変わったのは歌詞(言葉)の部分である。歌のもつムードや弾き方、歌い方の技巧はいくぶん変わっているが、基本的にはリズムとメロディーは変わっていない。歌詞(言葉)が変わると歌のもつ機能(力の及ぼし方)が変わるのである。たとえば、ミチ節は、船旅の航海安全を願う歌詞によって初めて祈願の儀礼が成立するし、トゥギ歌は、死を直前にした人間の魂を慰める厳粛な歌詞でないとトゥギが成立しないのである。この場合、歌の節回しは同じであることに注意しなければならない。サカ歌のような忌まわしい歌の場合も、歌詞が代わるだけで同じ節回しであるから驚かされる。

歌詞(言葉)を代えることによって同じ曲がめでたい方向へも、また不吉な方向へも機能することを、この送り節の事例によって知ることができるのである。つまり、歌詞こそは歌の生命であることを言っておきたい。

ところが、ハヤリ節になると、この歌詞が乱雑に取り扱われるようになってくる。歌遊びの場で座興的に歌われるようになると、本来の歌詞に対する認識が薄れていき、手当たり次第に歌詞を並べていけばよいという遊興本位の風潮がシマ歌の世界を覆い始めたのである。その結果、歌遊びには勢いがついたが、逆に歌のもっていた本来の厳粛さは失われていった。この傾向は二上り節にも継承され、そして現代へと受け継がれているのである。

それぞれの代表的な歌詞について意訳をつけて紹介してみる。

(1) ミチ節

井之《イノ》ヌイビガナシ(註1)　風《カデ》ヌ親《ウヤ》トゥモール
真《マ》南風《ハイカテ》願《ネゴ》ティ　アレ旦那《ダンナ》マタ
送《ウク》ラ　送《ウク》ラ

(井之川のイビガナシは風の親神様といわれます。真南風をください。私の旦那様を送ることができますように)

送《ウク》レクレ伝馬《テンマ》　白潮《シラシュ》ガディ送《ウク》レ
白潮《シラシユ》乗《ヌ》ン出《ジャ》セバ　アレ御《ミ》風《カデ》マタ
頼《タノ》マ　頼《タノ》マ

(送ってください伝馬舟、白潮の立っているところ(干瀬の先)までは。そこを乗り越えれば御風を頼むことにしましょう)

舟《フネ》ヌ高《タカ》トモニ　白鳥《シラトリ》ヤ乗《ヌ》シティ
白鳥《シラトリ》ヤアラヌ　アレ
妹神手《ウナイガミテ》サジ(註2)　手《テ》サジ
(舟の船尾に白鳥を乗せている。いや、白鳥ではない。妹神からいただいた手サジなのですよ)

妹神手《ウナイガミテ》サジ七《ナナ》タグイ　タグティ
旅《タビ》ヌ行《イ》キ戻《モド》リ　アレ
糸《イチュ》ヌ真上《マウエ》カ　真上《マウエ》カ
(妹神からいただいた手サジを七つ折りたたんで持って、舟旅の行き戻りには、張られた糸の上のような穏やかな海を願ったことだ)

(註1) 井之ヌイビガナシは井之川集落の小字宝島の産土の神であるが、すぐ近くに帆前船の繋留所があったために、南風を祈願する拝所としても利用されるようになったものと考えられる。現在もイビガナシは健在。
(註2) 妹神手サジは姉妹の手織りの手拭いのようなものと解されているが、実際はウナリたちの手あかのついた布であれば、どのような形のものでもよかった。着けている着物の一部を切り取ってもよかったという。その布にウナリの霊力が乗り移っていると考えられていた。その手サジを船尾にかざして航海の安全を祈ったというのが右の歌詞の意である。それを白鳥と対比している。

(2) トゥギ歌

三味線《サミシル》ヌ女絃《ミジル》
切《キ》リティカラモ　継《チ》ガルシガ
切《キ》リティ行《イ》キュル　吾《ワ》ア命《イノチ》ヤ
継《チ》ギヤナランデ

（三味線の三番線は切れれば継ぐこともできるが、切れようとしている私の命はもうつなぎとめることはできない）

（註）この歌はその昔十六歳で死んでいった美女ハルグヮという女性がトゥギのときに村の青年たちに返した歌としていまに伝えられている。徳和瀬での伝承。

如何《イキヤ》ン愛《カナ》サアティイモ
一道行《チュミチイ》カレユメ
貴《ウ》方《イ》ヤ先行《サキイ》ジ待《マ》ッチュレ
吾《ワ》ヌヤ後《マイ》カラ

（どのようにいとしくとも一緒に死んでいくことができません。あなたは先に行って待っていてください。私はあとから行きますから）

（註）これは妻から夫に対して歌った歌だといわれている。

別《ワカ》リティヤ行《イ》キュイ
何《ヌ》ヌ形見《カタミ》置《ウ》キュンガ
生爪《ナマジミ》ヤ剝《ハ》ガチ
其《ウ》リドゥ形見《カタミ》　形見《カタミ》

（これで別れていくのですが、あなたに何を形見として置きましょうか。私の生爪を剝がしてそれを形見にしましょう）

（註）これは夫がいとしい妻に返した歌だといわれている。

(3)　サカ歌

犬《イン》ナ鞍掛《クラカ》キティ
猫《ニャウ》ネィ其《ウ》リ引《シ》カチ
死《シ》旗押《バタウ》シ立《タ》ティティ　イラブドウカチ

（犬に鞍を掛けて、猫にそれを引かせて、葬式旗を押し立てて海の墓場イラブドウへ）

（註）現実においては起こり得ない矛盾した内容を歌うのがサカ歌の特徴であるという。右の歌では相手方の霊を恐ろしい海の墓場イラブドウへ誘うとしている。矛盾した内容の世界はアノ世をイメージしているのであろうか。

ムゾヤ死ンダカヌ

生《ウマ》レ稲刈《イネカ》リガ
吾《ワ》ヌヤ奥山《オクヤマ》ニ
霧《キリ》シマタナリガ
（いとしい人は死の世界の田に稔った稲を刈りに、私は奥山に霧になるために入っていく）

吾《ワ》ンヤ和瀬《ワシ》シギョウヌ
生《ウ》マレ水産湯《ミジウブイ》
何処《ダア》ヌシマヌ　出《イ》ジティンバ
負《マ》ケル相《ソ》ヤ無《ネ》ン
（私は和瀬ムラ（地名）の聖なる川の水を産湯に用いた者だ。どこの人が相手になろうと負ける者ではない）

（註）これは一種の返し歌である。前もって相手に自分の霊位の高いことを宣告している。産湯の水が登場してくるのが面白い。

(4)　**ハヤリ節**

親《ウヤ》ガナシ御陰《ウカギ》
カヘンゲガリ　フデティ

親《ウヤ》ガナシクトゥヤ
粗《ソ》ソンダ　思《ウ》メンナ
（親ガナシのお陰で、こんなにも成長することができた。親ガナシのことは粗末に思ってはいけない）

吾《ワ》ッキャ産《ナ》チャル親《ウヤ》ヤ
ダア原《バル》カチ　イモチャンガ
原語《ハルカタ》ティ給《タボ》レ
トゥメティ拝《ウガ》マ
（私を産んだ親は、どこの原（畑）へ行ったのですか、原を教えてください。探して拝みたい）
（註）原《ハル》は墓場を暗示している。

(5)

二上り節

ハレ　夜半目《ユナカミ》ヌ覚《サ》ミティ
眠《ネブ》ララヌ時《トキ》ヤ
御火取《ウマチト》イ寄《ユ》シティ　アレ
吹《フ》キュル　マタ　煙草《タバク》　煙草《タバク》

（夜半に目が覚めて眠られないときは、御火を取り寄せて吹く煙草に（ことさら愛着を感ずることだ））

ハレ煙草テナ草ヤ
苦草《ニギグサ》ドゥヤシガ
其《ウ》リ吹《フ》キユル人《チュ》ヤ　ハレ
縁《エン》グヮヌ勝《マサ》ティ　付《チ》キユリ　付《チ》キユリ

（煙草という草は苦い草であるのに、それを吹く人とは縁が勝って付くというから不思議なことだ）

（註）シマには縁つけ煙草という伝承がある。男が吸った同じ煙草を女に回わして吸わせると、男と女の縁が成立するというものである。シマに伝承されている天人女房譚「天かあむろ口説」の中にもこの縁つけ煙草が登場する。

ハレ　チンゴ水溜《ミジタ》ミティ
屋戸《ヤド》走《バシ》リ　濡《ヌ》ラチ
愛人《カナ》ガイモユン時《トキ》ヤ　ハレ
屋戸《ヤド》ヌ　マタ　易《ヤ》シク　易《ヤ》シク

（チンゴ水（芭蕉の繊維を浸してあった水、ぬるぬるしている）を溜めておいて、愛人がやってくる夜は、それで戸走りを濡らして、雨戸が開けやすいように）

（註）これは俗に夜バイの歌といわれているものである。チンゴ水で戸走りを濡らしておくと、すべりがよくなり、音が立たない。「チンゴ水を溜めてある」といえば、隠シネンブロ（親に知られていない愛人）のいることを意味し、皆にからかわれる風があった。

徳之島の葬歌クヤを筆頭に、墓場や別れにからむ歌の歌詞を並べ、多少の解説を付してみた。これらの歌の数々は、私たちが小川学夫氏の来島を機に昭和四十年に収録してあったものである。現在、ウジョグイ節やヤガマ節は伝承者が皆無の状態になっているし、また他に録音テープも保存されていないから、この昭和四十年テープは唯一無二の貴重なものとなった。

なお、クヤ、ウジョグイ節、ヤガマ節、送り節の順に並べて説明してきたが、それがそのまま発生史的に連なっていくということではない。それぞれの歌の関係等については、今後さらに研究がなされなければならないと思っている。

サカ歌との出会い

人間の霊力に危害を加え、ついにはその人を死に至らしめることもできるという畏しい呪いの歌「サカ（逆）歌」が徳之島に存在することについては、久しい以前から島の古老たちから聞かされていた。その正体を知りたいと思い、私は機会あるごとに「サカ歌とはどんな歌ですか」と質問するのが口癖のようになっていた。しかし、そのたびに「サカ歌は畏しい歌だ。そんな歌を知る必要はない」と断わられ、つい最近までその片鱗さえも知ることができなかった。そんな状況だったので、サカ歌は現実に存在しない幻の歌ではなかろうかとまで疑っていたのであるが、ある日偶然に、そのサカ歌に出会うことができた。探索を始めてから実に十数年振りのことであった。

サカ歌を伝承していたのは、現在、徳之島町井之川に居住する大窪俊秋氏（昭和七年生まれ、伊仙町伊仙出身）である。氏は若いころ今は亡き氏の祖父からサカ歌を聞かされ、それを記憶していたのであった。ここにサカ歌の歌詞をいくつか示してみよう。

①　ムゾや死んだかの　生まれ稲刈りが
　吾ぬや奥山に　きりし又なりが
　（いとしい人はあの世の田圃へ、稔った稲を刈りに、私は奥山に、霧になるために入って

いく）

この歌詞をハヤリ節（後述）の曲で歌う。大窪氏の説明によると、サカ歌には現実の世界には存在し得ない矛盾した内容が原則として盛り込まれなければならないのだという。ではその矛盾した内容とはなんであるのか。例①の歌詞でそれを説明してみよう。

まず、あの世の田圃に稲を刈りにいくことは不可能なことであるし、奥山に入って霧になることも現実の世界にはとうていあり得ないことである。このようなあり得ないことを、氏は矛盾した内容だといっているのである。しかし、矛盾したその内容よりも、人間の死の世界に誘い込むようなその歌詞全体の意味が何よりも畏しい。直接「死」という字の用いられる歌詞は、他のシマ歌の中には見出すことはできないのである。サカ歌のサカ（逆）もおそらくは逆の世界、つまり、死後の世界のことを指しているものと思われる。

次の歌詞は、大窪氏の案内で訪ねた天城町瀬滝在住の山岡左衛行氏（明治三十五年生まれ）から聞いたものである。

② 犬な鞍掛けて　猫な其り引かち
死旗押し立てて　イラブドウかち
（犬に鞍を掛けて、猫にそれを引かせて、葬旗を押し立てて、イラブドウという海の墓場へ）

犬に鞍をかけて猫にそれを引かせるなどという内容もさることながら、死旗（葬列の一番先頭に立つ紙製の葬旗）を押し立てて、海の墓場として恐れられているイラブドウに人間の霊を追いやろうとするこの歌詞は、おそらく島の民謡の中では他に類を見ない最高級の呪いの歌だと思われる。いつごろ誰によって歌われたのかはっきりしないが、畏しい歌があったものだ。

次の歌詞も山岡氏の提供によるものである。

③　天ぬ白雪な　綱ぬ掛きらゆめ
　　吾が思し事ぬ　読みぬなゆめ
　（天の白雪に、綱が掛けられようか。また、私の胸の中の思いがどうして数えることができよう）

山岡氏の説明によれば、この歌詞もまた不可能な内容を歌っているという。しかし、例①や②に比べるとそうどぎつい内容ではない。この程度の歌詞ならふつう歌われているものの中からいくつか見つけ出せそうな気もする。というのは、その歌が本来サカ歌の歌詞であったことが忘れ去られ、ふつうの歌詞の仲間入りをしている場合も考えられるからである。

ここでサカ歌の演じられた「歌の掛け合い」について説明しなければならないが、その前に島の「歌遊び」について二、三触れておきたい。歌遊びとは、文字通り歌を掛け合いで歌って遊ぶことである。島の民謡は人々の生活の中に深くその根をおろしているので歌遊びもあるときは厳粛に、また、あるときは悲しく、そしてあるときは楽しく夜の明けるまでもなされる。それぞれについて例をあげながら、概略を述べてみる。

④　あったら七月や　み冬なすしぬき
　かなが年吾年　寄らすしぬき
　(惜しい七月よ、七月が過ぎれば新冬がやってくる。愛しい人の年も私の年も、また寄ってていくのが淋しい)

集落一番の大きな祭り「浜下り《はまお》」のときに祭りの浜の白砂の上で夜を徹して踊られる七月踊り(奄美では八月踊り)の打ち出し歌「あったら七月」である。歌詞によって、この七月に人々が年をとったことや夏の時節があらたまって冬に変わったことなどが知れる。いうまでもなく、この旧暦の七月は稲の収穫の完了する夏の折目の月、いまようにいうならば、年のあらたまる正月に当たる時期である。この夜は海の彼方の浄土からニライの神様もやってくるし、近くの古墓からは先祖の神もやってくる。人々は、この世に果報をもたらすこれらの神々に精いっぱい歌と踊りを捧げるのである。男は内側の輪、女は外側の輪、また、太鼓は男が叩く。男の輪が上の句を合唱で歌えば、女の輪がそれに負けじと下の句を返す。互いに歌の掛け合いをしながら何十番もある歌詞が歌いつがれていくのであるが、そのときの男性の低音と女性の高音の和が、何ともいえない厳粛な雰囲気をつくり出す。神様と人間が同居するこの歌遊びは、おそらく厳粛な歌遊びの筆頭格であろう。現在は、以前のように夜の浜辺で踊り明かすようなことはない。

次に悲しいときの歌遊びを紹介してみよう。これはトゥギ(伽)と呼ばれる、もう助かる見込みのない重病人の枕元でなされる一種の別れの歌遊びである。したがって歌も淋しくもの悲しい別れの歌、ハヤリ節（別にミチ節とも送り節ともいう）が用いられる。

その昔、徳和瀬集落にハルグヮという美女がいた。ハルグヮは病のためにわずか十六歳でその生涯を閉じたのであるが、ハルグヮがもう助かりそうにないという情報が流れると、毎夜のように集落の青年たちがやってきた。青年たちは手に手に三味線を持ち、また、ある青年は手作りの料理と酒を携えていた。この青年たちはハルグヮと歌遊びをするために集まったのである。重病人は夜が淋しいので歌遊びで気を慰めてやるのだという。しかし、相手が重病人なのでおのずから歌遊びにも華やいだ雰囲気は消え失せてしまう。そこで歌われるのがハヤリ節というもの悲しい別れの歌である。

⑤　別れてや行くぃ　何ぬ形見置きゅんが
　　生爪や剝がち　其りど形見
　　（もう別れていくのですが、何の形見を残しましょうか。私の生爪を剝がしてそれを形見にあげましょう）

⑥　如何ん可愛さあても　一道行かれゆめ
　　貴方や先行じ待っつれ　吾ぬや後から
　　（いかに愛しい間柄であってもあの世へは同道できない。あなたは先に行って待っていてください。私は後から参りますから）

⑤⑥は代表的と思われるハヤリ節の伽の歌詞だが、これらはすでに遺言としての内容さえ持っている。最後に、当のハルグヮが最後の歌遊びのときに歌ったといわれる歌詞がいまに伝えられているのでそれを紹介しよう。

⑦　三味線ぬ女絃　切れてからも接がゆしが
　切れて行きゅる吾あ命　接ぎぬなゆめ
　（三味線の女絃は、切れればまた接ぎ合わせることができる。しかし、切れていく私の命の絃はもう接ぎ合わせることはできない）

ハヤリ節が別にミチ節とか送り節などとも呼ばれるのは、この歌が舟送りのときの別れ歌としても用いられていたからである。舟といっても現在の客船ではない。木造の帆前舟のことである。このような原始的な舟で南海の荒海を乗り越えることは並大抵ではなかった。それはまさに死に直面していた。したがって人々は船出に際しては厳粛な別れの儀礼を執り行なったのである。まず、家の先祖の神の前座で別れの盃をとり交わし、火の神に安全を祈願してから、ウナリ神（姉妹）の形見である手さじを押しいただき、一同で航海安全の送り節を歌ってから家を出たのである。

⑧　虎ぬ絵や掛けて　柳花生けて
　千里走ゆる舟や　糸ぬ上から
　（床の間には虎の絵をかけて、柳の枝を生け、そして、千里を走る舟はあたかも張られた

糸の上から行くような平安な航海でありますように）

虎は一夜で千里を馳け戻るといい、また、柳に風折れなしという故事にちなんだ歌である。この歌には虎のように早く戻ってきてほしいという祈願がこめられている。

また、家から港までの道すがらは、別れを惜しんで次のようなミチ節が歌われる。

⑨　送れくれ送れ　港がり送れ
　白潮乗い出せば　御風頼ま
　（送りましょう、港までは私たちが送りましょう。港を乗り出せば、御風を頼みましょう）

また、次のような歌もある。

⑩　イノぬイビガナシ　風ぬ親てしが
　真南風給れ　手しり拝ま
　（井之川のイビ神様は風の親神様だと聞かれます。どうか真南風をください。手を合わせて拝みますから）

前述の伽の歌にしてもこの舟送りの歌にしても、人間にとって最も厳粛な別れに関する儀礼と深いかかわり合いをもっている。これはハヤリ節のもつ本来の機能をさぐる上から大切な点ではないかと思われる。

次に明治の末頃まで各集落に残っていた若い男女の交際場「遊びどころ」での歌遊びについても簡単に説明しておく。遊びどころは若い娘たちの夜なべどころであった。昼間の肉体労働から解放された娘たちは、夜が更けると手に手に芭蕉の繊維と手籠を持って遊びどころに集まる。糸をつむぐためである。当時はまだ石油がなかったので豚油や松明をともし、その光に集まって話し合いながら糸つむぎをすると昼間の疲れもどこかへ飛んでいったという。娘たちにとってのねらいはこれだけではなかった。ここでは歌遊びもできたのだ。夜もとっぷり更けると、その座に三味線を携えたニセたちが夜なべの睡気覚ましにかこつけて歌遊びにやってきた。娘たちは糸をつむぐ。すると側でニセたちが三味線をかき鳴らす。こうなるとごく自然に男女の間には歌掛けが始まるのだ。気がのればもう夜なべどころではない。娘たちは手籠を取り出して歌掛けに没入せずにはいられなくなる。

⑪　此ぬ遊び立てて　家かち戻らゆめ
明日ぬ太陽がなし　上るまでも
(この歌遊びを始めて　もう家へは帰れない。明日の太陽が上るまでも遊ぼう)

歌の掛け合いは歌詞の手持ちの歌を競うので双方負けてはならじと延々と続く。男が歌う時は女がはやし、逆に女が歌うときは男がはやす。そして、歌は次第に男女のセックスを歌った刺激の強いものへと移行して場のムードもいつの間にか高まっていく。

⑫　山ぬ木ぐゎだまし　葛とさね巻くぃ
　　吾達も十七八　娘達とさね巻かで
　　　（山の木でさえも葛と巻合っている。私たちも十七、八歳だ、娘たちと巻合おう）

男女が意気投合すればそのままそこでごろ寝をしたが、それでも世間の人々は咎めるようなことはしなかった。そして、この歌遊びのとり持つ縁でめでたく結ばれる場合もあったのである。

右に述べたいくつかの歌遊びの例によって、歌遊びが集落内において日常生活の重要な部分として、なくてはならないものであることは理解いただけたと思う。しかし、その歌遊びが他集落の人たちとなされる場合は、途端に険悪な様相を帯びてきて互いに警戒し合うようになるから不思議なものである。なぜ、他集落とは楽しい歌遊びができなかったのか。これは各集落が閉鎖的であったために互いに牽制し合っていたからであろうが、その理由はともかく、相手をこらしめるのに物的な手段によらず、サカ歌という呪いの歌を用いたところがたいへんに興味深い。いずれにしても、往時の人たちのサカ歌に対する警戒心は相当なものであったようだ。それで他集落において歌掛けをすることは特に戒められていた。それでもやむをえず歌う場合には、最初に許しを乞う歌を歌うのが一つの礼儀になっていた。

⑬　歌知らんで吾達に　歌掛けてやらち
　　口に当たるがま　歌て上っせら

（歌の知らない私たちに、歌を掛けてこられましたが、口に上るまま歌ってあげますので、どうか悪く思わないでください）

この歌を歌って礼を示したからといって安心できたのではない。念には念を入れなければならぬ。もし、それでも相手が挑んできた場合にはこちらも受けて立たねばならぬ。

⑭　吾んや和瀬し川ぬ　生まれ水産湯
何処の部落ぬ出ても　負ける相や無ん
（私は和瀬集落の霊なる川の水を産湯に使った者だ。どこの集落の者が挑んできても負けるような者ではない）

まず、自分の霊力を誇示するのである。その霊力の誇示に、生まれたときに用いた霊なる川の産湯の一件を持ち出すところがたいへん面白い。この歌詞によってサカ歌の掛け合いは結局、その呪者の持つ霊力の力比べであったことが分かるのである。
これはサカ歌としてではないが、夜の道で悪ナムン（悪霊）が立ちはだかって人を通さないようなときにも、この「生まれ水産湯」が魔除けとして用いられる。

⑮　吾んや和瀬し川ぬ　生まれ水産湯
狭さある道も　広く踏まち給れ

（私は和瀬集落の霊なる川の水を産湯に使った者だ。狭い道ではありますが、よけて広くして私を通してください）

相手が不意にサカ歌を挑んできたようなときには、次のような返し手もある。

⑯　だまが歌歌いや　歌やれば聞くしが
鶏ぬ卵なてか　しむるいちゃまし
（お前の歌っている歌は、まともな歌であれば聞いてやるが、鶏の卵に譬えれば腐れた無精卵のようなものだ）

相手の歌を鶏の無精卵に譬えてこき下ろすことによってその霊力を低下させようとしたのである。「しむる」といえば、母鶏が抱いて温めても雛にならない無精卵のことで、始末に手をやく厄介ものである。その無精卵がサカ歌を牽制する歌に登場することもまた、興味深いことである。

月晒《つきざろ》し着《ぎ》ん

——「きもの」の民俗——

はじめに

最近の古老たちの口からはほとんど聞けなくなったが、徳之島に「月晒《つきざろ》し着《ぎ》ん」という着物にまつわる伝説が残されている。左のような島歌の歌詞になったりしているほどだから、以前は相当広く知れわたったものだったと思われる。

月晒し着んぐゎ　着せられてからや
神が押すままに　行くがしぬき
（月晒し着んを着せられてからは、自分の意のままに歩くこともできず、着物に乗り移った神の押すままになって悲しいことだ）

その伝説とは、「昔、親のすすめで無理に夫を持たされた女がいた。その女は毎日の生活に耐えきれなくなったのか、ついに相手の男に復讐を企てる。月のよい晩になると、女はこっそり家を抜け出して裏の芭蕉山へ行き、月の光を利用して芭蕉の茎からヴ（繊維）をとり、それを紡いで芭蕉布を織りあげた。そして、その芭蕉布をさらに十五夜の満月に晒してから着物を縫った。これが〝月晒し着ん〟である。ある日、女はこっそりと男にその〝月晒し着ん〟を着用させた。すると不思議、男は夢遊病者のようになり、ある日、断崖の上から落ちて死んでしまった」というものである。

この短い伝説の中に、これから述べる着物にまつわる民俗の基本的なものが内包されている。芭蕉布を用いて自分の夫を呪い殺すというモチーフも、奄美諸島でなければ生まれないのではないかと思われるが、このモチーフの中心は、なんといっても女性の霊力であろう。奄美における女性の霊力の問題については、すでにいろいろな指摘がなされているが、本稿では女性の霊力と火の神の関係について私見を述べてから、着物や布にまつわる民俗へと筆を進めてみたいと思う。

女性の霊力と火の神

私の幼い頃のことだが、今は故人となった祖母が、嫁である私の母に次のようなことを忠告していたのを聞いたことがある。

「女は火の神（囲炉裏の片隅に祀られていた）の前では腹を立てたり、苦言をいったりしてはいけない。特に自分の夫を仕事に送り出す朝のうちは気をつけなさい」と。

女性が火の神の前で苦言をいうと、その苦言が知らないうちに火の神に通じて呪言になり、苦言の相手に当たる人に祟りになって現われ、その人は怪我などをするというものである。特に囲炉裏の灰を火箸でつっ突きながら苦言をいうと、その祟りはてきめんであると信じられていたので、直接囲炉裏を管理する一家の女主人は、囲炉裏の前での立居振舞いには気を使ったという。最近は農家にもプロパンガスが普及して、囲炉裏の喪失とともに火の神もその姿と機能をなくしてしまったが、私の幼い頃（昭和十五〜六年）までは、火の神はまだまだ威勢よく生き続けていた。

囲炉裏は神聖なところだからといって、常時きれいに掃除をして整え、また、その日のお茶と食物のお初を供えながら、「トウトガナシ、今日も良いことばかりあらしてください」と唱えるのが常であった。火の神は、先祖の神よりも位が上だと信じられていたので、供え物やお願いごとはまず火の神になされるのだが、その時のお願いごとは生活の万般にわたっていた。

たとえば、小学校の頃、ある日突然、大阪へ嫁いでいた姉が危篤だという電報が舞いこんできた。その日、家族は総出で畑に出て製糖作業に精出していたのだが、その電報を見るなり母が泣きくずれてしまい、そのまま仕事も放り出してしまった。その時、父が母に「そんなに泣いてばかりいたらどうなるのか、早く家へ帰って火の神に祈願をしなさい」と、大声でどなっていたことを今でも鮮やかに思い出す。

火の神は五穀の豊穣とも深い関係を持っていた。特に稲については栽培そのものが儀礼化されている神聖な作物なので、種々こみ入った呪術や儀礼がなされた。そのなかからミナクチ稲という田の水神祀りの儀礼の中の女性と火の神のかかわりについてふれてみる。

ミナクチ稲というのは、田の泉水の湧き出る水口の近くに実った稲のことである。ミズノエの日柄を選んでこの稲を数株刈り取って束にし、しばらくの間、前庭の竹垣にかけて晒しておく。そして、ミズノエの日柄が来るとその束をとって来て挽臼にかけて玄米にし、さらにそれを水に浸して砕いてシュギ（しとぎ）をつくり、夕刻を選んで火の神に供えるのだが、供える時にはシュギの上にクバ傘（びろう葉傘）を被せる。あとで家族もそのシュギを共に食べるのであるが、屋内で食べてはならないという。このミナクチ稲の儀礼の司祭も、総てその家の女主人が関与する。

こうした二、三の事例によっても、火の神が人間生活にとっていかに重要な存在であったかということが理解できる。

ここに火の神の問題をとりあげたのは、火の神が女性の霊力を考える場合の大きな鍵を持っていると考えたからである。奄美地方には女性をウナリ神と呼び、生き身の女性に神性を認める習俗もあるが、そのような女性のもつ霊位の高さは、火の神とのかかわり合いを抜きにしては、考えられないのではなかろうか。

ウナリ神とイイリ

火の神が除災招福や五穀豊穣をもたらす、力を持った神であるということについては前項で触れたが、ここではウナリ（姉妹）がイイリ（兄弟）を守護する霊力を持っていたことについて述べる。徳之島の民謡にウナリ神を謡ったものがある。

ウナリ神テサジ（祈りの手巾）　七たぐりたぐてぃ
旅ぬ行き戻り　押《う》さげ差《さ》さ上《げ》え
（ウナリ神からいただいた手さじを、七つ折りにたたんで、往来の舟の上ではそれを押しあげ持って拝んだ）

また、奄美民謡のヨイスラ節には、

舟ぬ高ともな　白鳥ぬいしゅり
白鳥やあらぬ　ウナリ神ガナシ
（航海中の舟の高ともに白い鳥がとまっている。これは白鳥ではなく、ウナリ神の化身だ）

右の民謡は、ともにウナリが生きながらの神としてその霊力を発揮し、肉親の兄弟であるイイリの舟旅を守護したというものである。舟旅といっても当時は風力だけで走る帆前舟であったから、荒波の黒潮を乗り越えることは並大抵のことではなかった。おそらく死を覚悟しての乗舟がほとんどではなかったろうか。「ウシュナッキも旅」（わずかばかりの舟旅も同じ危険な舟旅だから充分注意せよ）といって、わずかばかりの舟旅でも別れの儀式を厳粛にとりかわしていたことでその状況がよく分かる。そのような危険に際して、ウナリ神が守護をたれるのだから、その霊力はまことにすばらしいものだが、その時のウナリ神の霊力は、一片のウナリ神テサジという布に乗り移っていとしい肉親の兄弟を守護したのである。

ウナリ神テサジは、ウナリの手製の品物であるが、それはまたウナリの使用したものでなければならず、テサジの持ち合わせのない場合は、ウナリが日常着けている着物の一部を切断してテサジ代わりに持たせたともいわれる。ウナリ神テサジについては、特にウナリ神の霊力をそれに移すための儀礼的な行為があったとは聞かれないから、ウナリが自分の手で織り、そして、自分の身体に用いることによって自然にその霊力が布に乗り移ったと考えられる。

ウナリの手製の布は、葬式儀礼の時にも欠くことのできない機能を持つ。死者は棺に納められる前にウナリたちの手によって湯浴みをして清められ、死装束をさせられるが、その時の肌着、特にふんどしはウナリたちの手製の新品でなければならなかったといわれる。納棺がすむと、棺は釘付けにされるが、さらにその上を棺巻きという芭蕉布で縛らなければならず、ウナリたちは家族から死者の出る時のために、平常から幾分かの芭蕉布を大切にしまっておいたという。つまり、人々はあの世（墓場）へ行くにも、ウナリたちの霊力と手製の布が必要だったのである。

奄美地方には不美人をバシャ山（芭蕉山）と称する風習があって、そのように称する理由を、「不美人には持参金代わりにバシャ山をつけたからだ」などということをよく聞くが、これはウナリ神と芭蕉布の歴史的な関係を知らない人たちの言動のように思われる。芭蕉布の確保は芭蕉山の所有から始まるのであるから、古く、ウナリ神は直接自身で管理する芭蕉山を所有していたと考えられるのである。「月晒し着ん」の伝説の中に出てくる芭蕉山は、その女性の所有管理にかかわるものでなかったかと考えられる。不美人をバシャ山だと言って笑う前に、「月晒し着ん」で呪い殺されたあわれな男性があったことや、ウナリ神テサジで航海の安全を守護されたりした歴史的な経過のあったことを、もう一度かみしめてみなければならないのではなかろうか。

霊魂と着物

古く、南島一帯には人間の生命は肉体に霊魂が宿って保たれるという、いわゆる二元論が存在したといわれる。二元論の場合、肉体に生命の根源である霊魂が宿るのだが、この霊魂がなかなか肉体に定着し難くて、ともすれば日常生活の場で、突然肉体から遊離してしまう場合があった。たとえば、何かの拍子に突然びっくりすると、その時に霊魂が抜け出してしまう場合がある。

霊魂が抜け出してしまうと、その人は夢遊病者のようになり、しばらくたつと死ぬと考えられていたから、なるべく早く霊魂を肉体に呼び戻す呪術を施さねばならなかった。この呪術がいわゆる「マブイ込《ご》め」とか「マブイ求《と》め」と言われているものである。

また、霊魂は人々が眠っている時にも遊離する場合がある。特に幼児の場合は生命が未熟なので不安定だと信じられていた。筆者の幼い頃、祖母から、「夜寝る時は体に墨などを塗ったままではいけない」とよく言われたものだが、その理由は、「夜、肉体から遊離した霊魂が、また元の肉体に戻ってくる時に、墨などを塗っておくと、自分の宿っていた肉体を見誤る場合があるから」というものであった。

霊魂は体から抜けやすい不安定なものとして人々に考えられていたから、肉体を包み保護する役目をもつ着物は、当然この不安定な霊魂を保護する機能がなければならぬ。すでに「月晒し着ん」でみたように、着物（布）には霊や邪気などのつきやすい性質が備わっているが、邪気などのついた着物をつけると、逆に霊力を弱め寿命を縮める結果を生むので、人々は着物の管理には種々工夫をこらし、そして気をつかったのである。ウブイギンの例でそれをみてみよう。

生まれた赤子に最初に着せる着物がウブイギンであるが、ウブイギンは赤子の生まれた後のトリ（十二支）の日柄か、カネ（カノエ）の日柄を選んで縫う。これは、鳥の羽の重なり合っているように果報が重なるように、またカネ（鉄）のように健康な子供であるようにと願うためである。したがって、その日柄の来るまではボロ布などで赤子をくるんでおく。

また、ウブイギンをつくる材料は新しい布ではなく、健康で長寿を保っている女性が用いている着物の一部を切り取って貰って来て、それをつぎ合わせて縫う。縫い終わると、その後部の襟のすぐ下の位置にフドという小さい三角の布袋を縫いつけ、その中に米粒を三個ほど入れる。この米粒については、米には邪気などを払う呪力があると信じられていたので、その力で着物につく邪気を払うためだったと考えられる。

着物をめぐる禁忌

もう七、八年も以前のことであったろうか。私は何気なしに、夕方、前庭の竹垣に汗で濡れたシャツを掛けておいた。それを見た老母に、「シャツを屋内に入れなさい。夜は着物を外に干してはいけないのだ」と忠告をされたことがある。その時の老母の熱いまなざしが印象に残っているが、「なぜいけないのか」という質問に対し、「着物に夜の露を含ませると体によくない。また、着物に月の光をあててもよくない。ずっと以前、『月晒し着ん』という島歌を聴いたことがあったが」と言って、もう半分ほどは忘れかけた「月晒し着ん」の歌詞を口ずさんでくれたのであった。

このように日常生活の場で人々の目にはあまり気づかれず、ひっそりと生き続けている習俗は他にもある。サントゥキャ太陽《てだ》に関するものを述べてみよう。

「サントゥキャ時分には布を織り終わってはならない」という。サントゥキャ時分というのは、夕陽がまさに西の端に入没せんとする時期のことである。この時の太陽を特にサントゥキャ太陽《てだ》と呼ぶ。この時に布を織り終わると、その布を着ける人が薄命になったり、家族に不幸ごとが起こったりするというものである。

徳之島に残っている「敷島口説」にもサントゥキャ布を歌ったくだりがあるので、要約して紹介してみよう。

「昔、沖縄の王様へ上納する敷島上布を織っていたところ、二人の男の子が布にまつわりついて妨げになるので、母はその子たちを浜へ遊びに出してやる。子ども二人は磯につながれた小舟に乗って遊んでいた。折はまさにサントゥキャにさしかかっていたが、悪いことに母はそのまま布を織り終わってしまう。そして、そのあとしばらくしてから、子どもたちを連れに浜に行くが、その姿がなく、遊んでいた舟の綱が切れて沖に流され、遭難したことが分かる。驚いた母は気も狂わんばかりに探しまわる。ついに、沖の小島で呼吸も絶えだえになった吾子二人を見つけ出したが、もうなす術もなく、ついに母も子ども二人とともに死の道を選んだ。」

ちなみに、サントゥキャ時に産まれる子どものことをサントゥキャ子といい、薄命な運命を持つ子として人々に畏れられていた。もしも運悪くサントゥキャ子を産んだ場合は、ユタを頼んできて、生命力を補強する呪術を施さねばならなかった。

「トシ日には布を裁断してはいけない」ともいう。トシ日とは、その人の十二支のエトの当たる日である。その日に布を裁断すると、それを着る人の霊力が弱り薄命になるという。この信仰はつい最近まで固く守られていた。

なぜトシ日はいけないのであろうか。トシ日は肉体に宿っている霊魂が最も不安定な状況のもとにおかれる時期であったためではなかったかと考えられる。トシ日の禁忌は他にもある。トシ日には葬式や法事があっても墓へ行ってはいけないというものだが、トシ日には墓にいる先祖の神（死霊）に、その人の霊魂が誘い寄せられる危険性があるからだと説明されている。トシ日以外は危険性はないが、トシ日だけは注意せよという。

また、これは現在でもよく聞かされることだが、重病で死を待つ状態にある患者は、不思議にトシ日に生命がこと切れるという。それで、家族の人たちはトシ日がくると、異常な雰囲気の中で、厳粛な面持ちで看病に当たっているのを見かけたことがある。

以上のような事例などから、トシ日は最も死に直面する時点であったことが理解できるが、「トシ日に布を裁断するな」という禁忌は、このような死の意識と深い関係があるのだろう。

では、なぜトシ日が霊魂（生命）にとって不安定な日であるのか。その由来の根拠が十干十二支の陰陽思想にあることははっきりしている。特にトシ日を危険な日として畏れるのは、この日が十二支の最後の日だからではなかろうか。最後であるから最初にならなければならないのだが、そこに連結されなければならない切れ目がある。その切れ目が、つまりトシ日である。切れ目に不安定性があるということは物理的現象でもある。

十干十二支の理論については全くの門外漢であるが、筆者の感覚では、人間の生命は十二という数を周期にして逐次更新されていくという原理があるように思われる。その更新の時期がトシ日で、その時点は人間の生と死の接点であるというように考えられないだろうか。

左綱の信仰と習俗

はじめに

徳和瀬集落における左綱をめぐる信仰は、昭和二十年の終戦を一転期として、非常に速いテンポで衰微してきている。この傾向は左綱に限ったことでなく、他の古い信仰や習俗についてもいえることである。古老との対話の中に、よく「昔はカミン世だったから」という言葉を聞くことがある。この「神ン世」をいずれの時期に限定して考えてよいのか、はっきり分からないが、伝統的な古い神に対する畏敬の念が急激に破壊され、日常生活の中で「神のたたり」を感じなくなったのは、終戦後のことである。敗戦という事実は、集落を一塊にして伝統的な古いカミに対する畏敬の念の破壊作業にかかり立てたようである。

現在、シマの古い信仰の伝承は、終戦前、集落の中堅として、シマに定着していたわずかばかりの古老たちによって、かなりの程度支えられている。しかし、彼らとても、信仰そのものについては懐疑的である。ある古老は「戦争中、アメリカ軍が集落を機銃射撃したので、ティラ山にいた神様たちもテン（天）トウガナシに帰ってしまったのか、神山の木を切っても、神罰もなくなった」と語っていた。

私は終戦後における「伝統的な信仰」の変遷を次の三つの段階にわけて考えている。

第一の段階は、終戦から昭和二十八年までのアメリカ軍政府に属していた八年間である。

終戦は、張りつめていた精神が破れ、人々の虚脱感や物資の不足なども手伝って、それまで想像だにしなかった「カミ」に対する不信感を爆発させた特殊な時点であったと思う。長いあいだ集落を見守ってきた「ティラ山」の松が切られて学校の校舎建築の材料になったり、人々に畏れられていた「イビガナシ」のシダラ（ヤブニッケイ）が切られて薪になったのもこの時期のことであり、参拝人が急に減って、ワシデラの境内に草が生えだしたのもこの時からである。

しかし、このような「異常事態」は終戦直後のことであり、八年間も続いたのではない。若い世代の沖縄への流出や、その後の生活の落着きなどにより、「異常事態」は次第に緩和され、伝統的な行事の方は、むしろ、戦中をしのぐ賑やかさに復興された。当時は沖縄以外へは封鎖されて出ていけなかったから、人々の心のよりどころは島の伝統的なものより他になく、また、島の伝統的なものを脅かす異質文化の流入もこれといってなかったから、米軍の占領という異常な情勢の下にありながら、島の伝統的な文化は小康状態にあったといえそうである。

第二の段階は、昭和二十八年の本土復帰とその後に始まった島の復興事業の時期である。

この時期の特徴は本土文化の流入と物質中心の島づくりの復興事業に象徴されると思う。莫大な国費の投入により、建物や道路などは驚くほどよくなったのに対し、神々がいると信じられていた道端の木々や、伝統的な祭祀の行なわれていた広場やモリなどは、一顧もされずに押しつぶされて、姿を変えてしまった。それまで静かで陰湿だった村の古い道は途端に明かるく解放的になり、それまで、人間と牛馬しか通れなかった集落の奥にも自動車が行き交うようになった。あまりに早い郷土の変わりように島の人たちは目を見はったものである。

また、一方では、島の人たちが本土へ流出したのに対し、本土の人たちは仕事や商用で島に流入してき、本土のマスコミや商品などもどっと押し寄せてきて、島は内外ともに激動の渦に巻かれた感があった。あまりの激しさに島の伝統的な文化は目もくらまんとするほどでなかったかと思う。本土との一体化作業が島の史上最も激しいピッチで進められた時期ではなかったろうか。

第三の段階は、昭和三十九年の東京オリンピックを契機に、驚くほどのテンポでテレビが各集落に普及した時期である。

家々の表の座や床の上に据えられたテレビからは、海を隔てた本土からの生の声と画面が放出されだした。時間と距離の突然の短縮には、びっくりしたものである。テレビは家庭の雰囲気をつくる重要な存在になっており、テレビの番組の如何によって、家族が笑ったり、泣かされたりする。集落の大切な行事も、テレビの番組を考慮しないと、人々を集めることができなくなったという。最近、島の古い伝統的な要素を無視した、本土式の新しい行事が行なわれだした集落も二、三見受けられるようになった。古い信仰も含めて、いま、島の伝統的な行事は、風前の灯火のように揺れ動いて見える。

神ン世には、海にも山にも道の辻々にもたくさんの神々がいた。実際に神々を見たという人がいたり、また、神々のたたりを蒙ったという人がいたり、それらの神々は、現実の人たちの生活の中に生きていた。人々は神を念頭からはずして生活をすることは片時もできなかったのである。

このような時代に、左綱の果たした役割はまことに重要であったといわねばならない。左綱には大きく分けて、神からの危害を払う力と、神と人間の領域を区別する目じるしとしての力があったようである。また、ある場合には、左綱で積極的に神をこらしめることもできる。

左綱は時と場合によって、つくる材料とその用い方が異なる。以下、左綱を材料別に、それぞれの用い方や、それらにまつわるいわれ、習俗について述べてみたい。

マキヤ（チガヤ）の左綱

眼病のハライに用いる左綱

眼病にかかると、「ケンムンに刺されたからだ」といって、マキヤで左綱をつくり、ケンムンの家だと目される木の幹（普通、下部の方）をその綱でしばる。しばる前に次の唱文をその木に向かって唱える。

ケンムン、ケンムン、吾目ヌチャシヤ、ヤ（汝）アンギジャガ、汝ンガ吾目ノ（治）ハダテカラ、吾ンガ、マキヤヌ左綱シ、此ン木ヤ、巻ッキ切チ枯リラスンキ、汝ンガ、治チカラ、吾ンガ解ッキュンキ

（ケンムン、ケンムン、私の目を刺したのはあなたでしょう。あなたが私の目を治さなかったら私がマキヤの左綱でこの木を巻きしめて枯らしてやりますから、あなたが治したら私がこの綱を解きますから）

こうすると不思議に数日で眼がよくなったという。よくなれば唱文の中で約束したように必ず左綱

を解く。解かないとまた新しいたたりがかかってくるので軽率にしてはならない。（松山メッタ、永田福祐、その他）

このような事例は終戦前まで行なわれていた。私にも経験がある。私は小学校時代（昭和十五年ごろ）学校から帰ると牛に与える草を刈ってくる日課があったのだが、草を刈るときに、ケンムンの家になっているオーギ（アコオの木、自作地の畑の隅に生えていた）の葉を知らずに刈り取ったのがたたったのだろうか、その日の夕方から眼が痛みだした。当時七十余歳の私の祖母（故人）にみてもらったところ、祖母は「この眼病はケンムンのたたりにより発病している」と断定、早速左綱をつくり、私を道案内に同道して現場にいき、そのアコオの木を確認すると、神妙な顔でその木の幹をしばった。唱文はごく簡潔なものだったように思う。その後何日ぐらいで私の眼病が治ったか、はっきりした記憶はない。

ケンムンに刺されたときの眼病は、特に目立つ症状がなく、通常の眼と変わらぬ状態にありながら、針で刺されているように痛み、盛んに涙がこぼれるという。たたりの重く当たっているときは眼球に白い小さな斑点の残る場合がある。一般に症状がはっきりせず、理由のはっきりしない眼病をケンムンのせいにした場合が多かった。

ケンムンは、徳和瀬集落では別名ボージギともいう。ボージギを見たことのある人の話によると、「赤い髪の毛を振り乱した、背の丈一尺、二尺ぐらいの、一見、赤ん坊に似た姿」をしているという。

この赤ん坊に似た姿は、夜、海へ漁にいくとき、海岸の白砂や波打際で見たという人が多く、木の上や森の中などでは、火玉（ケンムンマチまたはボージギマチという）として見られる場合が多いようだ。漁のときに見るボージギは非常に足が早く、近くにいたかと思うと、またたく間に、はるか向こうにいたりする。また、ボージギは、よく人間にいたずらをしかけてくる。夜の漁のとき砂浜などで、しつこくまつわりついてくるときには、マッチに火をつけたまま投げ与えるとあとからついてこなくなる。ボージギは火を欲しがるからだという。ボージギと相撲をとった人もいたが、体に似合わずしつこくて強かったそうだ、という話もある。

人間がボージギに引かれて意識不明になり、夢遊病者のように、藪の中や人けのない野原などをさまよう場合がある。このようなときは、足に怪我をしていても分からず、また、蝸牛のみを食べたりしていることもあるが、自分では分からない。こんなとき、ボージギはナーナシユビ（クスリ指）を握って引っぱり回すので、おかしいと思うときはナーナシ指をきつく歯でかめば放すという。ボージギとつき合って得をするときもある。夜、海に行ってはならないと人々が恐れている日柄に、ある人が知らずに海に行ったところ、あちこちに、いつもとは違う青白い漁火が見られた。不思議に思いながら漁を続けていると、これまた、いつもとは違って魚がいくらでもとれた。たちまちかごがいっぱいになったので家に帰って、その魚を見たところ、すべて目玉の抜かれている魚ばかりだったので、びっくりしたという。ボージギは魚をとるのが上手で、目玉だけを抜き取って食べるといわれている。

ボージギは普通、木を住処にしているといわれる。木の中でもオーギ（アコオの木）、ガジュマル、シダラ（ヤブニッケイ）の場合が圧倒的に多く、それらの木の根っこの穴などに棄てられている蝸牛の空がらはボージギの食べた残物だと信じられていた。小雨のそぼ降る日の夕方などは、ボージギの家になっている木の周辺には青白い火玉が飛びかうという。

奥山である人が砂糖樽をつくるクレ木の採取作業をしていた。小雨の降る夕暮れ時だったが、ふと見ると木の根っこのところに大きなアマ蛙がいた。奇妙な蛙だと思いながら見ていると、上に登っていくにしたがって変な姿に変わっていくので、さてはガッパ（ケンムンは奥山に住むとガッパになるという）の化身だろうと木からたたき落として殺した。奥山には何万というガッパが住んでいるといわれていた。（重久米豊、松山喜豊）

ケンムンの家と目される木は数種あるが、左綱でしばる場合は、ほとんどがオーギのようである。オーギをウシクガジュマルと呼ぶ集落もある。オーギの枯枝があっても薪などに用いない。ボージギのたたりが恐ろしいといっている。

舟おろしの儀式に使う左綱

山で丸太のクリ舟つくりが完了し里へおろすとき、まず舟おろしの儀式が行なわれるが、その儀式中、マキヤの左綱を使うところがある。古老から聞いた儀式の概略を述べてみる。

できあがったクリ舟は、トモ（舟の最後部の部分）を山の方に、タイガミ（最前部分）をシマ（集落）の方に向けて置かれ、トモにはマキヤの左綱が、また、タイガミにはいく条にもウシンニョ（藁でできた手製のロープ）がそれぞれつけられる。まず親大工（山の神祀りをする神官）が山の神に向かって、シュギ（米を水に浸して軟くし、臼で砕いて、こねたもの）と酒を供えて舟を貰い受ける唱え言を述べる。このときシュギは白紙（もも田紙）の上に  のように五カ所に分けて盛られる。

唱え言がすむと、親大工は舟の側にいきトモに結ばれたマキヤの左綱を山の方向（山の神の方）に、ヨイショ、ヨイショ、と三回引っ張ると、マキヤ綱はもろいのですぐに切れてしまう。切れたマキヤ綱は山の方になげすてられる。

この時、親大工は、タイガミにつけられたウシンニョを手に待機している舟曳きの青年たちに「ソレ、ヒケ」と合図をすると、青年たちは力いっぱい曳き始め、舟はカラ（丸太棒の枕木）の上を滑るように曳かれていく。
また、伊仙町検福の辰浜貞けい氏（故人）の草稿によると、舟おろしの儀式歌として次のような舟おろしのイイト（キヤイともいわれる。労働するときの掛け声歌）がやりとりされるという。「主」は山の神祀りの神官のことか。

主「ハレ、奥山ド」と謡うと衆、次々にこれに和す。
衆「ハレ、奥山ド」
主「ハレ、一本椎木グヮ」
衆「ハレ、一本椎木グヮ」
主「ハレ、貰イ受ケテ」
衆「〃　〃　」
主「ハレ、アンバ（油）椎木ド」
衆「〃　〃　〃　」
主「ハレ、カフ（果報？）ガフト」
衆「〃　〃　〃　」

右の儀式歌が終わると主は「ヨイサ」と掛け声をする。この掛け声で、舟の左右に群がる舟ひき衆も舟を曳き始める。

以上が伊仙の舟曳きの儀式歌であるが、いずれの時点でこの歌が歌われたのか、この草稿でははっきりしない。多分、舟の貰い受けの儀式がすんだ後の曳き始めのイイトなのだろう。舟おろしの儀式にこのようなイイトの掛け合いがなされたということは興味深い。

舟おろしの儀式がすむと、舟は青年たちに曳かれ、一路浜に向かうのであるが、途中、山道は狭いところがあったり、険しい坂道があったりで、曳く人たちは精いっぱいの奮闘になる。この舟曳きに来ている青年たちは「ヤテワク」といって、食事だけを貰って労力を提供する、いわば村の貴重な労働力である。村人のあいだに大きな仕事があると彼らは自分の仕事を放置して、その手伝いに参加するならわしであった。「ニセ衆はフーシマタカラ（大きな集落の宝）」といわれたゆえんである。

クリ舟は原木を切り倒してから、だいたい五日から七日で仕上げるので、まだ木の香も生ま生ましく、相当の重量があった。それに、舟は土の上からは直接曳かないで、カラという丸太の上から曳くから、この丸太を相当数積まなければならない。坂道などではとても進めるものではなかったという。

舟曳綱は特に強い綱が用意された。綱は、タイガミに二本の長いものが、トモにはブレーキの役目（後側に曳く役目）をする短いものがつけられる。上り坂があっても後から直接手で押したりはしなかった。ただ曳くだけだった。特に危険がなくなれば二人の青年が舟に乗る。一人は舟曳きの音頭取り役、もう一人は枕木用の丸太棒を舟から出して敷かせる方の役である。しばらく曳くと、休憩して、準備してもってきてあるにぎり飯や御馳走などを食べて元気をつけ、また曳き出す。当時は米の飯は平常はなかなか食べることができないので、舟曳きの青年たちにとってはまたとない御馳走である。彼らは「自分はニギリ飯を何十個食べた」などと自慢しあったという。

坂にかかると音頭取りは頃をみはからって、舟に乗ったままキヤイ（イイトともいわれ、独特の節まわしがある）を歌い、調子をつける。

エンヘーイエ、此ンシラ（坂）ナデ（名高い）ビラ（坂）大シラ、此ンシラド、エンヤーサー、

ヤンスリサー、ハラエイエー

（提供・重久米豊）

続いて音頭取りの即興の面白い言葉もキヤイの中に混ったりして、一同を笑わせた。

トモイ（徳和瀬集落の山の地名、ここから山道は下り坂になり道も広くなる）までくると、そこには村中の老若男女が応援のため待っていて合流するので、ここから先は賑やかさが倍加される。オカユや酒をもってきて振る舞う人たちもいた。村の人たちは舟ほり作業の「山ゴモリ」が始まると、舟おろしはまだかまだかと待ちこがれ、その日がくると「手足の立つ者」は皆トモイまで登って舟曳きを待ち受けた。トモイからあとは舟曳きの雰囲気は全く変わった。それは舟曳きというよりは、むしろ、舟曳き祭りといった方が適切だったという。

男たちが曳けば女連は舟の周囲に群がって、太鼓の拍子に合わせてヨイショ、ヨイショと掛け声をはり上げながら手舞いをする。手に手に青シバ（椎の木の枝）を持って、それはそれは熱狂したものだという。応援する人があまり多いので邪魔になって舟の滑りはむしろ、おそくなるが、おそくしようと故意に邪魔をする人たちもいたようである。

浜におりるとナーバマ（浜の地名）の北の端にあるイビガナシ（自然石で舟神様を祀ってある）の前に舟を曳いていく。そこで親大工は酒とシュギと馳走を神様に供えて、新しく舟がおろされたことを報告し、「エーロー（竜巻のことか。海水もろとも舟を空高く巻き上げていくと恐れられていた）

チジマキ（竜巻）ワンサバ（人間を舟もろとも飲みこむと信じられている魚）行キ会ワサンゴトシ給レ」と願をかけ、一同イビガナシの前でトイカワシ（酒と馳走のやりとり）をしてから初めて舟チキ（舟溜り）に浮かべられる。

舟おろしの夜は関係者が主の家に集まり、夜通し飲めや歌えのお祝いがなされる。舟おろしはたくさんの費用がかかるので、普通の資力の人ではとてもできるものではなかった。

海におろされたクリ舟は以後、漁に出ていくのだが、最初の日にとれた獲物は「マダン」といって世話になった人たちに無償で配る。これだけは売ったりしない。

丸木のクリ舟をシマの方言でマルシといっている。マルシというのは舟が丸い形をしているからだという。材料は椎の木か、樫の木が用いられた。クリ舟は胴の長さが三尋《ひろ》以上ないと作ってはいけないとされていた。三ヒロより短いとワンサバに飲まれる危険性があるからである。ワンサバは自分の体長と舟の長さを比較して、自分の体より舟が短いと舟もろとも飲みこむと信じられ、漁師に恐れられていた。徳和瀬では明治三十五年におろした舟が最後だった。

クリ舟は胴体の長さが十六尺から十八尺程度、幅（最も広い部分）が三尺から四尺程度で、前後部はともに次第に細くなっていく（クリ舟が現存しないのでどのような形に細くなるのかはっきりしない）。前部の高い部分をタイガミ、後部をトモ、舷をハラとそれぞれ呼ぶ。舟内の中央部の前寄りのところに帆柱を立てる穴が掘られてあり、左側舷の後よりのところにドウ（尾の意、舟をこぐ艪《ろ》）を漕ぐときの支えになるL状の木製の設備がある。舟の床にはサシカという竹を割って角材に打ちつけて作った敷具を置く。このサシカは魚があばれて白雲の高さにまで飛び上り、落下してくるとき、まともに体に受けるとそのまま刺し殺されてしまうので、このような落下してくる魚から身を守るための道具にもなる。つまり、危険が迫ってくるとサシカを頭上にのせて、身をかくすわけである。昔は、家で騒いだり、高い物音を出すと海の魚が騒ぐといって、家族が漁に出ているあいだは物音を立てないように注意をはらったといわれる。

山の泊まり小屋に張る左綱

昔は近くの山に良質の木がないので、奥山に宿りがけで木を伐りにいった。山の小屋に泊まるときは、小屋の周囲にマキヤの左綱を張り回してから寝た。これは山の悪い神々から身を守るためである。奥山には何千何万というたくさんの神様がいると信じられていた。山の小屋の周りに左綱をめぐらすと、神々は小屋に立ち入ることができない。マキヤの左綱には、区域内に神を寄せつけない不思議な力と同時に、一種の目じるしとしての機能があるという。

山の小屋に寝ていると、森の中で木の切り倒されるときと同じようなすごい音の聞かれるときがある。この音を聞いた人はたくさんいたという。翌日この不思議な音のあった方角で必ず誰かによって木が切り倒された。カミン世には不思議なことがたくさんあったと、いまでも古老たちの語り草になっている。

悪病の予防に用いる左綱

ホーショー（天然痘）や牛の病気が流行しだすと、マキヤで左綱をつくり、その中央部にトベラ木の小枝を吊り下げて門口に張った。

天然痘は古来、一番恐れられていた病である。徳和瀬では大正七、八年の天然痘が今でも人々の間で語り伝えられている。天然痘は「ホーショーの神」の仕業だと信じられ、流行中は「ホーショーの神」を追い出すのに大童《おおわらわ》だった。夕方、あちこちの家からブリキをがんがんたたきながら「ホー、ホー、ホーショーの神、吾ッキャ（達）ガ家ヤ、済マチャンド、済マチャンド」とホーショーの神を追い出す叫び声が聞かれたという。「ホーショーの神は盲だが耳が利く」また、「ハシカの神は耳は利かないが目が開いている」といわれ、ホーショーの神を追い出すには、左綱に加えて、騒音を出すのがよいと考えられたのだろう。ホーショーの神を追い出すときには、漁に使う網を頭から覆って歩く人もいたというが、これもホーショーの神からのがれるための、何かの理由に基づく仕種であったろう。

牛の病気に左綱を用いているのは、牛が人間の生活にとって重要な役割を果たしていたことの証であろう。他の家畜に左綱を使っていない（豚には使った例がある）。また、牛は古くはいろいろな祀りになくてはならない動物であった。諸田集落では「イナングエウス」といってハマオリのとき、ミックヮ（その年生まれた子ども）のいる人たちは共同で牛を屠り、串に刺して焼肉にし、ハマオリヤドリの一同に配る習俗があり、また、イチャジキ浜（諸田の海岸線の南端に位置する浜の地名。自然のままの石灰石だが、あたかも板が敷かれているように表面が平らになっており割合い広い。ハマオリ祀りのとき、一番最後に集落民全部が集まって、合同で祭祀のなされた場所だといわれている）の北側にあるダイムイ（細長い形の石灰石だったという）という石の前には、祀りになると牛のナマの肉を重箱いっぱい供える習俗があった。下久志集落ではウンメマツリ（古く、ノロが行なっていた五穀豊穣、集落民の果報祈願のマツリ）には村中で牛を屠り、神に供えた後、共食をする習俗があった。

トベラは山野に自生し、あまり大木にはならない。秋になると親指の先ほどの丸い実をつけ、熟すると包皮が破れて、中から朱色の種をのぞかせる。特殊な嗅気があるので人々に嫌われ、薪などにも用いられない。嗅気で嫌われる植物の代表格である。次のような民謡がある。

山登て嗅さや　トベラ木の嗅さ
シマ（里）下りて嗅さや　子持女の嗅さ

藁の左綱

正月のシメ縄

⑴オーバン木に用いるシメ縄

まず、オーバン木にシメ縄のはられるまでの概略を述べてみる。

昔は、十二月の最後の日（大晦日のこと。旧暦では先の二十九日、あとの二十九日といって、三十日といわない。大晦日の夜をシマではトシノ夜という）に正月用の豚を各自家庭で屠った。湯をかけてきれいに毛をとった豚は臓物を出し、頭部を切り取って胴体だけにし、その後、背骨の部分を縦に切断して二等分にする。この二等分した胴体の片割れを「ウヮ（豚）ヌ片シラ」といった。

前もって準備してあったオーバン木に豚の片シラを綱で結びつける。前足の方を東側に、つまり頭の方を東側に、後足の方を西側にして結びつける。豚の「片シラ」を結びつけられたオーバン木はそのままトーグラ（炊事場のある部屋。以前は上の屋と別棟になっていた）にもっていってウカマガナシ（火の神様）の前の二本の柱に適当な高さに結びつける。豚の片シラ肉は宙吊りになる。このオーバン木に次はシメ縄がはられる。シメ縄は図のように作る。

シ　メ　縄

シメ縄がすめば、次は、野菜を七種類ずつオーバン木の両端の方に結びつける。野菜はコンブや人参、大根、ニンニクなど草性が強く葉茎の栄えるものを選ぶ。最後に重ね餅を中央部におく。

以上でオーバン木の準備は完了するが、オーバン木の肉は正月三日間は原則として使用しない。正月用の肉は他の一方の片シラの肉があるので別に支障はないわけである。

正月三日間が経過すればオーバン木から肉だけを取りはずして適当な大きさに切断し、塩づけにしてカメに貯蔵する。肉以外は正月七日の節句までそのままにしておく。七日になると七種類の野菜や餅もおろして七日ドシバンに入れて炊く。取りはずしたオーバン木は汚いところにおいたりしないで、薪にするか、焼却するかして処理する。めったになかったが、正月豚を屠らない家でも野菜や餅やシメ縄などだけでオーバン木を整えた。

このオーバン木の習俗の中には、正月行事の意義を解く鍵が秘められているように思われる。

十二月最後のトシノ夜にシメ縄をはった豚肉が家の守り神である火の神に捧げられる。この肉は古くは火の神に捧げる豚の犠牲ではなかったろうか。トシのユル（寄る夜）は新しい年を重ねる夜のことである。トシノ夜には、年とり餅が膳組の料理といっしょに出される。いまでも、この餅をいただけば年が一つ多くなるといってうやうやしく頭上高くささげたりする。古くは火の神に豚の犠牲を捧げることが新旧の年の折目の象徴ではなかったろうか。最近まで、正月に殺す豚を特に「正月ウヮ（豚）」と呼び、「豚を一つ食べたから年を一つとった」などと語り合う人たちをよく見かけたものである。正月に豚を屠る南島の習俗は、単なる正月用の料理を得るためのものではなく、その根源は古き時代の厳粛な神の祀りにもとめられるべきものではなかろうか。

オーバン木は直径十センチ程度、長さ一八〇センチ前後の椎の木の皮を剝いだだけのものである。大島本島では正月のシメ縄をオーバリというそうだが（『大奄美史』五五二頁）、オーバン木のオーバンはこのオーバリと同語源ではなかろうか。同語源であればオーバン木はシメ縄を張る木という意味に解しても不自然でないと思う。徳之島では門口に張るシメ縄とオーバン木に張るシメ縄と二種類のシメ縄を張っていたわけだが、古くは、オーバン木のシメ縄だけだったのを、ある時期に本土式の門口のシメ縄が入ってきて複合されたのではなかろうか。

また、椎の木は一名シバともいわれ、三十三年忌の法事の際に神様を昇天させる儀式があるが、その時にも墓の後部に立てて使われる。神木の一種にあげられる。

昔の豚はマーワ（在来種）といわれ、大きい方で百斤（六〇キロ）くらいで、百斤にするには三年間も飼育しなければならなかった。黒毛で、耳が大きく、鼻が長く、胴体は横に張りがなかった。古くは、豚はほとんどが正月用として自家で繁殖も飼育もなされ、正月が近づくと一家の主婦は丹精をこめて最後の仕上げを競った。大きな豚を殺すのは一家の主婦の自慢の種であり、あの家の豚は片シラ何斤ここのは何斤と、互いに豚の重さを気にしあったものだという。この時の豚の重さを、片シラ何斤という単位で比較しているところが面白いと思う。

ウカマガナシはジル（炊事用の土づくりのカマドのある場所）に設けられたカマドの北側の部分の前方に祀られていた。祀るところに火吹筒の尻で押形が三個、図のように刻まれる。この部分をウカマガナシのツラ（顔）といっている。この顔の基部を平らにして供え物を置く台座に用いる。

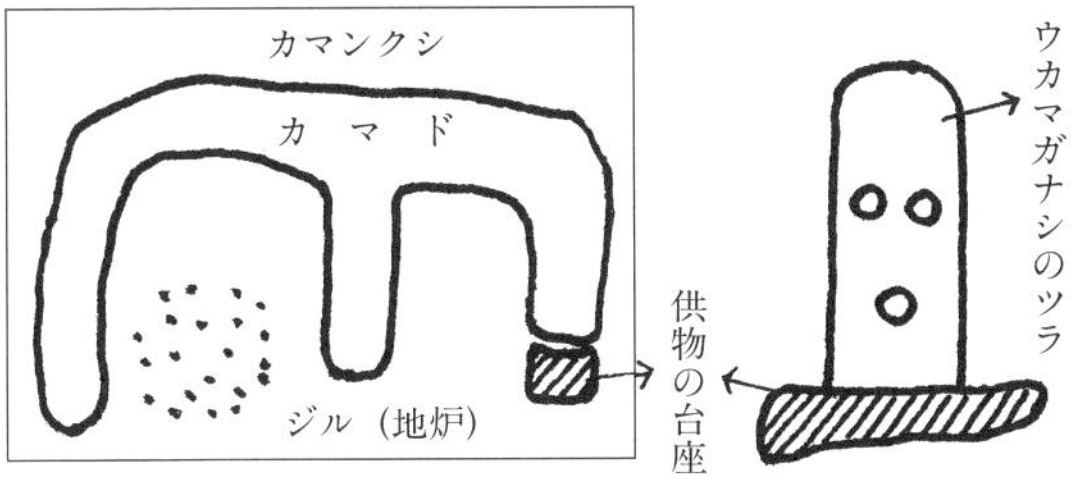

ウカマガナシを祀るジル

ウカマガナシは先祖の神よりも位が高いといわれ、食物のお初は最初、ウカマガナシに供えてから先祖の神に供えられる。家族に重病人が出たとき真先に祈願をするのもこのウカマガナシである。

ウカマガナシの側にはいつも茶ガメ（茶沸かし用の水を入れる小型のカメ）が置いてあったが、この茶ガメには絶えず水を入れておかなくてはならなかった。万一、留守中に火事があったらウカマガナシが火を消すと信じられていたからである。

ミヤクチ稲といって、泉田の湧水の出るそばから新稲を数株刈り取ってシュギをつくり泉田の「豊かな水」を願う儀式があるが、この時のシュギはウカマガナシにだけ供えられ、また、唱え言もウカマガナシだけで他の神とは関係していない。

子どもが誕生すると七日目に名付けの儀式と併せて、カニ（ハーマといわれる白浜に穴を掘って住む白いカニで、走るのが早い）による子どもの果報占いをするが、この儀式もウカマガナシの前でなされる。

本家から分かれて新しい独立した家をつくる時は、本家の灰を分けてもっていき、新しい家のジルに入れた。この灰は、古くは灰ではなく火であったろう。「火を同じくすることは同時に、同じ血縁であることを意味した。不絶火の行なわれていた時代には実際に燃えている火が移されたものと思われる」と鳥越憲三郎先生も指摘（『琉球宗教史の研究』一五〇頁）されている。島では昔、ジルに火をいけておく習慣があったというし、薪が燃え切って真赤になったのを「ウキリ」と方言ではいうが、これは「置火」かまたは「生きり火」の訛ではなかったろうか。

島にはハマオリという行事があるが、この行事の中で最も中心となる部分は、特定の間組（同じ本家から出た人々といわれている）の人たちが特定の場所（ヤドリという）にいってカマ祀りという火の神祀りをすることである。古くは一泊三日、浜にこもりでなされた。集落では一番大きな行事で、火の神にミックヮの生まれたことを報告し、その年とれた新米を供え、一昼夜を浜で飲み喰いし、踊りあかしたものであるという。ハマオリのとき潮水で体を清めると、その年は無病息災であるともいわれた。

人が死ぬと徳和瀬では三日目にミキャミという霊との別れの儀式が行なわれるが、この儀式のすんだ夕暮れ、特定の場所（村はずれの三つ辻）にいってシキャッタを放棄してくる習俗がある。シキャッタは藁包みの中に死者の湯浴みに使った杓子、死者に供えた箸などを入れ、さらに、カマドの灰とウバンニギリ（ニギリ飯）を入れて作る。三辻に放棄するときは藁包みを開いて取り出しやすくする。誰かの生キマブイ（生きた体から抜け出た魂）がさまよって来て、そのシキャッタのニギリ飯を拾って食べると、次の死の不浄はその生キマブイの人に移っていくといわれている。シキャッタを棄てた翌日などにユタ（民間の司祭）が来て、「昨夕のシキャッタは〇〇ドシの〇歳ぐらいの女の人が来て拾って行きよった」などといって人々をこわがらせたものである。

また、古くは、女ハンサレ（女主人）が死ぬと、ジルに構築されているカマドをそのまま全部崩して捨て、新しくつくりかえたという。女主人が死ぬと、カマドの四つの隅からカマドの土のかけらをとって捨てたことがあったともいわれているが、これはカマド全部を取り崩して捨てた方式の簡略化されたものだろう。
最近、ウカマガナシは改良カマドとプロパンガスの普及によりほとんど見かけられなくなった。人々の心の中にあれだけ深く浸透していた火の神の信仰がいとも簡単に、しかも、何の抵抗もなく、急テンポで消えていきつつあることに、一種の驚きさえ感ずるものである。

家の門口に張るシメ縄

門口に張るシメ縄はオーバン木に用いるものと同様のものである。門口に立てる門松にはし渡して結んで張る。門松は松の木と椎の木と竹を合せて束ね、それを地中に打ちこまれた丸太棒の杭に結びつけて固定し、さらにその根の部分に割り薪を数本立てかける。最後に根っこのところに白砂を盛る。この白砂は当日、浜の塩つき場から取ってきたもので、同時に庭一面にも撒きちらす。
島には白砂が真米になったことを歌った歌がいくつかある。その一つは「トマリマツタケ」という口説《くどき》で伊仙在住の義トクさん（六十八歳）により伝承されている。一部を抜萃して記す。

山口主のめ（兄）や物好きじゃ
庭の下なんや池この（好）で
池の下なんやタカ（田）このて

一株植えらば青田なる
二株植えらばサン（算）知らぬ
三株植えらばカン（金?）のなる
川の水グヮや酒になる
海の砂グヮや米になる
米の初とて親拝で……

また、大島本島の八月踊りうたの「祝つけ」にも

庭の石垣、金なりうり
浜の白砂、米なりゆうり
沖の黒汐、酒なりゆうり

という歌詞があるという（レコード㋝「八月踊り、赤木名観音堂」より）。

直接砂とは関係ないが、徳和瀬集落では田植えの時期になると樋口《しぐち》（地名）にある祀り田にニズ祝い（溝祀り）を真先にする習俗があった。ニズ祝いはシュギ（シトギ）と酒で、集落の有志（代表格の人）たちとニズの番人が祀り田の側に集まってなされたが、ここでの祝いがすむと一同は溝（水路）にそって、太鼓入りで次の歌を合唱しながら下りていき、トネキサ（昔の祭りの広場）に至り、各自家に帰った。

池な水こ（溜）めて、溝下り流らち
今年稲ガナシ、雪の真米

この歌詩は田植歌にも、ドンドン節（餅貫い祭りのうた）の歌詞にも同じものが見出される。また、次のような歌詞もある。

今年世の変て、二月雪（アラレ）降らち
今年稲ガナシ、アブシ（畔）枕

島では、米はよく雪（アラレのこと。島では雪は降らない）にたとえられる。これは米とアラレがよく似ているからであろうか。私の子どもの頃は、アラレが降ると、アラレをとって食べるのだといって、「早くハラ（米を精選するときなどに使う竹製の道具）をもって来い」などと騒ぎ立てたりしたものである。ハラを持ち出して、アラレを取って食べるところが面白い。

大晦日に庭に白砂を撒くのは、ただの飾りだけでなく米の豊作を予祝する、「白砂」や「雪」との関係があるのではなかろうか。

牛にまつわる左綱

(1)牛の病気のハライとクッチャ（首にはかせる左綱）

牛が病気になると、「イシン（伊仙）ナンマンドオ（人名）がチノキラ（角の切れた牛）」と唱えながらホーギ（木の名、強い臭気がある）の小枝で牛の体を三回たたくと病がよくなる。この唱文に出てくるイシンナンマンドオという人については次のような故事が伝えられている。

ナンマンドオは非常にクチ（言霊術？　言葉の力で相手に被害を与えることもできれば、悪魔などを払うこともできる）の強い人だった。ナンマンドオは牛をたくさん飼っていたが、ある時、牛打神という悪神が来て、ナンマンドオの牛を片っぱしから打ち殺していった。

牛がやられたのではたまらない。怒ったナンマンドオは左綱をつくり、それで悪神をしばりつけてこらしめたので、それ以後、ナンマンドオの牛だけは悪神に殺されることはなくなった。その後、ナンマンドオは他の人の所有する牛と区別するために、自分の牛の首に左綱をはかせた。これがクッチャの始まりだという。

その後、いつとはなしに、人々もナンマンドオの真似をして牛の首に左綱のクッチャをはかせるようになった。「イシンナンマンドオが角切ら」といってホーギで払うのは、この牛はナンマンドオの牛だぞという見せかけの仕種によって、牛の病魔を恐れさせるためだといわれる。

ホーギはきつい臭気があるので人々に嫌われるが、この臭気が魔を払うのだろうか。島では臭気のある木には魔をよける力があると一般的に信じられているようだ。たとえば、屋敷の周囲の植え込みにデンギチ（ツゲの一種）を植えるのも、その独特な臭気の力で屋敷内に魔を入れないようにするためだといわれる。ちなみに、このデンギチは別名ハナコともいわれ、墓前の供養花として用いられる他、家のウジシ（仏壇）に供える花として貴重なものである。このような墓や仏前に供える花を総称して「ハナコ」というが、デンギチの別名も「ハナコ」といわれるところを考えると、古くはデンギチだけが「ハナコ」に使われていたのではないか。

また、デンギチのハナコを仏前に供えた後の花瓶に残っている水を「ハナコ水」というが、この「ハナコ水」でイボを毎日洗うとイボが治るともいわれ、最近まで行なわれていた。

(2) 牛の鼻にぬく「牛ン綱」

島では仔牛が成長すると適当な時期を見はからって、キノエ、ウマの日柄に鼻(特定の個所がある)に穴を開け、その穴に「牛ン綱」を通して、抜けないように節をつけ、係留用の綱として使う。この「牛ン綱」はアダンの根を細くさき分けて乾燥させた「アダナシ」という材料で作られる。綱の作り方は最初、右ないの綱をつくり、その綱を「ツナカキ」という道具で振り回して右にひねり、そのひねりを利用して三つよりのロープ風の「牛ン綱」に仕上げる。

この他にも「ツナカキ」を利用して作られる綱、たとえば、ウシンニョという藁つくりのロープや牛の鞍にとりつける綱などがあるが、それなども同様に、最初は右ないの綱をつくり、より合わせる段階で左綱になっている。この場合は、むしろ、左綱のもつ信仰的な機能を意識しないで、製作上の都合でそのような結果、つまり左綱になったのかもしれない。

葬式にまつわる左綱

(1) 死人に湯浴みをさせるときの左綱

人が死亡すると、近親者の内から男二人、女二人を選定して湯浴みに当たらせるが、この時、男の二人だけに左綱のたすきをかけさせる。この左綱は死の穢れから身を守るためのものだろうが、男女を区別して男性にだけ左綱をかけさせているのが興味深い。女性は「穢れ」に対して強いのだろうか、それとも、湯浴みは元来、女性のすべきことだったのだろうか。

徳和瀬では湯浴みの水は必ず「コント」という川（川というより池からひかれた水路）から汲んだ。汲みにいくときは二人で連れだっていく。島では偶の数は縁起の悪い数だといって、葬式などにつかい、祝いの関係には使わない。葬式での道具やいろいろな用件にたずさわる人の数はみな偶数である。さきの湯浴みも四人になっている。

川から水を汲むときは「ハー手」といって普通の汲み方とは反対の方向に杓子を向けて汲んで入れる。湯浴みをさせるときの水のかけ方も反対側に杓子を向けてする。島の老人たちはいずれの場合を問わず、この「ハー手」を忌み嫌うが、葬式という死の穢れとの関連からすればその感情も分かる。

また、「コント」の水は出産のとき、子どもの産湯にも、ウブイバン（産婦が出産してから最初に食べる飯のこと。このウブイ飯は土製の小さいキュースなどに炊いたが、炊く人には、特に長寿の、しかも健康な人が選ばれた）を炊くときも、正月の若水にも、それぞれ使われている。

私は父から次のような「シマ歌」の歌詞を教わったことがある。父は「この歌は夜の道で悪ナモン（神）に会ったときや、また、サカ歌（クチの一種で、歌をうたうことによって相手に害を与えることのできる歌）を歌いかけられたときの返し歌として役に立つから覚えておけばよい」と祖父からすすめられて覚えたものだという。

吾ンヤ、和瀬シギョ（コント）ノ
ナガ（流）レ水ウブ（産）湯

イバ（狭）ショ道　広ク踏マチ給レ

歌うときの節は普通「あさばな」だが、ほかの節で歌ってもよい。歌の意味は、「私は徳和瀬のコントの水を産湯に使った者だ、悪い神などに負けない力が授けられている。道に立ちはだかって私に邪魔をしないで、広く開けて、私を通してください」ということになる。コントの水の威力を示した歌だと思う。

また、サカ歌によるクチはインガミ（犬神、シマでは犬神を拝んでいる人のクチも恐れる。いまでも一部では、犬神のクチを信じている人がいる）のそれよりもこわいといわれ、サカ歌は他人に教えてもいけないし、また、習ってもいけないと、古老たちは、今でも口を閉じて、サカ歌には触れようともしないほどである。インガミのクチは他人によってこれを入れられるとハライによって抜くことができるが、サカ歌によるクチは決定的なもので、ハライをしても抜くことができず、そのまま死に至るという。このサカ歌のクチを予防したり、払ったりする歌をケーシ歌（返し歌）というが、重久米豊氏（徳和瀬在住）によると他人の家で、もてなしを受けているときなど、クチを入れられるのではなかろうかと気になるときは次のような歌を、相手に先がけて歌うことによって身を守ることができるという。

吾ンヤ和瀬シギョヌ流レ水産湯
何処ヌシマヌ　出テンバ　負ケルソ（相）ヤ無ン

また、最初に右の歌を歌っていないときに、相手が変な歌を歌うようだと思うときは、次の歌をうたうことによってサカ歌のクチの効果を返すことができるともいう。

ダマ（お前）ガ歌、ウタイヤ、歌ヤレバ聞キュシガ
鳥ヌクガ（卵）ナティカ、シムル（腐れた無精卵）イチャマシ

この歌の意味は「あなたの歌っている歌は普通の歌なら聞いてあげますが、鳥の卵なら、腐って使えない、無精卵と同じものだ」ということである。相手のサカ歌を鳥の腐った無精卵にたとえることによって、サカ歌のもつ魔力を弱めさせるのだろうか。

コントの水は全島でも一番強い水だったという古老もいる。死人の湯浴みにコントの水を使うのも、正月の若水にコントの水を使うのも、コントの水の威力のせいだろう。一方、田植えの時期になると、一般の田植えに先立って、「ニズマツリ」という稲作の予祝の行事の行なわれたのもこの川である。コントの水は、生活用水の他にもいろいろな信仰や行事と結びついて、集落の人々の心身の中に注ぎこまれた尊い水である。

(2) 棺をかつぐ人の左綱

棺を墓に送るときは、かつぐ人が四人、両方から支える人が二人、計六人で運搬するが、これら六人の運搬役の人たちは頭には白い布の鉢巻きをし、肩からは左綱のたすきをかける。葬列の中で左綱を体につける人は他にはいない。このとき使った左綱のたすきは棺と一緒に墓に埋める。

葬列のことが出たついでに葬列の通っていくコースについて多少記しておく。徳和瀬では、葬列は

特定のコースを通って墓地に行く習慣がある。この習慣は今でも固く守られている。次のような言い伝えがある。

昔、鬼サゲグシクというところを葬列が通ったところ、墓にいってから棺が軽くなっているので開けてみたら、肝腎の屍がなくなっていて大騒動になった。この鬼サゲグシクは昔、ある人が鬼グヮ（鬼に似た子）を産んだので驚き、箱にその鬼子を入れて松の樹上に吊るして、野ざらしにして殺したのでこの名があると伝えられているが、人々は屍のなくなっているのは、その鬼子の仕業だと恐れ、それ以後、その道からは棺を運ばないようになったという。

この鬼サゲグシクの言伝えは、きまった葬列のコースを通らないと同様な事件がまた起きるかもしれないということと結びついて信じられているので、葬列の通るコースに対する人々の考えは非常に根強いものがあるようである。また、徳和瀬では棺を担いで墓へ行くコースと、墓から家に帰ってくるコースは別々になっている。帰るときは往ったコースを通って帰ってはいけないという。

十五夜綱

十五夜祭りの夜、「綱ヒキ」という行事があるが、この時使う綱は左綱である。集落ではこの綱を十五夜綱と呼んでいる。十五夜綱はこの祭りに際して各戸から集められた、その年とれた、新稲の藁で作られる。綱の直径が十センチから太いところで二十センチ程度、長さが三十〜四十メートルくらいある。

十五夜祭りは、米のまつりともいわれ、古来、集落の大きな行事に数えられる。集落によって他の年中行事との比重が異なるが、徳和瀬では、ハマオリ行事につぐ二番目に位置づけられるようである。

行事の概略を述べてみると、まず、前日の十四日の晩に各家々から一束ずつ集められた新米の藁で十五夜綱がつくられる。ネーバラ（集落の上方の広場。以前、山の神祀りがこの広場の片隅で行なわれていた。現在公民館の敷地になっている）に青年や子どもたちが集まり、側にある木の枝に綱の片一方を吊りさげて、三人がかりで大きな三つよりの綱を仕上げた。綱ない役の他にも藁をすぐったり、また、見物人も含めて、綱ないは賑やかな雰囲気の中で行なわれ、できあがった十五夜綱は渦巻き形に並べられて、翌夜の十五夜の綱ひきのときまでそのままネーバラに置かれた。

翌十五日は、午前中はいろいろ家庭で準備をし、午過ぎに集落総出でネーバラに集まると十五夜相撲が始まる。相撲はメンバレ（集落の前側半分に当たる区域）とクシンバレ（後の区域）に分かれて勝負を競った。相撲が一段落つくと大きな円陣をつくり各自準備して持参してある一重一ビンを開いてシュキ（手づくりの料理、副饗）の交換や酒杯のやりとりをして互いに打ちとけたお祭りの雰囲気にひたった。

夕方になると、頃を見はからって、長老格の、七月踊りの打ち出しの音頭取り役が二、三人、円の中央に出て、そろりそろり太鼓を打ちながら体をくねらして、静かな調子で「アッタラ七月」という踊り歌をやり始める。踊りは最初の打ち出しはスローテンポで、とても踊りのようには見えないが、時間がたつに従って次第にテンポも早くなり、本格的な十五夜踊りに発展していく。歌と踊りが調子づくと円陣で酒杯を交していた人たちも三三五五抜け出して踊りの輪に加わるので、輪はまたたく間に大きくなった。踊りは丸い月ガナシが真上（十二時頃）にくるまで続けられた。

踊りが終わると、ネーバラに置いてあった十五夜綱を皆でかかえて「十五夜綱ヤイロ」と口々に叫び、太鼓で拍子をとりながらファーシ辻まで持っていく。定位置に持って来ると綱の根っこの部分をとろうとメンバレ、クシンバレ、入り乱れてもみ合いをすることもあった。綱の位置がきまればいよいよ本番の綱ひきである。メンバレとクシンバレの対抗になるので、負けてはならじと、老若男女入り乱れて、酒の勢いも手伝って、ヨイショ、ヨイショと熱狂のるつぼと化す。それぞれ応援団がいて太鼓で拍子をとる。綱ひきは勝った方の農作物が豊作になるとも、また、メンバレが勝つと稲の豊作、クシンバレが勝つとハンシン（からいも）の豊作になるともいわれるので、人々の熱の入れようも一通りではなかった。

また、十五夜綱はひいている途中に必ず切れた。切れないときは誰かが隠し刃物をもっていて、切って傷をつけて故意に切れるようにした。これは、真中から切って、両方の作物が同じように豊作になるようにと、つまり、ひきわけにするという意味が含まれているようである。

神之嶺集落では、十五夜綱は十五日の夕方になってからウシュ（昔のノロの祭場だったところ。現在、大生盛俊氏の屋敷になっている）という特定の場所でつくられる。できあがった綱はそこの庭に渦巻きに並べられ、集落の人たちが集まると、その渦巻の側で餅と酒と副饗で小宴を張る。餅は集落の各家庭から特に十五夜用として持ち寄られた、新米でできたものである。

ウシュにはこれまたウシュという神石がある。神石は大、中、小の三つの自然にできた石灰石のくっついて並んで立っているものである。大生氏の屋敷の固有の呼び名と神石の呼び名が同一なのは面白いが、これは神石の呼び名が屋敷の呼び名にも及ぶようになったためと思われる。

祭主（大生氏）は神石の小さい方に向かって豊年感謝と豊作の祈願の神酒を捧げた後、同様に十五夜綱にも祈願と神酒を捧げる。次に十五夜綱は神石にこすられながら片一方は屋敷の外に引き出される。外に待っている子どもたちと祭主との綱のひきあいをするためである。子どもたちがヨイシャとひけば祭主もヨイシャとひく。しかし、祭主の方は綱を神石に当ててあるので門外にひくことができず、祭主の勝ちになり、めでたしに終わるという（神之嶺の十五夜行事については『南島研究』八号掲載の徳富重成氏の調査報告によった）。

このような、十五夜綱に豊作祈願を捧げたり、神石にかけてひきあいをしたりする儀式は他に例がなく、非常に興味深いものがある。十五夜祭りで、十五夜綱がいかに重要な役割を果たしていたかを知る好事例であると思う。

神山と人間の山の境をわかつ左綱

自分の所有する山と隣接して神山があるときはその境をはっきりさせるために左綱を張った。昔の人は神山を恐れ、神山からは「牛の鞭」一本も生木はとらず、また、落葉や枯枝もとらなかった。私は父親から、神山の側にはタカ（田畑）を持ってはいけないと忠告を受けているが、父親の言い分は、「神山の側にタカをもっていると陽かげができても枝も切れずに当惑するし、また、注意を払っても何かの機会に神山の木に手をつけるようにもなるから、気になるようなことは、むしろ、遠ざかった方が利口だ、欲ばりをしても大した得にはならない」という論法だった。左綱を張ることによって、神山と自分の所有地の境界をはっきりさせることができるから、所有者にとってこれほどありがたいことはないと思う。

徳和瀬では、神山と呼ばれるところは、古く祭祀と関係のあったところか、または、現に神様の祀られているところに限定されるようである。神山は集落の周辺に集中している。奥山と呼ばれる井之川岳の周辺や中腹、頂上のあたりには特定の具体的な神域を聞かない。山の神から木を貰い受けるときなどの山の神は漠然とした、奥山全体の神々であり、具体的に説明のできるような山の神ではないようである。

草履、下駄など履物の緒

履物の緒綱は必ず三つよりの左綱を用いている。夜、路上などで悪ナモン（神）に会ったときに、左綱で緒をした履物を履いていると護身に役立つからである。

島では悪ナモンに出会ったら、狼狽して逃げたりするといけないと戒められている。逃げると悪ナモンに負けて魂が抜けてしまい、家に帰ってから病になり死んでしまう、と恐れられているからである。もし運悪く、悪ナモンに出会ったときは、「家に○○を忘れた、それを取りに帰ろう」などといって、そしらぬ振りをして家に引き返すと被害を免れることができるので、悪ナモンに弱味を見せないようにする。

また、悪ナモンを払うクチを知っている人は、クチで払うこともできるが、この場合、クチを間違ったりすると逆にやられて、大変なことになるので、クチは軽々しく使ってはいけない。

悪ナモンが逃げていかないときは、左綱の緒のついた履物の一方を投げつけるとよい。左綱の緒には魔を払う力があるので逃げていくという。しかし、もう一方の履物は投げたりしないで身につけておく。

その他

布切れの左綱

(1)赤子を守る左綱

誕生したばかりの赤子を、夜、伴って歩くときは、木綿の布切れで左綱をつくり、それに火をつけ、煙を出させながら、手にぶらさげて持つ。これは赤子は、生まれたばかりなので、一般の人たちよりも悪ナモンに対する抵抗力がないと考えられているところからなされる魔よけの術である。また、同時に赤子の額に「イン（犬）ヌクヮ（仔）」といって、ウカマガナシ（火の神）の顔（祀っているところ）からナーナシ指（クスリ指）でへぐろを取り、ぬりつける。犬の仔は性が強く、つくものがない、と信じられているが、赤子を犬の仔に見せかけるための仕種なのだろうか。ヘグロを火の神の顔からとってつけるのは火の神の守護を願うからであろう。

このインヌクヮをするのは赤子だけに限られている。「トゥンジ始メ」といって、生まれた赤子が最初に屋敷外に出ていくとき、歩き始めの儀式が行なわれるが、この時が、左綱とインヌクヮのなされる最初になるわけである。

また、左綱を持ち、インヌクヮをしていたにしても、夜は、赤子を前から抱いたりしないで、背中に負うようにする。これは左綱とは直接関係はないが、ハマオリ行事の儀式を受けていない赤子は墓に入ってはいけない、といわれ、墓参の時などやむをえないときは、赤子を背負ったまま墓の入口のところに待たされたりしたものである。

インヌクヮについては次のような言い伝えがある。

亀津から井之川集落に嫁入りした人が、子を産み、ある日、その子を亀津の親に見せにいくことになった。若いその母親は、ちょうどその日が悪い日柄に当っているのを知らずに、赤子を伴って遠い道程を歩き続けていたのである。山道にさしかかった所で、その母子は不思議な白髪の神様に会ったが、何のことはなしに、すれ違いに通り抜けていった。家では、仕事から帰って来た父親は、自分の嫁と子が日柄が悪いにもかかわらず、亀津に行ったことを知ると、それは大変だと、二人を呼び戻すために大急ぎで家を出て、あとをつけていった。途中、父親は白髪の神様に会ったので、「母と子の二人連れを見かけなかったか」と聞くと、その神様は「いや、犬の子の親子は見たが、人間の親子は見かけなかった」と何くわぬ顔で答えたという。

つまり、悪い神と会ったにもかかわらずインヌクヮを赤子の額にしてあったので、この親子は助かった、という話である。

(2)ナルカミ(雷)よけの左綱

雷が鳴るときは、布切れで作った左綱に、火をつけて、くすぶらせて、軒下にさげておくと、落雷の心配がないという。また、火のついた左綱を、雷が鳴るとき、庭に投げつけてもよい。

昔は、軒下に左綱をさげ、その下に、桶に水をいれて杓子をそえ、放置しておく人もいた。これはウヤホウ(先祖)の神が、もし雷が落ちて火事になったとき、火を消してくれると信じられていたからだという。

落雷は火事を起こすので大変恐れられていた。ある人が、落雷で火災を起こしてくすぶっている家の中で、ナルカミ様を見たことがあった。その人によると、ナルカミ様は白い、毛のはげた鳥のような形をしていたという。

夜の浜に寝るときの魔よけの線

海へ漁にいって、汐どきなどが合わず、しばらく浜に寝て待つことがある。そんなときは、海の神様に「これだけの場所をしばらく貸してください」といって、周囲の砂の上にイチュギヤ（魚をつくモリ）の柄などで、囲いの線をひいてから寝た。海にはいろいろな恐ろしい神様がいるが、その中でも一番恐れられているのが「イワトシ神」である。

イワトシ神は別名チュトイガミ（人とり神）ともいわれ、夜の海で一番恐れられている神である。あまり素性の分からない神（ただ、恐ろしい神だということだけが一般的にいわれる）で、一説によると、海で苦しんで死んだ人の亡霊で、その苦しみの復讐のために、人々を殺すともいわれる。とにかく、海や浜、海岸に出没する神である。

イワトシ神に会ったという人（故人）の話によると、イワトシ神が近づいてくるとギーギー、木のきしむ音がするという。また、ある人が漁をしている最中にイワトシ神に追いかけられたので、恐ろしくなってタイ（漁をするときの灯。松の木のかけらを燃やす）を後の方に投げつけて逃げたがそれでもしつこく追いかけてくるので、その人は、浜のそばのキビ畑の中に身を隠し、はいていたサナギ（フンドシ）をとってそれで頭を覆って、じっとしていたので助かった。イワトシ神をよけるにはサナギのような汚いものがよいといわれている。

これは実際にあった話だが、ある男が夕方、浜のそばの畑で仕事をしての帰り、どこからともなく変な音が近づいてくるので、さては悪神だなと思い、急に体を翻して道端によけたが、間に合わず一方の肩を何かでこすられるような衝撃を受けて、驚いて家に帰った。話を聞いた家族は早速、ユタを呼んできて家で体を祓ってもらったがよくならず、数日寝こんだ後、とうとう死んでしまった。人々はその時の悪神はイワトシ神だろうと話し合っているという。

徳和瀬ではイワトシ神の出る日柄は、カネミ（カノエカノトのミ）とカネウ（カノエカノトのウ）だといわれるので、この日柄ばかりは恐れて海に行く人がいなかった。

いずれにしても、イワトシ神は、会うことだけで命を取られると恐れられている神なので、音は聞いても、はっきり姿を見た人がなく、また、特定の出没するコースもなく、雲をつかむような悪神である。「素性が分からない」ということが、イワトシ神に対する人々の「こわい」という気持ちを、高じさせ、イワトシ神を、本来の姿以上に仕立てあげてしまったのではなかろうか。

おわりに

シマには、もう、カミはいなくなったのだろうか。昔、あれだけ多かったケンムンを、見たという人も、また、ケンムンに禍をされたという人の話も、めっきり聞かなくなった。「世が変われば不思議なことばかり」という古老たちの最近の心境も肯かれるような気がする。私は、最近、カミの見られなくなった最大の原因は、現代の光と音と速さではなかろうかと思ったりしている。

最近の自動車やオートバイの光の強さは、目も眩まんばかりであり、一昔前まで「カミの出るところ」だと恐れられていた藪や木立の木々の小さい梢までも見すかせるようになった。以前のタイマツなどと比較すれば、遠くまで明かるさが及ぶという点では驚異的な違いがある。ケンモンマチ（ケンモンの出す光）など吹きとばされてしまうのではなかろうか。

また、最近の機械、器具の音はどうだろう。道を歩くときは車と飛行機の爆音を聞き、家に帰ればテレビの音を聞き、一人外に出るときは携帯ラジオを聞く。一昔前まで奥山と思われていた井之川岳の中腹にまで、最近、道が開けて、静かな山の空気にエンジンの音を響かせるようになった。もう人々は自然の音が聞けなくなっていくのかもしれない。

それから速さ。この速さは、人が足で行く速さと車で走る速さの違いのことである。はたして何倍になったろうか。最近、古老を伴って「昔の奥山」に車でいったのだが、昔、約半日もかかって歩き続けやっとたどり着いた奥山はたった二十分だった。もう奥山とはいえないと古老は呟いていた。

昔の人たちは、また、よく歩いた。遠くても、夜になっても歩くより外に方法がなかったわけである。歩くときは、いろいろなことを思ったり、考えたりするという。しかし、夕方から先は、「カミ」を念頭からはずすわけにはいかなかった。ハブは殺せばすむが「カミ」には手出しをするわけにいかない。

昔の人が「カミ」を見たというのはほとんどがそのような屋外でのことである。それに比べると、最近の人々はほとんど歩かないし、また、最近の車の速さはどうだろう。実に驚異的である。あまりの速さにドギモを抜かれ、頭の中では交通事故以外のことは何も考えていないというのが現実の姿なのかもしれない。

現代はすでに「カミ」を見る時代ではなくなったようである。また、新しく「カミ」をつくり出せる時代でもないと思う。

したがって、「カミ」を経験した人々の心の中に生きている神を探り出してみるより他に「カミ」を知る方法はなくなってしまった。この人たちとともに、シマの固有の神たちは姿を消していくようになるだろう。時代の当然の流れだといえば、それまでのことだが、しかし、人間の精神の歴史はそのような過程を通って現在に至ったのだという事実だけは忘れてはならないと思う。現在、迷信だといわれて、一笑に付されていることが、かつての私どもの先祖の心を支えた夢であったということも往々にしてあることであり、シマの文化の流れを知るうえの重要な手がかりとして貴重な場合が非常に多い。

ひとり、「カミ」にだけ限った問題ではない。先祖の足跡はたとえ微小なものであっても現在のわれわれの文化となんらかの関係をもつものであり、われわれの現在もっている文化を認識するためにも、また、将来への指針を得るためにも、もっと大切に検討されなければならないと思う。

この調査に当たって特に協力してくださった重久米豊（徳和瀬、明治十八年生）、松山喜豊（同、明治二十二年生）、また、資料の提供などいろいろご協力してくださった、小川学夫、徳富重成の諸氏に心から感謝申しあげます。

「八ツ縄」の習俗

はじめに

窪徳忠先生が唐尺の調査のために徳之島に入ってこられたのは平成四年（一九九二）六月二十三日のことであった。先生を唐尺の調査に駆り立てた理由などについては、『徳之島郷土研究会報』十八号に「唐尺を尋ねて」と題して述べておられる。先生は出だしの部分で、

「徳井賢君は「唐尺と亀甲墓」（『墓制と沖縄』、一九八三年、三重フィールド出版会刊）の中で、奄美地方には唐尺はないという。唐尺とは、財、病、離、義、官、劫、害、吉（本）の八字を刻んだ、約四三センチの物差しで、サシガネ、カラジョージ、バンジョーガネ、ウラジャクなどともいう。私は奄美地方の辿った歴史から見ても唐尺がなかった筈はないと思い、今夏奄美、沖縄県下、台湾を歩いてみた。その結果、伊仙町伊仙で、祖父が持っていたと述べた一人の頭梁に会ったから、徳井君の説には賛成できない。」

と述べ、さらに、徳之島町亀津の徳富重成氏の手許にある四種の万年暦や同町井之川の宮崎福重氏の

所蔵している「天星尺の秘法」と題する文献資料も名称こそ違え、内容は唐尺の文字の説明であると説かれたあと、『南島雑話』（平凡社、東洋文庫本巻二、一六一頁）には、唐尺のない場合に使用した「八縄の法」と呼ぶ類似の方法が記されていることを述べ、最後に「関係資料がなお他の島々にあるかも知れないので、ぜひ現地の方々の示教をえたいと願っている」と結んでいる。

このとき先生は、確か二日間、徳之島に滞在されたかと記憶している。私たちは徳富重成氏の運転する車に乗って先生を同伴し、徳之島町を皮切りに伊仙町へと聞き取りをしながら進んで行ったのであるが、あちこちで「唐尺について聞いたことがある」という人には出会うことがあっても、唐尺の実施を自分の目で確認したという人にはなかなか出会うことができず、いくぶん気持ちが焦っていた。そのようなときに、伊仙町伊仙の建築現場で「私は若いころに祖父が八ツ縄を用いて門の位置を定めているところを見たことがある」という棟梁に出会ったのである。先生の話す声が急に大きくなり、目の色が輝き出したことを私はいまでも鮮明に記憶している。しかし、その人以外に、「自分の目で唐尺を使用しているところを見た」という人に出会うことはできなかった。「関係資料がなお他の島々にあるかも知れないので、ぜひ現地の方々に示教をえたいと願っている」という言葉に先生のこのときの胸中が推測される。

以来、私はずっと唐尺に関心を持ち続けてきた。ところが最近、私は「八ツ縄を自分の手で実施したことがある」という人に出会い、びっくりさせられた。その人は私の親戚に当たる人で、名前を井藤進仁といい、今年五十五歳（昭和十三年生）になる働き盛りである。私の足許の同じ集落内に、このような人がいたとは夢の中にも思っていないことであった。井藤氏に会い、いろいろと八ツ縄のことについて聞いて来たが、氏によれば、「師事していた棟梁から他人には口外するなといわれていたので、いままで他人に話したことはない」のだという。井藤氏の他には一人だけに教えたことがあるともその師（棟梁）はいっていたという。なるほど、同じ集落内にいても分からないのは当然のことであった。

本稿では井藤氏との一問一答を紹介したあと、私が独自に調査した古い時代の屋敷の構造をも併せて報告し、八ツ縄の習俗がどのような形で実生活の中に定着していたかについて検討してみたい。

井藤進仁氏との一問一答

——八ツ縄を、いつ誰から学んだのか。

私は若いころ大工の見習いをしていた。そのころ私が師事していたのが友野友静翁（昭和五十四年没、八十七歳）であった。翁はワシムラ（徳和瀬集落）では第一級の棟梁であった。私は翁に自分の子どものように可愛がっていただいた。それは昭和四十二年ごろのことだと記憶しているが、私はバンジョーガネの裏面に書かれている文字に疑問を持ち、「ジー、此リヤ、如何スン意味ヌ事ダレンガ」（翁、これは、どのような意味のことですか）と聞いたところ、翁は、「此リヤ、ナアガリ中山武忠ミ一人ネィドゥ語ティアシガ、自分ヌ子ネィチュ語ティ無ン事ヤシガ、今日ヤ、イヤアネィ語ユサ。ヤシガ他ヌ人ンキャネィ語ティ済マンドヤー」（これは、まだ中山武忠氏（故人）一人にしか教えてないことだけど、自分の子どもにも教えてないのだが、お前に教えてあげよう。だけど他の人たちに話したりしてはいけないよ）と言って私に、ウラガネについて手ほどきをしてくださった。ジー（翁）が「誰にも教えるな」と釘をさしたので、以来、私は誰にも教えたりしていない。

——ワシムラでのウラガネの呼称を聞かせてほしい。

普通、ウラガネとか、ヤツナワ（八ツ縄）とか、ヤチウイ（八チ折イ）などといっている。この三つの呼称以外には聞いたことがない。

——友野友静翁は誰から教えてもらったのであろうか。

はっきりしたことは分からないが、多分、北郷宝為翁（昭和五十年没、九十九歳）ではなかったかと思う。宝為翁は友静翁のさらに先輩格の棟梁だったから……。宝為翁と友静翁は二人で協力して大正年間に亀津小学校の校舎を請負って造るほどの腕の持主だった。宝為翁が誰から教えてもらったかについては、もう分からない。

——どんなときに用いるのか。

屋敷を新しく設けるにあたって、どの位置に門を定めるかを決めるときに用いる。

——どのような要領でなされるのか。

まずヤツナワ（八ツ縄）を準備せねばならない。八ツ縄はその日のために、特に藁で左縄をつくった。右縄ではいけない。しかし、最近は藁がないので既製の縄を用いているが……。八ツ縄の長さは図(1)の点線の部分の長さと同等にする。

屋敷の南側に道路が通っている場合が図(1)のようになる。道路に向かって右側の端に三尺か五尺の奇数の空白区間をとるのは、屋敷の角の部分を歩き道にして踏みつけてはならないからである。屋敷の角の部分を踏みつけると、その屋敷に禍がもたらされるからだ。この空白区間を加えると、結果として九区間に分けられることになる。

それから点線の部分に張った左縄は八等分に折られる。八ツ折りとも呼ばれるのは、ここからきて

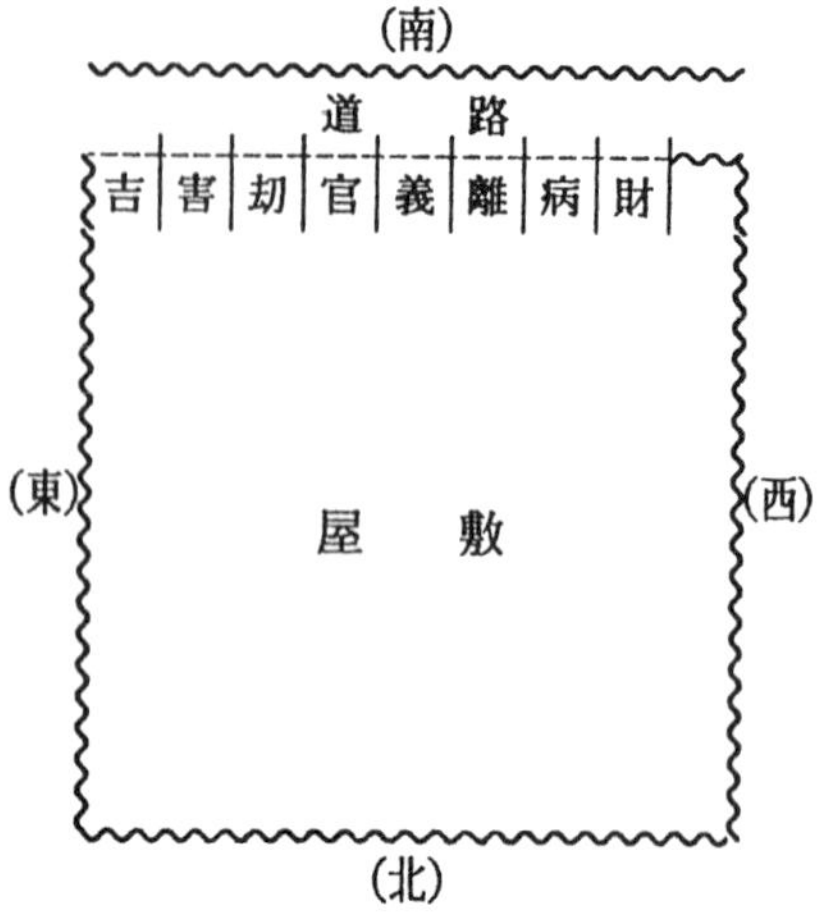

図(1)

いるのだろうと思う。折ったら折目のところに細い白紙をはさんで目印を付ける。その後八ツ縄は延ばされ、また元の点線の部分に張られる。このとき点線の部分は八等分に区分けされている。そこにバンジョーガネのウラガネを当てるわけだ。ウラガネには、右から財、病、離、義、官、劫、害、吉という漢字が等間隔の中に刻み込まれている。その中から門の位置を選ぶことになる。この八区間の中には屋敷に福をもたらすところと禍をもたらすところがあるので特に注意が必要だ。ワシムラ（徳和瀬集落）の場合、ほとんどが右端の「財」か、左端の「吉」を選んでいる。私はいままで十例近くの八ツ縄を実施しているが、その全部が「財」であった。

――なぜ「財」が多いのだろうか。

屋敷内で最も神聖な角は東南の角と北西の角である。東南の角（左端）の近くには屋敷の守護神ジガミサマが祀られるし、北西の角の近くにはトーグラ（炊事場）があって、その中にはウカマガナシ（火の神）が祀られているので汚してはいけないのだ。そのためにジガミサマの側を歩き道にすることができない。

私は以前、名瀬でユタに運気の伺いを立てたことがあるが、そのとき私の屋敷の周辺が歩き道にして汚されていると告げられ、びっくりしたことがある。そのユタは私の屋敷を見たこともないのに、そのものずばり当てられた。帰ってからすぐ屋敷の周りにブロックを積んだりしたのだが……。屋敷の角は神聖なところだ。だから八ツ縄のときも、この角には気をつかうわけだ。

――屋敷の面積が狭く、門の間口が充分とれないときはどうするのか。

そのような場合は、隣接する両脇の区間に少しずつ食い込ませる。片一方にだけ食い込ませてはいけない。つまり、図(1)の場合は「病」と右端の空間の位置に食い込んでいって、門の間口を広げるわけだ。

――旧屋敷から新屋敷に移転するときの儀式についても教えてほしい。

大安の日柄を選んで、門柱と門柱の中心部から土を少し掘りとり、新屋敷の同じ位置に埋める。このとき、酒と塩を用意し、その場所に注ぎながら次のように唱える。

「トートガナシ、今日ヤ良イ日柄アレルンキ拝ディウェッセラ。新屋敷好ダトゥ、ウガン伴セユンキ、一族一門ネィ良イ事ベンアラチ給レ。トートガナシ。」

(トートガナシ、今日は良い日柄なので拝んであげます。新屋敷をつくったので、そこへお伴しますから、一族一門に良いことばかりあらしてください。トートガナシ。)

――その他について。

(1) 門の真向かいの少し踏みこんだところには、普通、竹垣を設けた。幅六尺、高さが五尺ぐらいのものを頑丈に。これは屋敷内に侵入してくる悪霊などを防ぐためだと聞いた。このような施しものを沖縄あたりではヒンプンといっているようだが、ワシムラにはその呼称がないようだ。

(2) 正月になると門に門松を立てる。門松は旧暦暮れの二十八日に山から松の若木と竹とユジルを伐ってきて束ね、それを門の両脇に埋め、その根のところに椎の木の割りもの三本を添える。そして、両方の松にシメ縄を張る。シメ縄は中央部を三ツ編みにして垂れを五ツつくる。左右で十本になる。両端は左縄にして松にくくり付け、真中の結び目のところには木炭、クネィン（みかん）、裏白、ユジルなどを吊るす。根っこのところに白砂を盛れば完了する。

正月の期間中（門松は正月七日に倒す）人々はそのシメ縄の門をくぐって出入りすることになる。人々もことさらにめでたさを感じたものだ。

私は昭和四十六年にハブ咬傷に遭遇した。ハブに咬まれることはモノ知ラセ（神からの予告）と往時は受け止められていたので私の母は不安になり、亀津在住のユタ（女性）に原因究明の伺いを立てた。その結果、私がハブに咬まれた原因が二つあると告げられた。その一つは、海から拾ってきて古い時代から使用している自然石の手洗い用のチョーズバチ（中央部が窪んでいたのでそこに水を入れた）を地上に投げ出して泥で汚していたこと、もう一つは屋敷の角（南西の角、門の側の竹垣が崩れていた）を歩き道にして汚しているというものであった。母はユタのお告げに一応は「そんなことはないはずだ。息子はそんなことをする人間ではない」と否定的な態度を示したのであるが、ユタはそれに応じなかった。帰宅してから母は息子の屋敷を探索し、ユタが告げた二つの原因が事実であることを確認したのであった。この二つの原因は母の強い要望によって、即座に解消された。

このユタの託宣によって考えられることは、屋敷は単なる居住空間ではなく、神と人間が共生する神聖な空間であるということだと思う。神と人間が共に住む場所であるから、当然のことながらそこには冒してはならないタブーが存在する。このタブーを冒したときに神から与えられるのがモノ知ラセである。人々は日には見えないこのモノ知ラセを恐れていたのである。また、このような不安の原因をその特殊な霊能によって探り出すのがユタだったのである。

ワシムラの屋敷の構造

井藤氏の話を聞いてから、私は古い時代のワシムラ（徳和瀬集落）の屋敷の構造はどうなっていたのであろうか、ということに思いを馳せるようになった。井藤氏との語らいの中では南向きの屋敷（道路が屋敷の南側に位置している屋敷）だけが登場してきたので、その他の屋敷の場合はどのような構造になっているのだろうかという疑問が生じてきたからだ。それから私は、昭和三十年代の集落の屋敷の様子を頭の中に描いてみた。奄美群島振興開発事業の実施される以前の昭和三十年代初期のころの屋敷についてである。集落内の道路の配置が往年のまま（拡幅されたり、舗装されたりはしている）残されているからであろうか、私の記憶は容易に当時の家々の門構えの様子を再現することができた。屋敷の建物の配置等については、一部聞き取り調査も行なった。そしてでき上がったのがこれから紹介する四つのタイプの屋敷である。ワシムラの屋敷のタイプは、そのほとんどがこの四つのタイプの中のいずれかに属するようである。しかもこの四つのタイプは、屋敷の方向（道路の通っているところを表面とみなす）によって統一されているかにみえる。なぜこのような同じタイプの屋敷が形成されてきたのであろうか。たいへん興味深いことである。このことについても私は疑問を持つようになっていた。

調査中のある日、松田宝敏氏（大正九年生まれ、七十三歳）から次のような話を聞かされ目をみはったのである。

「私は沖縄から昭和三十七年に帰郷して現在地に屋敷を構えたのであるが、ある日、友野友静翁が遊びにやって来て私に『屋敷の東南の角は歩き道にしてはいけない。角のところには少しアムトゥ（植木）を残したほうがよい』と忠告したので、翁が言うとおりにした」という。

ちなみに松田氏の屋敷は東向きの構造である。狭い面積なので充分な間隔をとった屋敷構えではないが、それでも本来の構造に近づけようとした努力の足跡をはっきりと窺うことができる。

ここで言いたいことは、当時シマ一番のモノ知り棟梁として自他ともに認められていた友静翁の行動についてである。翁は松田氏が依頼もしないのに、松田氏に屋敷づくりの要点を指導している。松田氏は翁の指導に感謝しながら従っている。

このようなモノ知りと集落の住民のかかわり合いの中に、私は往年のシマの生活の様子を垣間見る思いがした。以来、私はワシムラの屋敷が方角の違いによってそれぞれ同じタイプに統一されているのは、このようなモノ知りたちの影響によるものではないかと考えるようになった。友静翁は「八ツ縄」の第一人者でもあったことから、「八ツ縄」の方式が屋敷造りに影響を及ぼしたことは当然のことである。「八ツ縄」がいつごろワシムラに導入されたかについては記録がないので明白ではないが、集落内の古い屋敷の構造がほとんど同じタイプを踏襲しているので、それ相当に古い時代に「八ツ縄」が存在していたことは窺い知ることができると思う。

これから四つのタイプの屋敷の構造について、その概略を述べてみよう。

南向きの屋敷

図(2)は、屋敷の南側を道路が通っているタイプの屋敷の略図である。屋敷を概観すると、まず周囲

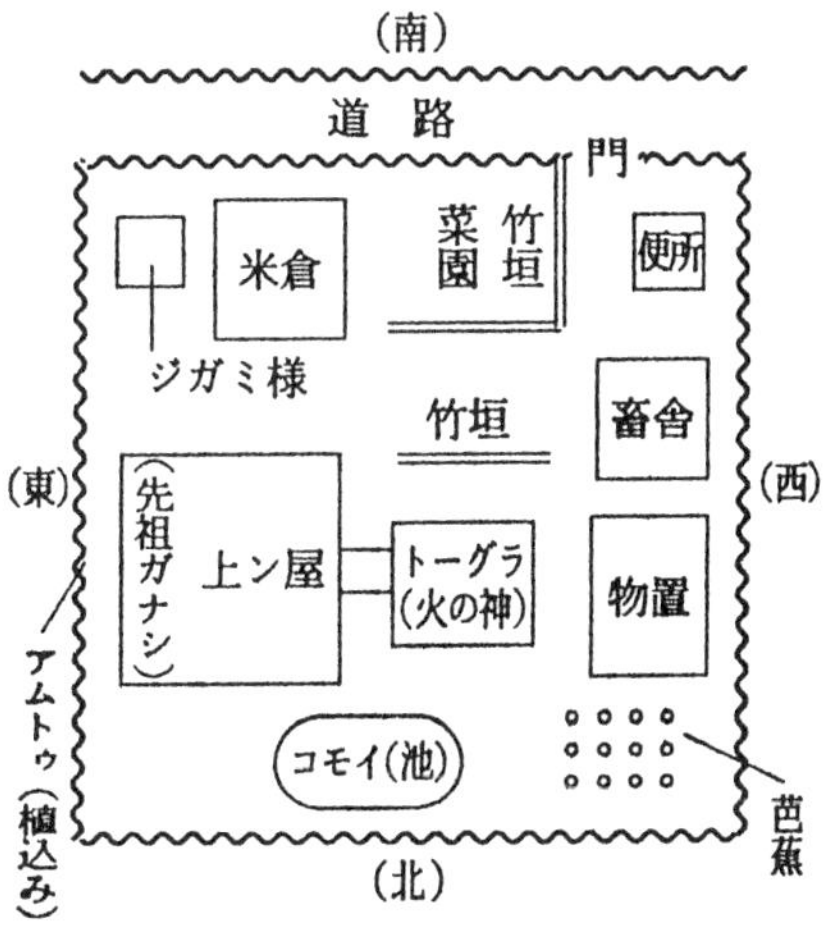

図(２)

をアムトゥと呼ばれる植込みが取り囲んでいるのが目につく。この植込みにはアムトゥ神が宿っていて外部ににらみをきかしているのだという。境界を守る神であろうか。そのためにむやみに伐り倒したりすると祟りがあると戒められている。

門は道路に向かって右端の近くに設定されている。これを井藤氏の説明した「八ツ縄」に置き替えると「財」にあたる。私の調査した限りにおいては、このような南向きの屋敷の場合は、ほとんどがこの構造になっていた。

門のすぐ近くに便所が位置するのも同じであった。便所をこの位置に設置するのは、悪霊などの侵入を防止するためだという。これはさしずめ門番といったところであろうか。便所には、カバヤヌミヨノ神様が住みついていて守護するほか、便所の臭気にも悪霊の侵入を防止する力があったものと考えられる。また、夜道で悪霊に出会ったときも、まず最初に便所に入って用を足してから、さらにジガミ様に願いを立て、その後、家の内に入ってウカマガナシ（火の神）とウヤホウガナシ（先祖の神）に祈願するようにと、私たちは古老から教えられていた。

ジガミ様（地神様）は屋敷の東南の角の近くに祀られている。ジガミ様がこの位置以外に祀られている例はワシムラでは見つけだすことができなかった。つまり、この位置は屋敷の中では最も聖なる位置とされているところである。ジガミ様の側に米倉が建てられているが、これも聖なる米を収納する建物だからである。かつて高倉の建てられたのもこの位置であった。米倉以外はこの位置には建ててはならないという。

門の真向いにトーグラが位置しているのでそれを覆い隠すようにトーグラの前面に竹垣が施されているが、これも悪霊防止と深い関係があるのだという。沖縄でヒンプンと呼ばれているものであるが、ワシムラにはこの呼称がない。ただメーガキ（前垣）と呼んでいる。

家の中に目を向けると、トーグラにウカマガナシ（火の神）が祀られ、上ン屋にはウヤホウガナシ（先祖の神）が祀られて家族と日々の生活を共にしている。いわば家族と一身同体の関係にある神々である。これらの内側の神々を守るようにして周囲をジガミ様や便所、畜舎、アムトゥ神が取り巻いてガードを固めている。このような屋敷の仕組みの中にあって、ただ一個所、外側に開かれたところが門であるわけだ。門の位置が重要視されるのも当然のことであった。

東向きの屋敷

図(3)は、屋敷の東側を道路が通っているタイプの屋敷の略図である。この場合の特徴は、まず屋敷の東南の位置に屋敷内道路を設けていることをあげなければならない。なぜこのようなことをするのであろうか。その理由として、私は次の二点をあげることができると思う。

第一点は、東南の角の近くを歩き道にして汚してはいけないということ。屋敷内の東南の角の周辺が最も聖なる区域として位置づけられていることは先にも述べた。そのためにこの区域にはジガミ様が祀られるほか米倉が建てられる。

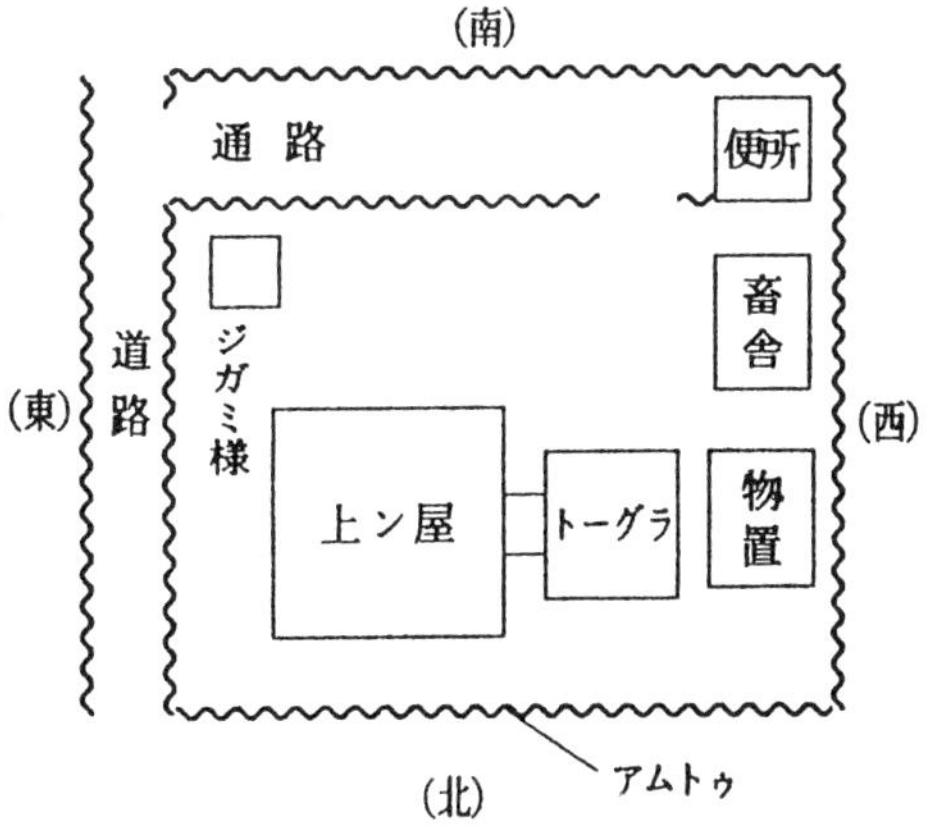

図(3)

第二点は、屋敷内道路を設けることによって屋敷を南向きに改造しようとした形跡が窺えること。

集落内の旧家の屋敷がほとんど南向きであるが、往時の人たちは南向きの屋敷を最上位の屋敷として位置づけていたようだ。私が調査した範囲内においては、東向きの屋敷の場合はほとんどが屋敷内通路を設けていた。南向きにすることによって、「八ツ縄」では「財」の位置に門を構えることができるわけだ。結果として東向きの屋敷は、外側の門と内側の門の二つをもつことになる。

屋敷内通路の突き当たりの位置、つまり内側の門の入口の近くに便所が設置されるのも、南向きの屋敷と同様であった。ここでも便所は、いかにも門番の役目を担っているかのように道路に向かっていかめしく建っていた。

西向きの屋敷

図(4)のまずあげられる特徴は、道路に向かって左端の近くの、「八ツ縄」では「吉」の位置に門が設置されているということ。ここは南向きの屋敷とは反対側の位置である。家が南の方向を正面にして建てられるので、当然の結果として門は左端の「吉」にならざるを得ない。

門の真向かいに直進を防止するための竹垣が施されている以外、建物やジガミ様などの位置は、南

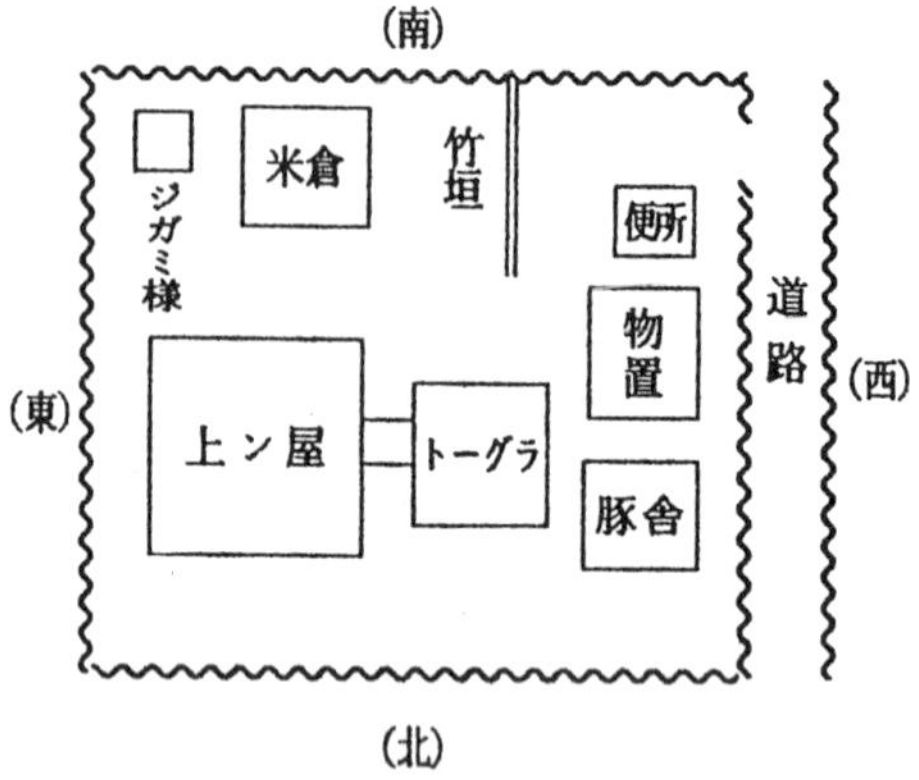

図(4)

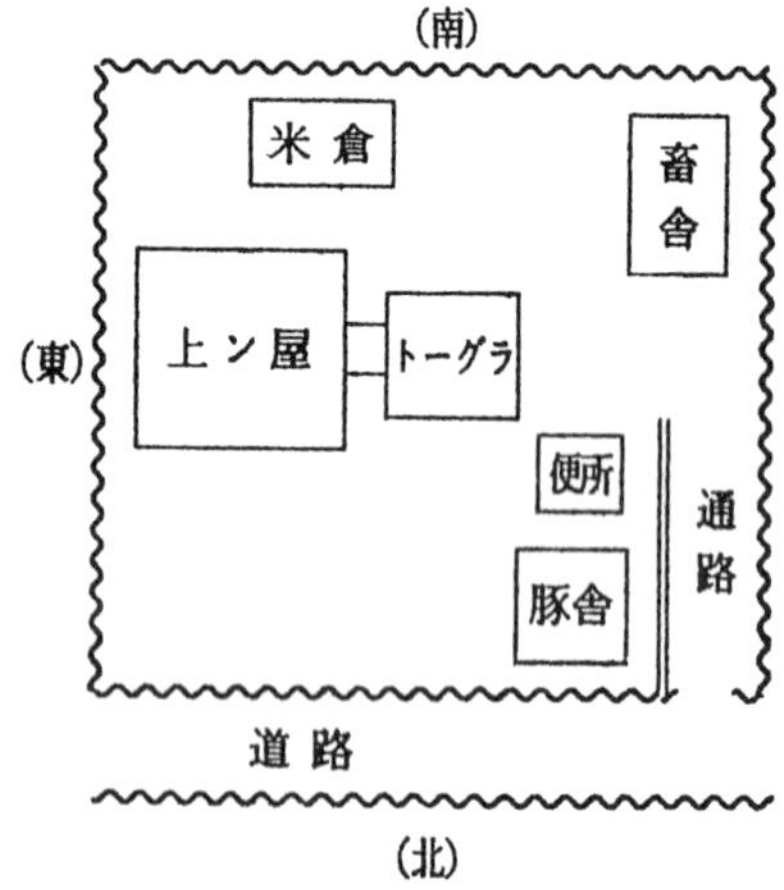

図(5)

向きの屋敷とほとんど同じである。

北向きの屋敷

図(5)の北向きの屋敷は他の屋敷とは多少趣きを異にしている。その違いの状況は、あらまし次の三点に絞ることができると思う。

(1)　ジガミ様がほとんど祀られていない（ごく一部には祀られていた）。

(2)　便所が門に向かい合っていない。

(3)　屋敷内通路の左側を、竹垣で仕切っている。便所はその竹垣の内側に建てられている。

この異なっている理由を地主の重久富秀氏（大正十五年生まれ）に尋ねたところ、「親から分け与えられなかったので、自分の力で購入したわりあい新しい屋敷だからでしょうか」という返事がかえってきた。

それから私は三件の北向きの屋敷を調べてみたが、その内の二件は重久氏の屋敷と大体同じ構造になっていた。他の一件は屋敷の東南の角の近くにジガミ様は祀られていたものの、畑に変身して久しい時間が経過しているために、構造などについては確認することができなかった。

この北向きの屋敷だけが他と趣きを異にしている理由については、重久氏の言葉の中に深い示唆が含まれていると思う。しかし、「わりあい新しい」ということは、一番最後まで利用されずに残されていた屋敷ということにもなる。

本来、この集落の人たちは北向きの屋敷をあまり好んではいなかったのであろうか。それはたとえば、北と南の双方に門を造ることの可能な屋敷の場合、決まったように南側に門を設けていることでもよく分かる。ワシムラは高台の上に開けている集落なので、冬になると寒い北風が吹きすさぶのであるが、この北風が屋敷内に侵入してくるのを嫌ってのことなのだろうか。いろいろと考えさせられることであった。「八ツ縄」の方式でいえば、この北向きの屋敷の場合の門の位置づけは、ウラガネの左端の「吉」ということになる。

おわりに

ワシムラは古く根ジマ（根の集落）と呼ばれていたところである。そのためであろうか、およそ一三〇戸前後の小さい集落であるが、人々はわが故里にプライドを持ち、集落のたたずまいは風格を備えている。それにもかかわらず、近年における集落内の変化は著しい。まず車社会到来による道路拡張が屋敷の様相を一変させた。この道路拡張は、同時に門の拡張にも連鎖していったのである。門を拡張しないと屋敷内に車が入って行けないからだ。この門の拡張のついでにアムトゥ（屋敷の周囲の植込み）もブロック塀にとって替えられた。屋敷の位置だけは往年のままであるのに、屋敷のもっていた信仰的機能や外観はほとんど変わってしまった。

本稿の中に四枚の屋敷の略図を挿入してあるが、これらはすべて私の記憶や聞き取り調査によって再現したものであることをここで断わっておかねばならない。もう屋外に便所を独立させて建ててある家は一軒もない。また、夜道で悪霊に出会ったという人もてっきりいなくなった。夜道は車で走るからであろうか。車の強烈なライトは悪霊たちを追い散らしているのかもしれぬ。便利主義追求の現代的政策は、このように急激にシマ社会を変えてしまったのである。屋敷や家の建て方だけに限ったことではない。このような変革の流れは、生活の万般に及んでいる。私たちはこの変革の流れも視野に入れないと、民俗調査を続けていくことができない。難しい時代に遭遇したものだと思う。

シードシの信仰

シードシについての古い記録が、父、松山喜豊（徳之島町徳和瀬、明治二十二年生まれ）宅から発見された。その記録を中心にシードシにまつわる信仰について少々述べてみたい。

シードシのシーは「してもよい」または「実行する」という意をもつ言葉で、ここでは「家屋を建築してもよい」という意味を含んでいる。ドシは年（十二支の年）のことであるから、シードシは、「家屋を建築してもよい年」ということになる。

古くは、家屋を建築する年によってその家の運命が決まるという信仰があり、これは、十干と十二支の組合わせによって判断されたのであるが、よい年（シードシ）に家を建てるとその家にはフ（福）がついて家運が繁栄し、家が裕福になるほか、家族は健康長寿で果報になり、逆に悪い年（シードシでない年）に家を建てると、その家には不浄がついて家族が病にかかったり、怪我をしたりして死期を早めるほか、火事（特に落雷による火事を恐れた）などの災難に遭うものと信じられていた。後記の記録を見れば分かるようにシードシにかかわる神罰は大変畏しいもので、それだけに人々の関心も高く、近年まで「シードシに家を建築すること」は厳格に守られていた。

次に紹介する記録は父が明治の末ころ、当時、山デク（山の神の司祭、別名モノ知リとも呼ばれ、シードシや日柄のことに詳しかった）として知られていた諸田集落のモトヨシ主と徳和瀬集落のトヨミ主（いずれも故人）の二人から聞いたものを自分の忘備のために記しておいたものである。なお、当時の山デクやモノ知リたちはシードシや日柄などの詳細については他人には教えたがらないのが常であったが、父は特に懇意な間柄にあったので聞き記すことができたという。また、トヨミ主とモトヨシ主の二人から同様にシードシのことを聞いたのは、両者のいったことを比較して念には念を入れるためだったというが、いま両者を比較してみるとだいたい内容が一致するので、ここではモトヨシ主の記録だけを紹介することにする。

木姓ノ人家造善悪ノ事

子年造ラバ三年ノ内福来ル、丑年造ラバ福取ル、寅年造ラバ三十年内に死ス、卯年火事、辰年大福、巳年六年内ニ福、馬年吉、未年造ラバ主人死ス、申年ハ三十年内福、酉年子供死ス、戌年福、亥年万事悪シ

火姓ノ人

子年万事悪シ、丑年三年ノ内福、寅年三年ノ内福、卯年六年ノ内福、辰年三人死ス、巳年焼ケル、馬年悪シ、未年五年ノ内福アリ、申年死ス、酉年五年ノ内死ス、戌年子供死ス、亥年焼ケル

土姓ノ人

子年五年ノ内福アリ、丑年二年ノ内人死ス、寅年万事悪シ、卯年男主死ス、辰年焼ケル、巳年家主死ス、馬年万事悪シ、未年五年の内福アリ、申年焼ケル、酉年五年ノ内人死ス、戌年子供死

ス、亥年子供死ス

金姓ノ人

子年は福アリ、丑年ハ万事悪シ、寅年人死ス、卯年悪シ、辰年悪シ、巳年ハ福、馬年ハ人死ス、未年三年ノ内人死ス、申年三年ノ内人三人死ス、酉年子供死ス、戌年四年ノ内人死ス、亥年宝ナルベシ

水姓ノ人

子年八年ノ内福、丑年宝失ウベシ、寅年九年ノ内火事、卯年大福、辰年人死ス、巳年悪シ、馬年二年ノ内福アリ、未年福、申年悪シ、酉年大福、戌年人三人死ス、亥年宝失ウベシ（以上原文のまま）

右の記録のうち、シードシといわれる年は「福アリ」などと記されている年のことである。逆に忌むべき年に家を造ると「子供死ス」とか「家主死ス」とか「〇年ノ内三人死ス」などと具体的に期限や人数までも明記しているから畏しいものである。「四、五年待ってもシードシだけは選んだ」と語る古老たちの気持ちが思いやられる。

いま、この記録の中からシードシを拾い上げてみると二十一件あるから、残りの三十九件は忌むべき年であるということになり、シードシは全体の三十五％しか占めていない。その中でも特に土姓の人にはシードシが二件しか見当たらない。

さて、シードシの合わせ方であるが右記録のうち、木姓ノ人とあるのはキノエ、キノトの年に生まれた人のことで、火姓はヒノエ、ヒノト、土姓はツチノエ、ツチノト、金姓はカノエ、カノト、水姓

はミズノエ、ミズノトの年にそれぞれ生まれた人のことである。その人の生まれた年が何姓の年であるかは、万年暦（山デクやモノ知りなどが持っていた）によって確認した。

次は家族の誰の姓にシードシを合わせるかということであるが、まず一家の中心である主人、ついで女主人の姓に合わせるが、主人夫婦のいずれにもないときには子どもの姓に合せてもよい。しかし、子どもの姓に合わせるのは特に急を要する場合などで、普通は、主人夫婦にシードシの来るのを待つ場合が多かった。

特に急を要するときに家族全員にシードシがなく、また、家を補修しても間に合わず、シードシの来るまで待てないような場合には「名前を借りる」ということをする。つまり、近親者の中にシードシに当たる人がいればその人の名前を借りて、見せかけは新築する家をその人の所有物にするわけである。この見せかけは山デクが山の神へ新築の祝詞を唱えるときに実際には家主でないその人の名前を用い、また、上棟式のときにも棟木にその人の名前を記すこと（新築家主の名前を書く習俗がある）などによってなされるものである。「名前を借りること」は、三年ほど前に実際に徳和瀬集落の某家でなされたことがある。

また、筆者は昨年（昭和四十四年）住家を新築する予定で準備を進めてきていたのであるが、たまたま、そのことを老父に語ったところ、「シードシがないから中止した方がよい」といわれ、いまだに新築をしないでいる。筆者は土姓であるから戌年、亥年ともに年回りが悪く子年（昭和四十七年）が来るまで待たねばならなくなった。一部ではシードシの信仰は現在でもなお生きつづけているのである。

さて、右の古記録を見ても分かるように、この島にも、いつごろ、誰の手によって持ちこまれたのか知らないが、相当古い時代に陰陽、十干、五行説などによって人生の万般のことを決定しようとする思想が入ってきている。冠婚葬祭や家屋敷の移転、建築の日取りなどには、現在もなお、その要素を濃厚に感ずることができる。シードシの信仰とも密接な関係があるので二、三の例をあげてみよう。

島の古老たちは十二支の年で相手の年齢を言い当てるのが大変上手である。たとえば某氏の年が子であるといえば戊亥子……と五指を折り数えて即座に年齢をあてることができる。今年は戊年が歳の祝いの該当者だから老年なら八十五歳か七十三歳か六十一歳のいずれかを予想して、その年齢に三歳を加算すれば年齢が出てくることになる。指折り数えるときの古老たちの様子が実に淡々としていて自然な振舞いとして重みが感じられる。

そのほか、地火には種物を播種したらいけないとか、籾種は春の節の入った後の子、午、酉の日柄を選んで播くとか、カンニチ（坎日？）には着物を縫わないとか、トシ日（自分のトシの当たる日）には墓にいったり、葬式に参加したらいけないとか、牛の鼻に穴（綱を通すための）を開ける日柄は午を選ぶとか、闘牛のときはニケバ（闘い始めのときの牛の向いている方向）が肝腎であるとか。

また、五行説（えと）のことをカマドマオロという面白い呼び方をしている例もある。たとえば、「今日のカマドマオロ（えと）は何だろうか」などと言う。カマドマオロというのはジルと呼ばれるイロリの中に構築された竃の周りという意味であるが、図に示すとおり竃（カマド）の中には木火土金水の五行が構成要素として存在し、それぞれが相互に作用し合っているというものである。

竃は食物を煮炊きするところであるが、竃の北側の端にウカマガナシ（火の神）を祀っているところから、家のうちでは最も神聖なところである。このような神聖な場所と関連づけて、それぞれの五行を説明しているのは外来文化（陰陽思想）と在来文化（火の神文化）を抱き合わせるための人為的な努力の足跡のようにも思われ、筆者には興味深いものがある。図を説明すると、木は薪とイロリの木枠、火は薪の火、土は竈（土でできている）と灰、金は鉄鍋、水は鍋の中に入っている水が、それぞれ五行の木火土金水に当たる。

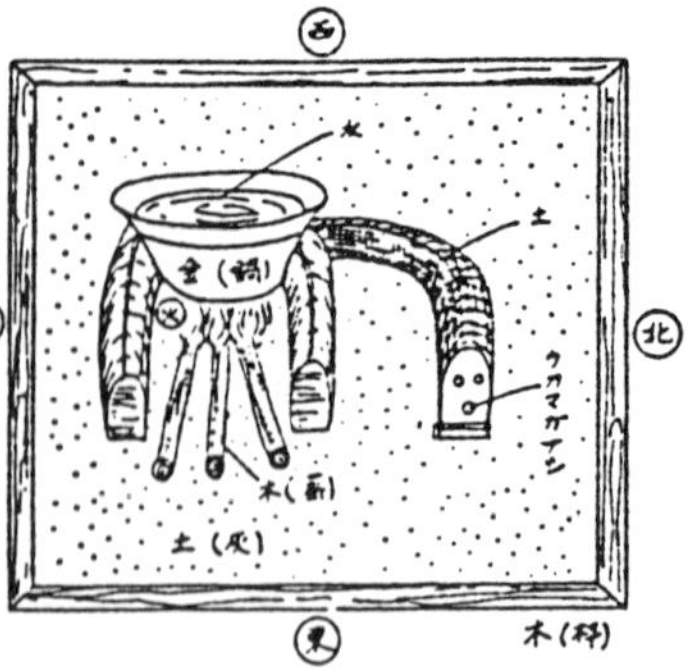

カマドマオロ(ジル)

カマドマオロのそれぞれの関係から、五行の組合せの相性や相剋を知ることもできる。つまり、木と火（木は火を生み、それを養う）、火と土（火は土（灰）を生ず）、土と金（金（鍋）は土（竈）の上にのっている）、金と水（水は鍋の中にある）などの場合は相性になり、また、逆に、土と水、水と火、火と金、金と木などの場合は図を見れば分かるように互いに相反する関係にあるところから相剋として説明されるものである。カマドマオロの事例は陰陽の思想がいかに庶民の生活の中に根をおろしていたかを物語る好事例であると思う。

山デクには普通「山大工」という字があてられる。別名ウィーデク（上の方、つまり山の方の大工）ともいわれ、山の神の司祭としてだけでなく、シードシや日柄の原理の分かるモノ知リとして、また、その他の悪神などを祓うクチ（言葉の呪力・霊力）を身につけていることなどで人々から神様同然にあがめられていた。

普通、山デクは世襲ではなく、集落の人々からモノシリとしてあがめられていれば誰でもなることができた。しかし、原則として集落には一人の山デクがいたから、徳和瀬の場合は前任の山デクが都合でやめるか、死亡したときに限って、集落の有志会（各班の代表者と有識者で組織されていた）が、話し合いで決めていた。

筆者の父は親（故人）から「山デクにはなるな」と戒められていたが、その理由は、「シードシや日柄合わせを誤ると他人にひどい迷惑をかけることになるし、また、祝詞を誤って唱えたりするとその不浄が自分にもついてしまうから」手を出さない方が利巧だということだったようだ。古くは山デクの日柄合わせの誤りも時々あるものだったという。建築当日の朝になってから「日柄の誤り」が判明して作業を中止したために、人夫を帰したり、せっかく用意した食物を腐らしたりした例もあったと言い伝えられている。

また、今から約六十年前、徳和瀬のS家では集落一番の立派な家を造ったが、新家が完成して間もなく、主人が原因不明の病にかかり急死してしまった。そのことを知った集落の人たちは新家屋に山の神の不浄がついているからだろうと畏れ、口々に語らい始めた。気になった女主人はその家を売却しようと考え、相手を求めたが、安価でも買手がつかなかったという。このような場合も山デクが苦しい立場においやられるものだったという。

一個の家を造るときに山デクがどのような関与のしかたをしていたか、概略を述べてみよう。

山デクとの関係はまずシードシの年回りを聞くことから始まる。シードシには家運や人間の生命力を左右する大きな力が秘められていたから建築年の決定は重要で厳粛なことであった。

シードシが決定すると次は日柄を合わせることになるが、日柄は、山での木の伐り始め、大工始め、ヤー立テ（棟上げ）、ヤー葺キ（茅で葺くこと）と前後四回の最高のチナチケビューイ（綱を使う日柄）が選ばれ、そのいずれの場合も山デクが祝詞を唱えて酒とシトギを供えて仕事始めの儀式をあげてから後でないと一般の大工や人夫は手をつけることができなかった。

木の伐り始めのときはハナ拝ミという儀式が行なわれる。これは山バナ（ススキの花）を山の神に供えて拝むのでこういう呼び名がついているといわれているが、実際には山バナを供えたりはしていない（古老たちの記憶）。

ハナ拝ミはまず家内の神から拝み始める。つまり、家内で一番位の高いウカマガナシ（火の神）に酒とシトギを供えて「家を新築するようになったから守護をたれてくださるよう」祝詞を唱えて願を上げてから、同様にウヤホウガナシ（先祖の神・仏壇）にも祈願をする。

次は山ノ神拝ミに移る。徳和瀬集落では山ノ神拝ミはネーバラと呼ばれる、部落の上方の小高い広場の一角（そこにヤブニッケイの神木が生えていた）にシトギと酒とシュキ（料理）を供えて、祝詞を唱えて拝むが、この場合は東西南北の四方に向かってそれぞれ同様に拝んだ。ハナ拝ミがすむと人夫たちは木伐りの仕事にかかるが、昔は山中に小屋をつくってそこに泊り込みでなされた。山には恐ろしい神々がいるといわれていたので、夜寝るときは小屋の周りに塩を撒いたり、左綱を張ったりして神々からの害をさけた。山に寝ていると不思議なことに暗やみの山の中でいずこともなく大木の伐り倒される音がよく聞かれるものだったという。ネグラシ木（根もとから倒されている木）、二股木、チュームト木（周りに木がなく一本だけ立っている木）などは神の祟りにあうので伐らない。他人が伐って捨ててある木もとらない。これはすでに山の神に返納されたものだからである。

セーク始メの儀式のときは山デクがシトギと酒を火の神と先祖の神に供えて祝詞を唱えた後に庭でセーク始メということがなされる。材木にバンジョーガネをあてて、尺をはかり、それに墨紐で線をつけ、チョオノオという道具で木を多少削る。それから山デクが大工の棟梁に大工道具を引き渡すが、その後に一般の人たちは仕事を始めた。

ある年、山デクが都合により留守だったので居合わせた大工が間に合わせにセーク始メの儀を行なって仕事を始めたことがあった。ところが、その日の午ごろに、たちどころに神の祟りが表われたという。同日、家を葺くための茅を運搬していた二頭の牛が荷物を背にしたまま、ちょうど同時刻に水田に落ちて怪我をしたという。人々は「神はほんとうにいるのだ」と互いに戒め合ったという。また、昔は、家を茅で葺いている最中に不思議な音を立てながら天から山の神が降りてくるときがあったり、家普請の日の夕方、山の神が山から降りてきて家を見に来るともいわれていて、人々を畏れさせていた。山から降りてきた山の神の目をのがれるために家の入口に牛をしばらく繋いでおいて、その家を牛小舎に見せかけようとする人たちもいた。

家の建築がすべて完了するとヤマウクイ（山送り）という儀式をする。山の神を山へ送り返す意のようであるが、実際は家造りの完了した旨の報告と、山の神へのお礼の供え物をする儀式である。このヤマウクイも徳和瀬の場合はネーバラで簡単に行なうが、諸田集落では鶏の生きたものをそのまま山に持っていき、それを山の神に捧げる習俗があった。その鶏がしばらく山中に生きていて、山に行けばよく鶏の鳴き声を聞いたものだという。井之川では山中に五合ほどの米を四方に撒き散らして山の神にお礼をする習俗があった（徳富重成氏報告、『採集手帖』五〇）。

山送りの儀式がすめば家普請はすべて完了したことになる。その晩はヤギューシといって村中の人たちが集まって歌や踊りの完成祝いをするのであるが、それに先立ってまず山デクにグリ（御礼）をしに行く。米・餅・塩・料理などをハラ（バラ）に山盛りにして頭に載せて持っていった。

シードシにまつわる信仰を支えてきた往時の集落生活の一端がご理解いただければと思う。

状持ちと幽霊

――重久米豊翁の昔語り――

はじめに

ここに紹介する「状持ちと幽霊」は、私がいまは亡きワシムラ在住の話者重久米豊翁から昭和四十六年（一九七一）に採集したものである。昭和四十六年といえば、福田晃先生（京都立命館大学）と岩瀬博先生（大谷女子大学）のお二人を中心とする徳之島昔話採集調査団の一行が初めて徳之島入りをした記念すべき年であり、私もこの採集調査には全面的に協力する立場をとっていたから、当然のことながらその時点で公表されるべきところ、いかなる理由によるのか、私の手許に二十年間も眠り続けていた。

表記のしかたは、上段に方言を、また下段には共通語を配置してある。方言の表記は、二、三重複している個所もあるが、これは話者の語ったままを翻字したからである。理解を賜りたい。

状持ちと幽霊

くりや　夜寝《ゆるね》んびゅん時《とき》や　むん食《か》まんばいかむんち言《い》うる話《はなし》あしが、うりやかっしゅん事《くとう》ちよ。

あり、状持《じょうむ》ち(1)が、昔《むかし》や状持《じょうむ》ちやティル(2)な入《い》てぃはんぎてぃどぅ郵便《ゆうびん》ぬ状持《じょうむ》ちゅむんなてぃ。

今度《くんで》やうがしし、亀津《かみじ》(3)から早《ふえ》は起《うい》てぃ、ティルな状《じょう》や入《い》りてぃ　はんぎてぃ行きゅたっとぅ、井《い》之《の》川ぬ東　浜《あげればま》(4)って行きんや　きさ夜《ゆ》ぬ暮《く》うてぃ。

さっとぅ、うんな女《うなぐ》が待《ま》っちゅてぃ、

「兄さん、貴方《うい》だあかちもおゆんが」っち言《い》うむんなてぃ

「わあ　山《さん》(5)かちでー」ち。

「いぇーいいしょうしん。わんや下久志《くし》(6)から母《ぶ》間《ま》(7)んたなあしが、どぅしし給《たば》れ」ち言うむんなてぃ、

これは、夜寝るときは、ものをたべなければいけないという話だけど、それはこんなことなんですよ。

あの、状持ちが、昔は状持ちはティルに入れて背負って郵便の手紙を運ぶので。

今度はそのようにして、亀津から朝早く起きて、ティルに手紙を入れて、背負って行きよったところ、井之川の東浜に着いたときには、もう日は暮れて。

ところが、そこに女が待っていて、

「兄さん、あなたどこへいかれるのですか」と聞いたので、

「私は、山までですよ」と。

「いやーこれはよかった。私は下久志から母間までだけど、同伴してください」と言うので、

「いやー、だったらご一緒していいですよ」と。

「いぇー、うがしあてぃか、どぅししたはんど」ち。

　どぅしし行じゃっとぅ、今度《くんで》や井之川《いの》ぬ浜《はま》ぬ川渡《こうわた》いんや、うん状持《じょうむ》ちや、水《みじ》さうさう鳴《な》らち行きゅむん、うん女や水鳴《みじな》らさんご行きゅむんなてぃ、

「ぬうがや、いゃあや水鳴らさんご行きゅむん、わあや水鳴らしゅるや」っち聞《き》いちゃっとぅ、

「貴方《うぃ》や兄さん、新幽霊《みいようり》なてぃ勢《いきう》いがあてぃ水鳴らしゅい、わんや古幽霊《ふるようり》なてぃ水鳴らはんだ」っち。

　いぇーちょお、此《く》りや幽霊《ようり》じゃやーち思てぃ、うにんから幽霊《ようり》ち思てぃ相手《あいて》しゅんげしなてぃ。

　うんから幽霊《ようり》ぬ、「兄さんが足《しねい》でぃんにゃ」ち言うむんなてぃ、竹杖《がらぶさん》ぐわ突《ち》ちゅたっとぅ、うりぬわてぃ、かちみらちゃっとぅ、

「いぇー、兄さんが足んま　わあ足とぅてぃちむん」ち。

「手《てぃ》でぃや」ち言うむんなてぃ、刀《かたな》ぐゎ持《む》っち

つれだって行ったところ、今度は井之川の浜にある川を渡るときに、その状待ちは、川をざぶざぶ鳴らして行くのに、その女は水を鳴らさずに歩いて行ったので、

「どうしてだろう、お前は水を鳴らさずに渡っていくのに、私は水を鳴らしているね」と聞いたところ、

「あなたは兄さん、新しい幽霊なので勢いがあって水を鳴らすし、私は古い幽霊だから水を鳴らさないのだよ」と。

　いやーしまった、この人は幽霊だなあと思って、そのときから幽霊だと思って相手するようになって。

　それから幽霊が、「兄さんの足を見せて」というので、竹の杖を突いていたので、それを差し出して、にぎらせたところ、

「いやー、兄さんの足も、私の足と同しものだ」と。

「手も見せて」というので、刀を持っていたの

ゆたっとぅ、刀《かたな》ぐゎぬわてぃかっちみらちゃっとぅ、

「いぇー、兄さんが足んま手んまわんとぅてぃちむんあしが、兄さんや新幽霊なてぃ、うがし勢《いきう》いが強《ちょう》はやあ」ち。

うんか、下《く》久志《し》行《い》じゃっとぅ、

「わんいきゆたんぐゎ　うん家《や》な用事《ゆうじ》ぬあむんなてぃ、兄さんうんな待《ま》っちゅれひん」ち言うむんなてぃ、

「いん」ち言ち、うん状持ちや　うんな立《た》っちゆたしが、「幽霊ぬ用事ちか　ぬうがやあ」ち思てぃ　よーい行じ見ちゃっとぅ、うまぬ家《や》ぬ女ぬ娘《くゎ》や　夜業《ゆなび》やし置《う》ちゅち、はーじゅい竈《かま》ん後《くし》いじ　甘藷飯《はんしんばん》(8)ちっくらち、食《か》でぃあっきゆたっとぅ、「いぇー　わんや　かんしちゃーしが、むんやならん」ち言ち、うん幽霊や出じてぃちゃんち。

　うんから今度や、「麦田《むぎじゃ》(9)行じ　また用事ぬあんきてぃに」ち。

で、刀を差し出してにぎらせたところ、

「いやー、兄さんの足も手も私のものと同じだけれど、兄さんは新しい幽霊だから、そのように勢いが強いんだなあ」と。

　それから、下久志に着いてから、

「私ちょっと、その家に用事があるので、兄さんはそこに待っていてくださいね」と言うので、

「はい」と言って、その状持ちは、そこに立っていたのだが、「幽霊の用事といえば、なんだろうなあ」と思って、そっと行って見たところ、そこの家の女の娘は、夜業をすませて、すぐに竈の後方に行って、甘藷飯を割り取って、食べていたので、「いやー、私はこの家に来たけど、ものにならなかった」と言って、その幽霊は出て来たそうな。

　それから今度は、「麦田へ行って、また用事があるからね」と。

　それから麦田へ入ったところ、そこの娘は、もうすぐに夜業道具はそっちに押しやって、高

　うんから麦田かち入《い》っちゃとぅ、うまぬ女ぬ娘や、じきしぐん夜業道具《ゆなびどうぐ》やうがんちー押《お》そてぃ、高枕《たかまくら》やし、けー寝《ねい》んだとぅ、

「はあ　兄さん、なあいっきゅたんぐゎ、待っちゅれ、なあくまなてぃや、用事ぐゎさーゆぐぇはんきてぃ」ち。

　よんぐゎ屋戸《やど》ぬ穴《み》ぐゎか見《に》ちゅたっとぅ、うん女ぬ娘や一粒女《ちゅしじうなぐ》ぬ娘《くゎ》あてぃてぃしが、うんが鼻《はな》みんじ、鼻汁《はなしる》ねぃしゅうむんや搾《しぶ》ん出《じゃ》ち、うんから紙《かび》な包《ち》んでぃ　地炉《じる》(10)から灰《はい》ぐゎまちかでぃ、また紙ぐゎな包んでぃ、「もう取《と》った、取《と》った」ち言ち　うんかしきゅうむんなてぃ、うんから状持ちや　うりとぅてぃちしゅてぃ、

「ぬうが、いゃんが取った、取ったち言ちゅむんや、ぬうが」ち聞《き》ちゃっとぅ、

「うまぬ女ぬ娘ぬ命《いのち》、わんや取たん」ち言ち、誇《ほう》らはしがちゃなうんか来《き》ゆむんなてぃ、うんからうん状持ちや　うん幽霊けえしかち、うり取い返《かえ》さんばしまんち考《かん》げてぃ、

枕をして、寝てしまったので、

「いやー　兄さん、もう少し待っていてくれ、いまこの家では用事が果たせそうだから」と。

　そっと雨戸の穴から覗いていたところ、その娘は一人娘だったそうだけど、娘の鼻をつかんで、鼻汁のようなものを搾り出して、それから紙に包んで、囲炉裏から灰もつかみとって、また紙に包んで「とうとう取った、取った」と言って、そこからやって来たので、それから状持ちは、その幽霊に気持ちはひとつだと見せかけておいて、

「なんのことかね、お前が取った、取ったと言っているものは」と聞いたところ、

「そこの家の娘の命を、私は取ったのだ」と言って、喜びながらやって来たので、それから状持ちは、その幽霊を騙して、それを取り返さねばならないと考えて、

「どのようにすれば命は取れるのか、私にも教えてくれ」と。

「いきゃしいか命や取らゆむんが、わんねぃま習《なら》せ」ち。

「習ちまたはん」ち。

うんから、麦田から出じてぃ　花時名《きどきな》(11)かち行かがちゃな状持ちゃ　ぜっとぅ幽霊ねぃ、「うん紙な包んでぃあむん　見してぃくーれ」ちかーてぃあし。

さっとぅ、うり渡《わた》ち見《に》したっとぅ、うんからいきゃししゅうむんが、かししゅうむんがちとぅんどぅい聞ちゃんわけあしぇ。

今度や、「一番いゃんが、たまがいやぬうが」ち聞ちゃっとぅ、

「わんや　暁《あかとき》ぬ声《くい》ぎゅら(12)が一番怖《おとろ》はん」ち。

さっとぅ、状持ちま、「わんまうりどぅ怖はんで」ち。

なん二人《たい》、うがしゅてぃ言ちゅてぃ笑《わろ》たいし……。

うんから、花時名ぬ道あんだな雄鶏《うどぃ》ぬ、人《ちゅう》ぬ家《や》ぬ雪隠《せんちん》ぬ頂《ちじ》な雄鶏ぬぬっとぅたっとぅ、状持

「教えてやってもいいよ」と。

それから、麦田から出発して、花時名へ歩いて行きながら状持ちは、ずっと幽霊に、「その紙に包んであるものを　見せてくれ」と食い下がったんだそうな。

ところで、それを渡して見せてくれたので、それから、どうすればよいのか、こうすればよいのかと、いろいろ聞いたわけだね。

今度は、「一番お前が、怖いことはなにかね」と聞いたところ、

「私は　早朝の雄鶏が一番怖い」と。

それから、状持ちも、「私もそれが怖いよ」と。

その二人は、そのようなことを話して笑ったりして……。

それから、花時名の道の側に雄鶏が、人の家の便所の頂上に雄鶏がのっていたので、状持ちが杖でつっ突いて、ぱたぱたさせたんだね。それから、その雄鶏が、クックウーと歌をしたの

ちが杖《ぐさん》し雄鶏ちっけてぃ　ぱたぱたしみてぃあしえ。うんか、うん鶏ぬ　クックゥーち歌《うと》たっとぅ、幽霊や、

「兄さん、貴方やうんなうれよ」ち言ち、うんない青糞《あうくす》しっきゃんでぃ、しっ飛《とう》でぃ行じゃんてぃさ。

　うにん、状持ちゃ、やっぱい紙な包んでぃある霊《まぶい》ぐゎ持《む》っちゅてぃあしえ。

　うんから、山《さん》いじ郵便ぬ状しきかいしっちぬまい、麦田ぬうん家いじ見ちにゃあまち。

　行じ見ちゃっとぅ、うん家なてぃや、「昨夜《ゆうび》がり夜業《ゆなび》しゅうたる娘《くゎ》が、もういしゃん」ち言ち、籾《むみし》摺たい米《くみち》搗っちゃいしゅてぃ泣《な》ちゅむんなてぃ、弔《とんべ》しっちゅてぃしゅうむんなてぃ、うがん行じ、

「わんねぃ試《ため》し　命ぬ養生《ようじょう》ぐゎしみてぃにち給《たぼ》れ」ち言ちゃとぅ、

「貴方が養生さーゆてぃか、いきゃーしあてぃまし見ち給れ」ち。

で、幽霊は、

「兄さん、あなたはそこにいなさいね」と言ったきり、青い糞をたれ流しながら、ふっ飛んでいったそうな。

　そのとき、状持ちは、やっぱり紙に包んである霊を持っていたんだね。

　それから、山へ行って郵便物を引き渡しての後、麦田のその家へ行って見てこようと。

　行ってみたところ、その家では、「昨夜まで夜業をしていた娘が死んでしまった」と言って、籾を摺ったり米を搗いたりしながら泣いていたので、弔をするのだと準備をしていたので、そこへ行って、

「私に試しに、命の養生をさせてみてくれませんか」と聞いたところ、

「あなたが養生できるのであれば、どのようにでもしてみてください」と。

　それから蚊帳を引いて、その娘と二人、蚊帳の中に入って、それから娘の鼻に、紙に包んで

うんか蚊帳《かちゃ》や引《し》ち、うん女ぬ娘とぅなん二人、蚊帳ん中なしでぃ、うんか女ぬ娘ぬ鼻ぐゎかち紙な包んでぃある鼻汁押し込でぃ、地炉《じる》いじ灰《はい》ぐゎ置《う》ちゅちゃっとぅ、うん女ぬ娘が、「はーいばどー。夢見《ゆみに》ち起《うい》らだてぃいぇー」ち言ち、笑てぃ起たっとぅ、うん家ぬ人《ちゅ》んきゃぬ　てぇげや誇《ほう》らはさんちぬ話やしが。

うがしなてぃ、「寝んびゅんときや、ぬんぐゎあてぃま、むん食まんばいかむん」ち言うる話ちよ。むん食でぃ寝んでぃか、霊や抜からむんち言うる話。昔ぬ人や、「味噌《みす》ぐゎあてぃま舐《な》びてぃ寝んべ」ち言ちむんあたんちよ。霊ぬ口《くち》ま、合うしゅんちあしえ。

あった鼻汁を押し込んで、囲炉裏に行って灰を置いたところ、その女の娘が、「はあ大へんだった。夢をみていて目が覚めなかったよ」と言って笑って起きたので、その家の人たちも、大へん喜んだという話だけどね。

　だから、「寝るときは、なんでもいいから、食べて寝なければいけない」という話なんだよ。ものを食べてから寝ると、霊は抜かれないという話。昔の人は、「味噌でも舐めて寝なさい」と言っていたんだよね。霊の口も満足させようと言うことだろうね。

註

（1）状とは手紙のこと、状持ちとは手紙運搬人のこと。明治の初期のころまでは、道路が悪いので、亀津郵便局と山郵便局のあいだをティル籠に入れて背負って運搬していた。

（2）ティルとは竹製の運搬用の籠のこと。緒がついている。この緒を頭にかけて背負うと、三十キログらいは運ぶことができる。

（3）亀津は島の東岸、南端に位置し徳之島の政治、経済の中心地。郵便局の中心がここにある。

（4）井之川は島の東部のやや中央部にある。薩藩時代の砂糖の積出し港がここにあった。東浜は集落の東側のはずれにある。近くには墓地が集中している。
（5）山と書いてサンと読む。徳之島北部の中心集落。明治のころ山港は商港として賑わっていた。
（6）下久志は井之川の北隣の集落。方言名はクシ。全島口説では蛸の産地として歌われている。
（7）母間と書いてボマと読む。方言名はブマ。下久志の北隣の集落。海岸沿いに細長く集落が続いている。その長さは、およそ一里（四キロメートル）あるといわれている。
（8）甘藷飯は甘藷を蒸したあと押しつぶし、ねったぼうにした食べもの。かつての主食だった。
（9）麦田と書いてムギジャと読む。母間の小字の呼称。
（10）地炉はジルと読む。囲炉裏のこと。トーグラという建物の中にあり、ここで食べものの煮炊きをした。その一角に火の神が祀られている。
（11）花時名と書いてケドキナと読む。母間の小字の呼称。
（12）暁ぬ声ぎゅらとは、早朝の一番鶏のこと。かつての女たちは、この一番鶏の歌を聞いてから泉へ水汲みに出掛けた。一番鶏の鳴いた後は、悪霊たちに邪魔されないと信じられていた。

重久米豊翁のこと

重久米豊翁は明治十八年二月二十四日に生まれ、昭和四十八年十二月三十日に正月を目前にして齢九十歳でなくなられた。生きていた九十年間のほとんどをワシムラで過ごした。ワシムラきっての伝承者であった。翁をムラ一番の伝承者に押しあげたのは、翁の超人的な記憶力によるものだと私は考えている。

翁の家と私の家はわずか三十メートルほどしか離れていなかったので、私は暇があれば翁の家へ伺い、シマ歌を聞いたり、昔語りを聞いたりすることができた。会う度ごとに翁の口からは泉から水が湧き出してくるように昔語りやよもやま話がとび出してきた。話の好きな人であった。私にとってはどれもこれもかけがえのない貴重なもので、その都度メモ帳につけることにしていた。私が十年がかりでようやく仕上げたワシムラの古地図には、翁の伝承知識が一番多く取り入れられている。特にハマオリ儀礼やそれにまつわる神ノ道や祭りの浜の構造等については、貴重な示唆をいただいた。

またシマ歌についてもその記憶力は抜群で、ワシムラで口説を誦める人は翁一人だけだったし、田植歌を田植えの現場で音頭取りとして体験したのも翁が最後の人、私たちの幼いころから祭りのときに七月踊りを踊り始める歌出シベンをつとめるのも翁であったから、私たちの目に映る翁はなんでもこなせるもの知りであった。

私たちは途絶えていたワシムラの七月踊りをいま再興すべく、婦人会の中に同好会をつくり、町中央公民館から補助金をいただいて、毎月一回の練習を続けているのであるが、満一年を経過したところでようやく人様の前でも踊れるようになった。去る六月に開催された中央公民館主催のシマグチ大会ではそのオープニングに出演してやんやの喝采を受けたのであるが、これも私が翁の七月踊り歌を録音してあったればこそなし得たことで、翁の記憶力にはいまさらながら感謝しているところである。

忘れもしない、それは昭和四十二年九月のある午さがりのことであった。私は近所の古老たちを集めて、七月踊り歌を録音すべく声ならしをしていた。翁との掛け合いの相手方をつとめるには、それなりの調整の必要があったからだ。ところが実演の段階になると、この声ならしは全く役には立たなかった。自分で太鼓を叩きながら朗々と歌いあげる翁の前では、その勢いに押されて、とても相手にはなれなかったのである。このとき翁は、「あったら七月」の元歌七番と継ぎ歌八番の計十五番を、なんのよどみもなく一人で最後まで歌い通したのである。翁の年齢は、集まっていた中では最高齢の八十五歳。一同は押し黙って、翁の歌うのをただ聞くだけであった。その座には私の両親も含まれていた。私の両親もそれなりにシマ歌をたしなんでいたのであるが、「翁の前ではまぶしくて、とても歌うことができなかった」のだという。

このようにして録音された翁の歌声は、後に私が翻字して、さらに印刷されて婦人会の皆さんの手に配られるのであるが、これがワシムラに伝承されている七月踊りの歌の手本となり、ひいてはかけがえのない文化財として現在に受け継がれているのである。このたびの七月踊りの再興にあたっても、そのときの翁の歌声が手本になっていることを付け加えておきたいと思う。

寝る前にものを食べる習慣

――人間は二つの口を持っている――

「状持ちと幽霊」は、「夜寝るときは、なにかものを食べなければならない」ということを理解させるための教訓的な内容を持っているが、私たちの幼いころ（昭和十年代のころ）には、このような習俗や、ものの見方は、生活の中にごく普通に定着していた。そのことについて、例をあげてもう少し詳しく説明しておきたい。

まず葬式に伴う「三日目の別れ」の儀式から始める。

人が死ぬと、お通夜をせずに、その日の午後の適当な時期を選んで墓地に埋葬するが、この日はあまり込み入った儀礼がない。改まって別れの儀礼をとり行なうのは、三日目にあたる「三日目の別れ」の儀礼のときである。この日は墓前で女性たちが中心になってシキシカイという霊との最後の別れのお酒のやりとりをしたり、家に帰ってからの夕暮れどきに、「三日目ノワーリ」といって道の辻に行ってヴ（糸）を霊と引き合ってから棄てるという儀礼や、さらにはユタの先導によって、「シキャッタハン投ギ」という儀礼などをとり行なう習慣になっていた。

「三日目の別れ」の儀式の夜は、霊が最後の別れを惜しんで夜道をうろついているといわれていたので、この夜ばかりは夜道を出歩く人はほとんどいなかった。特に幼児のいる家では恐れをなして声をひそめ、屋内に閉じこもる風があった。

この「三日目の別れ」の儀礼の中で最も人々の関心をひいていたのが、ユタのかかわる「シキャッタハン投ギ」という儀礼であった。シキャッタの語源はいまなお私には分からない。

まず藁つとを準備し、その中ににぎり飯一個と他の料理を少々加え、さらにジル（囲炉裏）の火の神の前から灰をひとつまみとって入れてから藁つとをしめ、その上に死人の湯灌みのときに用いた杓子をのせて、細い丸太棒に結びつける。これでシキャッタので き上がりである。このシキャッタは夕暮れの中を二人の男によって担がれ、ユタの先導によって、棄てる場所へと運ばれていく。場所はユタによって決められるが、普通ムラのはずれの道の辻であった。まず丸太棒からシキャッタをとりはずし、藁つとを開いてからユタが呪文を唱え、お酒をかけて供えると終わりである。呪文の内容ははっきりしない。要するに、この儀礼は死者を出した家の死の不浄を棄て去るために行なわれるもののようである。棄て去るだけのねらいならそれでよいのであるが、それを誰かの生キマブイ（生き霊）に拾ってもらうためにもなされたというから恐ろしいことである。拾ってもらうことによって、その家の死の不浄は次に受け継がれ、消え去るのだという。そのために、藁つとの中の食べものは、取り出しやすく、食べやすいように開いたままに棄てておかれる。数日後になってからユタが、「縦じま模様の着物を着た幼い子どものマブイがシキャッタのにぎり飯を拾って食べているのを見た」などいいふらして歩くと、親たちは、「まさかわが子のマブイではなかろう」などと、あらぬ心配を募らせたりしたのである。

以上のような状況であったから、「三日目の別れ」のある夜は、親たちはなけなしの米であってもご飯を炊いて子どもたちに腹いっぱい食べさせ、満腹感を味わわせてから早々と寝つかせるようにしたのである。

ひもじい思いをさせて寝つかせると、その子が眠りに入ったあと、体に宿っているマブイが抜け出して食べものを求めてさまよい歩き出し、ついにはシキャッタの不浄のついたにぎり飯におびき寄せられるかもしれない、と恐れていたのである。

これは「状持ちと幽霊」の話の中にも断片的に出てくることであるが、古い時代の人たちは、人間は二つのもの食う口を持っていると考えていたのである。ひとつは人間の肉体に備わっている口であり、もうひとつはその肉体に宿っているマブイの持っている口という具合に。厄介なことに、このマブイは人が眠っているときに、肉体を抜け出してさまよい歩く癖があったので気をもんだのである。抜け出して夜道をさまよい歩いているときに、性の悪い悪霊などにおびき寄せられたりすると、それこそ大変なことになってしまう。命を取られてしまうからだ。

往時の人たちにとっては、睡眠中のマブイの管理は、命にかかわる重大事だったのである。そのマブイの管理策の中で、最も重要視されていたのが、マブイにひもじい思いをさせない、ということであった。「状持ちと幽霊」の中にも、このようなマブイの管理にかかわる生活上の知恵がよく示されている。

次に、夜の海の漁に出て帰宅したときの場合についても紹介しておきたい。

私の祖父は海が好きで、冬になると夜の海の方が潮の引きがよいので、よく夜の漁に出掛けていったが、帰ると必ず夜食を食べてから寝るようにしていた。当時の海は資源が豊富で、祖父は漁にいくたびごとに、それはもうたくさんの魚をティル籠に背負って帰ってきたが、私の母は祖父が帰ってくるまでちゃんと起きていて、祖父の捕ってきた魚でみそ汁を炊いて、腹いっぱい食べてから寝るように決まっていた。

これは後になって母から聞いたことであるが、「海は悪霊たちがうろついていて恐ろしいところだ。この悪霊たちは人々のマブイを誘い出そうとねらっている。だから寝るときは、ユナネィサル（夜食）を食べて勢いをつけてから寝るのだ」という。

これは特に漁にかかわることではないが、夜の道でアクナムン（悪霊）に出会ったときには、次のような要領で対応を講じなければならないという。これは重久翁から聞いたことだが、悪霊だと分かっても逃げたり、走ったりしてはならない。「ああ忘れものをした。それを取ってこよう」といって、何くわぬ顔で方向転換をして歩き出さねばならぬ。屋敷にたどり着いたら、真先に門の側にあるカバヤ（便所）に入る。そこにはカバヤノミヨノ神様がいて守護してくれるからだ。また、カバヤの臭気にも悪霊を払う力があると信じられていた。その次に屋敷の一角に祀られているジガミ様に悪霊に出会ったことを報告し、家の内に入ってからは、ウカマガナシ（火の神）とウヤホウガナシ（祖霊）にお酒を供えてから守護を祈願する。屋敷内に祀られているこれらの神々は、互いに協力し合って、悪霊が屋敷内に侵入してくるのを防ぐのだという。そして最後に、ものを食べてから寝るようにする。

ここでも最後の締めくくりは、口を動かして食べものを食べることであるのに注意しなければならない。

以上の事例で、ものを食べることが、マブイを鎮めるためにいかに重要であったかがご理解いただけたものと思う。重久翁の昔語り「状持ちと幽霊」も、このような習俗とのかかわり合いの中から生まれたテーキバナシ（教訓的な昔話）だと考えられるのである。

徳之島のことわざ

はじめに

徳之島には諺《ことわざ》、俚言にそのままにあてはまる方言がないようである。島の古老たちは、諺の類にもテーキバナシといっているのであるが、これは教訓的な内容を持った小話や世間話の呼称でもあるから、この両者は混同して用いられていることになる。しかし、島の諺にはその意味の理解を助けるために小話がついている場合があり、また、両者とも教訓的な内容をもっているところから互いに密接な関係があり、呼称が混同されるのもそれなりに理由のあることかもしれない。

諺といえば、いうまでもなく、簡単な言葉で効果的に相手を納得させようとする軽妙な語句のことであるが、それが古い時代から生活の場で生き続けて現代に至っているところからその数は計り知ることができず、またその内容も地域性に富み、しかも複雑多岐にわたっている。そのような諺を生きた形で説明しようとする場合には、実際にその諺の用いられるときの状況や用法等についても説明を加えなければならないと考えるが、本稿ではそこまで立ち入ることはできない。

徳之島町神之嶺集落に、諺を頭、目、鼻、耳、肝、腹、足といったように自分の体の部位に位置づけてそれと深い関係にあるものを順序よく整理して記憶し、生活の金科玉条にしている古老（故人）

がいた。たとえば、頭に関する諺では「人に頭を踏ませよ。人の頭を踏むな」、また鼻については「鼻より権利を高くもつな」といった具合にである。その古老が口ぐせのように用いる諺は「昔《むかし》先祖《うやほう》のいうことは無駄《うさん》にするな」というものであった。親から教わった諺の教訓を胸に秘めておけば、日常生活の場で動揺することはひとつもないのだという。この古老は諺を先祖から授けられた厳粛な言葉として理解し受け止めているようであった。

ここで紹介する諺は、時折、私が古老たちから聞かされて感激し、採集手帳の片隅に書きつけておいたものの中から拾いあげたものばかりである。したがって、現在でも生活の場で生き続けている諺ということができるが、現在、私が住みついている徳和瀬集落が中心になっていることをお断わりしなければならない。便宜上、諺を、㈠教訓的なもの、㈡経験的なもの、の二種に分類し、それらをさらにいくつかの種類に細分類してある。また、方言のために理解し難いと思うものについては対訳をなし、説明もつけ加えた。なお、㈡の経験的なものの中には「生活の知恵」とでもいうべき単なる伝承も含まれているかもしれない。まだ諺にまで昇華されていないものもあると思うが、生活の場で共通理解されているものはなるべく取り上げるようにつとめた。

教訓的なことわざ

人生一般に関するもの

1　得取《とくと》いゆか名取《なと》れ。(物を得るよりも名誉を取った方がよい)
2　腹曲《わたまが》いど有《あ》ん、肝曲《きむまが》いや無《ね》ん。(人間は食物が十分でないとつい悪いこともしてしまう。しかし、

それは腹が空いたときの出来心であって、心の中まで曲っているのではない）

3 人《ちゅう》や心《くくる》、馬牛《まうし》や力《ちきゃら》。（人間にとって大切なものは心の豊かさ。牛馬にとって大切なものは力である）

4 空腹《よう》はど美味《まあ》は、愛《かな》はど清《きよ》らは。（空腹のときは何を食べても美味しいし、好きになればどんな人でも美しく見える）

5 敵取《てきとう》てぃ味方《みかた》なせ。（敵だからと憎んではならぬ。寛大な気持ちで味方に入れるようにせよ）

6 肝急《きむし》かば、手引《てひ》け。（腹が立って納まらないときでも、手だけは出してはならぬ）

7 分限者《ぶげんしゃ》や成《な》い良《ゆ》たむん、福《ふ》や付《ち》き難《ごろ》しむん。（分限者にはなりやすいが、幸福には恵まれ難い）幸福とは立派な子宝に恵まれることだという。

8 福《ふ》や女《うなぐ》ぬ後《まい》か付《ち》ち回《まわ》ゆん。（その家の幸福は女「主婦」の後からついて回る） 女を粗末に扱うと不幸に落ちるという。女を家から追い出したばかりに家の福が逃げてしまい、物乞いにまで零落した男の説話がある。

9 貴方《うい》が誇《ほう》らはや吾《わ》あ誇《ほう》らは。（貴方の喜びは私の喜びだ）

10 世《ゆ》や次々《ちぎちぎ》、人《ちゅう》や代々《でえでえ》。（世の中は次々に進んでいき、人々は代々子孫が生まれて栄えていく。めでたいことだ）

11 美人《きゅらむん》ま一花《ちゅうはな》。（美人ももてはやされるのは一時期だけだ）

12 女《うなぐ》ぬ余《あま》いと綱《ちなぎ》切りぬ余《あま》いや無《ね》ん。（どんな女でも誰かが結婚してくれるし、綱は切れ端でも使い道がある）

13 似合《にお》うたん竈《かま》な似合《にお》うたん鍋《なび》。（竈に鍋が合うように夫婦もしっくりいくようになる）

14 布《ぬの》や横糸《ねき》から、人《ちゅう》や妻《とじ》から。（布の出来、不出来は横糸の良し悪しで決まるし、男の出世は妻によって決まる）

15 妻夫揃《とじうとそろ》てぃか、からうすじなま育《した》ちゅん。（夫婦が協力し合えば水のない丘の上でも生活することができる）

16 大勢《てえげ》ぬ中《な》からま思《おも》ゆん人《ちゅう》や一人《ちゅい》。（大勢の中からも自分の結婚する相手は一人しかいない。愛する人は一人がよい）

17 厳《きび》し夫《うと》とやさゆしが、愛《かな》し子《くわ》とやさあらん。（きびしくても夫とは共に暮らしていけるが、愛しいわが子とはうまくいかない）

18 他人《ちゅ》ん子可愛《くわかな》はしいゆか大道端掃《ふうみちばたさ》れ。（他人の子はいくら可愛がっても産んだ親の許へ帰っていく。それよりも大通りの掃除でもした方がましだ）

19 泣《な》きゅん子《くわ》ねぃど乳《ち》呑《ぬ》ましゅん。（泣いている子から先に乳を呑ますのが人情だ）

20 愛《かな》はん子《くわ》や他人《よそ》ねぃ揉《む》ませ。（可愛い子ほど他人に揉ませて鍛えよ）

21 子《くわ》や給《たぼ》らゆんしこ。（子どもは恵まれるだけなるべく多く産んだ方がよい）

22 人《ちゅ》や人《ちゅ》ん中《な》、木《き》や木《き》ん中《な》。（人は人の中で、木は木の中で育つ。いずれも一人では育たない）

23 糠《ぬか》ぬ一合《いちごう》あてぃか養子《ようし》かち行《い》くな。（糠が一合あれば養子へ行かない方がよい。なかなかうまくいかない）

24 人《ちゅ》ん養子《ようし》や枕 箱《まくらばく》一つ。（人の家へ養子にいくと枕箱一つのまま帰されることがある） 枕箱とは日常の小道具入れのこと。古くは子どもがいないと他から養子をとったが、家に子どもが生まれるとまた元の家に帰されることがあった。

25　三世《みせ》ぬ分限《ぶぎん》や居《う》らん、三世《みせ》ぬ貧乏《びんぼう》や居《う》らん。(親子三代の分限者はいない、三代の貧乏もいない)
26　金持憎《かねむちにく》むな、貧乏《びんぼう》くやむな。
27　一円《いちえん》ま金《かね》、ふり者《むん》ま人《ちゅ》。(一円だからと粗末にするな。気狂いだからと馬鹿にするな)
28　那覇《なは》旅《たび》しみらしゆか三粒《みちじ》がみぬ麦作《むぎちく》れ。(沖縄へ出稼ぎにいくよりも家で不出来の麦でも作った方がましだ)　沖縄へいくと女遊びをして男が馬鹿になるという。
29　他人《ちゅ》笑《わろ》いぬ自分《どう》笑《わろ》い。(他人を蔑んで笑う人は自分もまた笑われる)　人間は誰も完全ではない。
30　他人《ちゅ》言《い》いぬ自分《どう》言《い》い。(人の悪口をいう人は自分の悪口もいわれる)　人の陰ぐちはいわない方がよい。
31　ゆうはら者《むん》ぬ立《た》ちゃがい。(中身のない人間ほど頭を持ち上げてえらそうにして歩く)
32　頂《てぇ》や越《く》いららむん。(頂は越えることができない。いつまでも絶好調は続かない)
33　報《むく》い負《お》うらゆむん。(自分のとった行動には必ず報いがある。悪いことはしてはならぬ)
34　大木《ふうき》ぬ下《さ》なや小木《くわき》や育《した》たん。(大木の下には小さい木は育たない)
35　短《ちか》はんむんや長《なが》はんむんに巻《ま》かゆん。(短いものは長いものには勝てない)
36　酔《ゆ》い者《むん》や言《い》ちゃん言忘《くとわし》ゆしが、馬鹿者《ばかむん》や人《ちゅ》ぬ情《なさけ》 忘《わし》らむん。(酔ぱらいは自分のいったことを忘れてしまうが、人並でない知恵遅れ者は人の情を忘れない)
37　一人《ちゅい》ぬ頭効《あたまき》きや三人《みちゃい》ぬ馬鹿者《ばかむん》ねぃならん。(一人の知恵者は三人の馬鹿者にかなわない)
38　十《とう》本ぬ指《うび》や同等《いんけ》無《ね》ん。(十本の指は同じ長さではない。そのように、十人の子どももそれぞれ異なっている)
39　兄弟《きょうで》や他人《たにん》の始《はじ》まり。(兄弟は他人の始まりである。親しい間柄であっても生活のけじめはしっ

かりつけた方がよい）

40　人《ちゅ》ぬ先《さき》と世《ゆ》ん先《さき》や分《わか》らむん。（人の将来と世の中の流れは予測が難しい）

生活に関するもの

41　しい出《じゃ》しや無《ね》ん、食《く》え出《じゃ》しどあん。（稼ぐことよりも、食べ物の節約こそが大切だ）　食べものを節約して浮かした分しか貯えはできないという。

42　人《ちゅ》ばれ一番《いちばん》、物作《むんちく》い二番《にばん》。（冠婚葬祭などの人とのつきあいをよくせよ。仕事はその次でよい）

43　指《うび》や前《め》かちど折《う》らゆむん。（指は内側にしか折れない。ちょうどそのように、人間は近親の順に頼りになるものだ）

44　内《うち》ねっこ、外《は》あ奇麗《ぎゅら》。（家の内では文句《こごと》ばかりいって取り扱い難い人が、外部の人に対してはお人好しの場合をいう）

45　他部落結婚《ちゅしまやむち》や牛乗《うしぬ》い馬乗《まぬ》い。（他集落の人と結婚すれば、その親類縁者が牛や馬に乗ってやってくるので接待《もてなし》が大へんだ。結婚相手は自分の集落内から見つけるのがよい）

46　良《い》い人《ちゅ》ふぃろてぃか畳《たたみ》ぬ表《おもてく》 踏みゆい、悪《わ》れ者《むん》ふぃろてぃか剣《ちるぎ》ぬ刃《は》遭《お》うゆん。（良い人と交れば招かれて畳の表を踏むことができるが、悪い人とつき合えば争いごとにまき込まれて剣の刃に遭って怪我をする）　つき合いは相手を選んでなせという。

47　舟腹《ふなばら》や満《み》たさってぃま人腹《ちゅばら》や満《み》たさらん。（舟の腹は荷を積めば満たされるが、人の腹は満足させることはできない）

48　有《あ》むんど釜《かま》かち入《い》らゆむん。（あるものしか釜に入れることができない）

49 一《ちゅ》くせぬむんくせ。（一度悪いくせがついてしまうといつまでもとれない。何ごとも最初が大切だ）

50 一人《ちゅい》が先《さき》や千《せん》が先《さき》。（一人の人間のつきあいの相手は千人もいる。人間のつきあいは相手が多い）

51 家《や》あ習《な》れど外《は》あ習《な》れ。（家での習慣が外部でもそのまま現われる。家でのしつけをよくせよ）

52 飲《の》み馴《な》れ、食《か》み馴《な》れ。（人は馴れた食べものの方が美味しい。高価なものでも馴れないものは美味しくない）

53 食《か》みべんしぃか井《い》之《の》川《で》岳ま崩《く》んだすん。（仕事をしないで食べてばかりいたら井之川岳ほどの食べものもなくなってしまう） 井之川岳とは徳之島の主峰、海抜六四五メートル。

54 年上《しだと》妻《じ》かんみてぃか空汁食《なあじるか》まさむん。（年上の妻をもったら、粗末な汁を食べさせない） 年上の妻は夫を大事にする。

55 飢《き》饉年《きんどし》や山登《やまぬぶ》い行《い》かんご、川下《こうくだ》い行《い》きゅむん。（飢饉年に食べ物を求めるときは、山へは行かずに川を下った方がよい） 川を下ると海へ出る。海では貝や海草や魚などがとれるので飢えをしのぐことができる。山よりは海がよいということ。

56 人《ちゅう》ど鬼《うに》。（人こそ鬼だ） 人はなんでも殺して食べる。

57 六月山羊。（六月に山羊を殺して食べると体の薬になる）

58 水《みじ》や三《み》尋《ひる》流《なが》りてぃか飲《ぬ》でぃたあはむん。（汚れた水でも三尋《ひろ》流れたら澄んで飲めるようになる）

59 子《くゎ》ぬ居《う》らん人《ちゅ》や犬《いん》ぬ前《め》。（子どものいない人は死んだら犬の餌になる） 子どものいない人は可哀想だ。

60 犬《いん》ぬ食《く》え残《の》い。（犬の食い残し） 犬は食い残しの食物を穴を掘って埋めて残す。それにたとえて同輩のうち最後まで生き残った高齢者をこう呼ぶ。

61 犬《いん》ぬ子《くゎ》なや憑《ち》きゅむんぬ居《う》らん。(犬の子に憑く悪霊はいない) それで犬はムンヌキ(悪霊払い)になるという。生まれたばかりの赤子を初めて屋外につれ出すときは、インヌックヮ、インヌックヮ(犬の子)といいながらヘグロを赤子の額にこすりつけ、赤子を犬の子に擬する儀礼を行なう習俗があった。

62 妻《とじ》や薪《たむ》ん敷《し》き当木《あてぎ》。(妻は薪割りの下敷き当木のようにいじめられ、苦しむことが多い)

63 茅葺《ぎゃぶき》や綱《ちな》ん代《で》、トタン葺《ぶき》や釘《くぎ》ん代《で》。(茅葺の家を人に売るときは、新築の際の綱代相当額でしか売れないし、トタン葺の家は釘代相当額でしか売れない) 建築には多額の費用がかかるが、売るときには捨値になる。

64 金《かね》や笑《わろ》てぃ入《い》っちか、泣《な》ち出《い》じゅむん。(借金は笑って家の中に入ってくるが、それを支払うときは泣いて出ていく)

65 升欲《ちがゆく》、計《は》い欲《ゆく》しいか目《み》ぬちぶりゆむん。(はかりの目をごまかす者は自分の目もつぶれる)

66 六十一《ろくじゅういち》歳田《た》ん水口《みじぐち》。(六十一歳は食うだけで仕事もできないから、田の水落口に押し込んでしまえ)

67 ユン月《じき》や臼杵《うしあじん》たなま胎《はら》みゅむん。(閏月は臼や杵までも妊娠する) この月に嫁を娶ると子宝に恵まれるという。

68 女《うなぐ》ぬ二十五歳《にじろうご》やカマッタ覆《か》んびゅむん。(二十五歳までも結婚できない女はカマッタを覆らされる) カマッタとはチガヤで作った大型の鍋ぶたのこと。このカマッタを覆せて生まれ変わりの儀礼をとり行なったのではないかと思われる。女は二十五歳を越えると婚期をなくしたと考えられていた。

69　二十日（旧）ぬ月《ちき》ぬ押《う》さ上《が》いや継母《まんま》子《ぐわ》ぬ夕飯《ゆうはんか》食み折《うい》。（二十日の夜の月の上がってくるころが継母子の夕ご飯を食べる時期である）　二十日の月の上がるころとは、夜の十二時ころのことである。継母子はそれまで仕事でこき使われるのだという。

70　芭蕉《ばしゃ》や家《や》ん後《くし》な植《う》いらむん。（芭蕉は家のそばには植えてはならない）　芭蕉の根が家の床下に伸びていくと家族が病にかかりやすいという。特にトーグラの火の神の下に伸びてくると眼病になると信じられていた。

71　芭蕉《ばしゃ》ぬ夢《ゆみ》や悪夢《わるゆみ》。（芭蕉の夢は悪い夢である）　親族に不幸ごとの起こる前兆であるという。

72　夢《ゆみ》やむぬ知《し》らせ。（夢によって先祖はもの知らせをする）

73　早朝《ああとき》ぬ夢《ゆみ》や自分《どう》ぬ上《うい》。（早朝にみる夢は自分の身の上のことと関係が深い）

74　悪夢《わるゆみ》やバクねぃ食《か》ませ。（悪い夢を見るとバクに食べさせるとよい）　バクという夢を食べる動物がいるという。バクに食べさせる呪術があった。

75　虎《とら》や一夜《ちゅゆる》なてぃ千里《せんり》馳《か》け戻《むど》すん。（虎は一夜の内に千里の道を往復する）　この故事にちなんで、古くは舟旅に出るときは床の間に虎の絵をかける習俗があった。また、虎の日柄には洗骨葬をしてはいけないともいう（伊仙地方）。霊が家に馳け戻ってくるのを畏れるからだという。

76　犬《いん》ぬ蹄《ちまがえ》帰り。（犬は自分の足跡を嗅いで家に帰ってくる）　この日は洗骨葬をしないという。

77　犬《いん》ぬ足《しね》。（犬の足は走りたくてじっとしておれない）　「子どもの足はまるで犬の足のようだ」などという。

78　トシ日《び》や墓《はか》かち行かむん。（トシ日には墓に行ってはならぬ）　トシ日とは自分の十二支のあたる日のこと。この日に墓にいくと墓の祖先に自分の霊が招き寄せられるという。

79　トシ日《び》や布立《ぬのた》てらむん。（トシ日には布を立ててはいけない）　薄命になるという。

80　死《し》ん不浄《ふじょう》や同《い》ん年《とし》同《い》ん背《せ》ねぃかあゆむん。（死の不浄は同じ年の人に移っていく）

81　サントゥキャや布切《ぬのき》らむん。（太陽がまさに沈まんとするときは布を織り終ってはならない）
その布を着る人が薄命になる。

82　うしゅなっきま旅《たび》、三尋《みいる》んば旅《たび》。（わずかばかりも舟旅は危い）　それで安全祈願を十分しなければいけない。

83　キョウヌチカ、キョウヌチカ。（京の近、京の近?）　地震のときにこのように唱えると地震が静まるという。

84　浜下《ハマウ》りやクチギン弔《トモレ》。（浜下り祭りはクチギンという神様の弔である）　その昔、島の人たちは潮水と真水が区別されず困っていた。そのときクチギンという神様が「潮と水別れろ」といって海の中に沈んでいってそのまま出てこなくなった。それで人々は浜に出て火を炊き、鳴もの（太鼓）を叩いて歌ナクサミ（七月踊り）をしてクチギンを弔った。これが浜下りの始まりであるという。

85　水出川《みんじごう》から流《なが》りゆん人《ちゅ》や守《まも》ゆん神《かみ》や居《う》らむん。（水嵩の増した川で流されていく人は助ける神がいない）

86　昼《しる》ぬ三味線《さんしる》やねずみちゅんま聞《き》かむん。（昼間にひく三味線はねずみさえも聞かない）　三味線は夜ひくべきものであるという。

87　山《やま》ぬ木《き》やまんどぅしが、杖《ぐき》ん木《ぎ》なゆむんや無《ね》えむん。（山に木はたくさんあるが、杖になる木は少ない）　好みの物は得がたいもの。

88 金《かね》や食《か》みやならむん。（お金は食べることはできない） 昔、洪水がくるというので部落中の人たちが山に避難した。そのとき、分限者は現金をたくさん持っていき、百姓は握り飯をたくさん作ってもっていった。ところが、洪水のために村はすべて流されてしまい、人々は食物がなく、いまにも餓死しそうになった。分限者は握り飯一つと金全部とをとり換えたという。また、明治、大正のころまではお金はあっても米を売ってくれる人がなく、風邪などひいたときにはお粥を炊いてやることもできず困った人たちがいたという。

89 神山《かみやま》ぬ側《すば》なやタカ持《む》っちしまむん。（神山の側には田畑は持たない方がよい） 神山の側に田畑を持つと、そこに覆ってくる木の枝を切り払ったりしなければならない場合が生じる。つまり、神山の木を伐ることによる神罰を畏れているのだという。

親に関するもの

90 先祖《うや》拝《うが》でぃ神《かみ》拝《うが》め。（先祖の神を拝んでから他の神様を拝め） 先祖の神を粗末にする人は他の信仰をする資格がないという。先祖崇拝は他の信仰に優先するという。

91 先祖ぬ罰やたち罰、神ぬ罰やよーいよーい。（先祖の罰はその場で現れるが、神の罰はおもむろにしかやってこない） ここでも先祖の罰が優先するという。

92 昔《むかし》 先祖《うやほう》ぬ言《い》ちゃん事《くと》や無駄《うさん》だなしな。（先祖の言い残した言は粗末に扱うな） 先祖の言い残したことは心の支えになるという。

93 月《ちき》ぬ影《かぎ》や踏《く》でぃま親《うや》ぬ影《かぎ》や踏みな。（月の影は足で踏んでも親の影は足で踏みつけるな） それほどに親はありがたいという。

94　親孝行《うやこうこう》しぃか乾《か》ら丘《うすじ》から水《みじ》ぬ流《は》ゆん。（親孝行すれば乾いた丘の上からも水が湧き出してくる）親孝行をすればそれが神に通じ、不可能が可能になるのだという。

95　親《うや》や牛《うし》ぬ毛《き》ぬ程《しこ》、子《くゎ》や牛《うし》ぬ角《ちの》ぬ程《しこ》。（親は子どものことを牛の毛の数ほどにも思うが、子どもは親のことを牛の角の数ほどにしか思わない）　親の愛は計り知れないという。

96　子《くゎ》あ産《な》ち親《うや》ん愛《かな》は思《おも》ゆん。（子どもを産んで初めて親の愛が分かる）

97　伯父伯母《うじうば》やもい死《し》ま上《うい》なゆむん。（伯父、伯母は死んでも上になる）　つまり、伯父伯母は親と同格であるという。

98　伯父伯母《うじうば》や親《うや》ぬ片割《かたわ》れ。（伯父伯母は親の分身だ）　伯父伯母は片一方の親だという。

99　一門《ちゆもんき》切りどクヤ（弔歌）切りらすむん。（親族の少ない人は死んでもまともに弔歌もできない）クヤとは人が死んだときに遺体を囲んで行なう供養のための泣歌のことである。この泣歌は人数の多いほどよいといわれていたので、親族の少ない人は淋しい思いをしたという。

100　子《くゎ》や先祖《うや》ぬ成《な》り変《かわ》い。（子どもは先祖の生れ変わりである）　先祖の名前を子どもにつけるのは先祖の霊力《しじ》をいただくためだという。

101　親孝行《うやこうこう》やしい切《き》り無《ね》えむん。（親孝行にはやり過ぎというものがない）

勤労に関するもの

102　気張《きば》ればくゎ飯《ばん》。（一生懸命働く者は米の飯にありつける）

103　黄金《くがね》手《で》遊《あし》ばしな。（黄金のような尊い手を遊ばしてはならない）　手はものを作りだすので黄金のように尊いという。

104 むんし奇麗《きゅら》はぬ子産《くわな》し奇麗《きゅら》は。(奇麗な手仕事のできる女は奇麗な子どもを産む)

105 大工《せーく》大道端《ふうみちばた》。(人通りの多いところで大工仕事をしていると通る人がいろいろと教えてくれる)

106 見《み》習《な》れ、聞《き》き習《な》れ。(仕事の技は自分で見たり聞いたりして身につけるものだ)

107 明日《あちゃ》ぬ仕事《しぎゅと》や今日《きゅう》なせ。(明日する予定の仕事は今日なせ)

108 人《ちゃ》や内帯《うちうび》、桶《うい》や外帯《すとうび》。(人は内側の帯、つまり食べ物で力を得るし、桶は外側の帯で力をつける)

109 仕事《しぎゅと》と飯米《はんめ》や一《ちゅう》かて。(仕事の量はその人の食べる食べものの量に準ずる) 昔は三斤以上のハンシン飯《ばん》(甘藷のねったもの) を食べられない人は人夫に使わなかったという。

110 夜《よ》起《う》きぬ馬《ば》鹿《か》、朝寝《あさね》ぬ貧乏《みんぼう》。(夜通し寝ないで遊んで歩くものは馬鹿者だ。そのために朝寝をしてまともに仕事もできず、貧乏になる)

111 一夜《ちゆゆる》ぬミンチ(不眠)や七夜《ななゆる》はんぎゅん。(一夜の不眠は七夜にも影響する)

112 人やゆれかれ。(人は互いに助けたり助けられたりしながら生活をしている) ユイクワ(仲間同士の作業助け合い)やヤテワク(葬式や家負譜など人が困っているときの労働力提供)にこのゆれかれの例を見ることができる。

113 大工《だいく》ぬ取《と》って足《た》らん。(大工はたくさん稼いでいても金が残らない)

114 漁者《ぎゅうしゃ》ぬ干塩《からしゅな》無し。(漁師の家には塩づけ魚の貯えがない)

115 怠惰者《ゆんばいむん》ぬ重荷《うぶに》持《む》ち。(怠け者は一回でたくさんの仕事をしようとする) そのかわり平常は怠けてばかりいる。

116 怠惰者《ゆんばいむん》ぬ美《ま》味《あ》食《ぐ》れ。(すぼら者に限って美食にありつこうとする)

117 むん食《か》み鈍《どん》な者《むん》ぬ、むんし鈍《どん》な者《むん》。(ものの食べ方の遅い者は仕事も遅い)

118 仲間《あぐ》むんや鋸持《のぎりむ》っち待《ま》っちゅれ。（仲間でやっている事業は鋸を持って待っていた方がよい）
いつ仲間割れするか分からない。

119 ハンガラ大工《でえく》。（粗末な大工のこと）　ハンガラとはかにの名称。かにの甲にある水玉模様のようにあちこちに穴の開いた粗末な出来ばえの家しか造れない大工のこと。

120 アマン切《ぎ》り。（アマンとはやどかりのこと。やどかりの鋏で刈ったような粗末な散髪をアマン切りといって笑う）

121 十三サナギ。（昔は十三歳になると親からフンドシを貰う習俗があった。これを十三サナギといい、それ以後は一人前の人間として村中普請への参加や遊ビンドー〈男女の交際どころ〉への出入りが許された）

122 アキし芭《ば》蕉衣《しやぎん》自分《どぅ》ぬ夫《うと》に作《ちく》てぃ着《き》らしならん女《うなぐ》やむんならじ者《むん》。（稲の収穫どきの六月までに芭蕉衣を夫に作ってやれない女はものにならない女だ）

123 働《はたら》きゆか世願《ゆねご》れ。（働くことよりも神様に果報な世を願うことが先だ）　いくら一生懸命働いても一度台風がやってくると作物は駄目になってしまうという。

言葉に関するもの

124 五尺《ごしやく》ぬ体《からだ》や一寸《いっすん》ぬ舌《しば》に呑《ぬ》まゆん。（五尺の体は一寸しかない舌に呑まれる）　わずかばかりの不注意な言葉に一生を台なしにされることがあるという。言葉には注意せよ。

125 物言《むんいぅ》ん者《むん》ぬ流《なが》り橋《ばし》なちまゆん。（余計なことをいう者は流れ橋につめられる）　昔、大水の度ごとに流される橋があって村人たちはその対策に手を焼いていた。ある時、村の一人から人身供養をすればどうかという意見が出され、衆議一決に付されたが、誰も人身供養を受ける者がいなかった。あれやこれやの挙句、とうとう発案者が人身供養に供されたという。余計なことをいったばかりに命までもなくしてしまったという。

126 言葉《くとば》銭金《ぜんかね》入らん。（言葉には銭金はつかない） 挨拶やお礼の言葉などは十分申し述べよ。

127 言《い》ち晴《は》りれ。（言って気持を晴らせよ） 悩みごとは人に打ち明けて話した方がよい。

128 口《くち》な荷《に》持《む》たすんな。（言に荷を持たせるな） 言いたいことは気楽にいった方がよい。

盗人に関するもの

129 他人《ちゅう》や盗人《ぬしど》、夜《ゆる》や雨《あみ》。（他人は盗人と思い用心せよ。また、夜には雨が降ると思い用心せよ）

130 大原《ふうばる》、大目《ふうみ》。（広い野原には大きな見張りの目がある） 誰もいないからと他人のものを盗る人がいるが、それは誰かに見られている。

131 昼《しる》ぬ茅《ぎゃ》ぶすや人《ちゅ》。（昼間の茅の林の中には人が隠れているものと思い、用心せよ）

132 夜《ゆる》ぬ屋《や》ん壁《くび》や人《ちゅ》。（夜の家の壁には他人の耳があると思い、注意せよ）

133 夜歩《ゆるあ》っきゅ者《むん》ぬ糞踏《くすく》み。（夜出歩く者は糞を踏むようないやな思いをする） それは盗人に出会うことがあるからだという。

134 盗人《ぬしど》見《に》ちか藪《ふき》かち踏《と》べ。（盗人を見たら藪の中へ隠れよ） 盗人は捕えたりしない方がよいという。

135 盗人《ぬしど》や自分《どう》ぬ手《て》憎《うら》みらむん。（盗人は自分の盗んだ手を憎まない） むしろ、捕えた人をうらむという。

136 目《め》し目見《めに》いな。（目で目を見るな） つまり、盗人を見て見ない振りをせよということ。

137 西目《にしみ》ケーサテや盗人《ぬしど》の始《はじ》まり。（西目ケーサテとは天城町方面の祖先祭りのこと。日柄は旧十月のカノトヒツジにあたるが、この日は盗人が始まった日だという） この日には黙って他人の物を借りたりしない。盗人の神が乗り憑きやすいのだという。

138 盗人《ぬしど》ぬ神《かみ》ぬ乗《の》ってぃか、人《ちゅ》ぬ足駄《あんじゃ》サバあても盗《と》てぃ来《く》だてぃか眠《ね》んばらむん。（盗人の神が憑いてしまうと他人の下駄か草履でも盗ってこないと寝つかれない） 下駄の類は外に置いてあるので盗りやすいという。

139 盗人《ぬしど》や血統《しき》。（盗人は血統である） 盗人の神は子孫代々継がれていくという。

経験的な知識を伝えることわざ

生産に関するもの

140 海《うん》ぬ肥《くえ》てぃか陸《あぎ》ぬ痩《や》せゆむん。（海の漁のよい年は陸の作物のできが悪い）

141 （水稲の収穫期）し折《うい》や舟形星《ふなかたぶし》（スバル）ぬ真南《まはい》かち来《き》ゆむん。（水稲の収穫期には舟形星が真南の位置にやってくる） 舟形星は西の方へ進むにつれて舳先が下がってうつ向いていくが、これは新稲を積み込んだからだという。

142 アキヌッ子《くわ》、マタベヌッ子《くわ》。（アキヌッ子、マタベヌッ子といえばシュクと呼ばれる小魚の群のことである。はるか沖の方から寄ってくるこのシュクの群は日柄がちゃんと決まっていた。第一回目をサラ寄《ゆ》イといい、これが旧五月の二十八日、二回目をアキヌッ子といい、六月二十八日であるが、このアキヌッ子は呼称のとおりアキを祝福するかのようにたくさんのシュクの群が入江に押し寄せてきてさんご礁のタイトプールを朱色に染めた。三回目をマタ生エヌッ子といい、一回刈り取った稲株から生え出したマタ生稲の収穫期に符合して七月の二十八日に寄ってくる）　古く、シュクの群はニライの神の国からの恵まれものとして考えられていたが、そのシュクの群が水稲の子として水稲の収穫期に符合してやってくるところが面白い。

143 ブレ星の東《あげれ》ティルハンギデや田植《たあうい》どき。（ブレ星とはスバル星団のこと。この星座が夕暮れどき、ティル〈背負い籠〉の緒を頭にかけた姿勢で眺めたとき、ちょうど目に入ってくる高さの位置にあることを「ティルハンギデ」という。方位は東の空。このころが田植どきにあたる。普通、旧三月中旬ころである）　古くはこのブレ星の位置を作物の植つけの目安にしていたという。

144 ブレ星《ぶし》の西《いり》ティハンギデや麦植《むぎうい》どき。（ブレ星の西空でのティルハンギデは麦植えの時期にあたる。普通、旧十月ころである）

145 ブレ星がマカンミ（真上）にくると最も寒が強い。ブレ星の高さを見る時期はいずれも夕暮れどき。

146 春ぬ七日試し。（春の節が入ってから七日間待っても寒がやってこないときは水稲の種を播いてもよい）

147 田植えはイチュンビ（野苺）の花の咲くころに始まり、百合の花の咲くころに終わる。

148 チバハ（つわ）の花の咲くころは麦植えどき。

149 野蒜の葉が二枚ほど伸びたときは麦植えどき。

150 ホウ木《ぎ》ぬ耳《み》ん葉《ば》しぎょい。（ホウ木という木の芽が鼠の耳ほどに伸びたころが一番寒が強い）

151 ススキの花が赤味を帯びてでてくると、その年は寒が強い。
152 蘇鉄の花の開くころが梅雨の最盛期で、その花が閉じると梅雨は終わる。
153 アクチ（木）の花の咲くころに梅雨は始まり、その花の散るころまで続く。
154 亀津の大瀬川の濁水と亀徳川の濁水が両方から伸びてきて、海の沖の方で一つにくっつかないと梅雨は止まない。つまり、大瀬川と亀徳川が結婚しないと梅雨は上がらないという。
155 蚕豆《とうまめ》の花の開いているときに雷が鳴ると実ができない。蚕豆を別にカンナイ豆ともいうのはそのためである。
156 トシノ夜（大晦日の夜）に風が騒ぐとその年は台風の多い年になる。
157 十五夜祭り（旧八月十五日）の宵の内に月にかげりができると、その年は先ムン作イ（早目に植える作物）のできが悪い。
158 十五夜祭りの日の午前中に植えた甘藷はその年のハンメ（食糧）になり、午後に植えた甘藷は翌年のハンメになる。
159 ハマオリ（浜下り祭り、旧七月の中旬ころ）が終わるとミイニシ（新北風）が吹き始める。
160 大根は旧八月のマテラ月（満月）の夜に播けば根が真直ぐに伸びて豊作になる。二又大根などができない。
161 クブリ月（下弦の月）のころには雨が降りやすいが、タマイ月（上弦の月）のころには雨が降り難い。
162 アー麦ソーラ。（麦の穂が赤味を帯びてくるころはサワラがよく獲れる）
163 フンナイ（最も古い時代から栽培されている餅米種の水稲、別に親種ともいう。古くは旧十月に種を播いた）の籾種が芽を出すと火の神がおごり、火事が出やすくなる。そのために火の神を鎮める儀礼がトネの広場で行なわれる習俗になっていた。

164　臼が使えなくなると、それを砕いて七軒の家に配って燃やして処分する。

165　ウリジンカンダや投げカンダ。（ウリジンのころの甘藷の茎は投げておいただけでも生える）
ウリジンとは潤い始めの時期、つまり、春の若芽どきのころのこと。一年中で最も活気に満ちた時期である。旧二、三月ころがこれにあたる。夏作物《なちむんちくい》の植付期である。

166　ムンチクイや折節《ういしち》。（作物は栽培の折と節をまちがったら豊作にならない）　農作業にかかわる「折」はだいたい次のように分けられる。

(ア)ウリジン。冬から目覚めた春の若草の生え出てくる時期。二〜三月ころ。夏作物の植付期にあたる。

(イ)ナガ雨シャ。長雨の時期。四〜五月。畑作物の最後の手入れがなされる。

(ウ)ナチギャイ（夏枯れ）。六〜八月。炎暑のために畑の農作業はできない。水稲は六月収穫。六月満腹という。山仕事などをする。

(エ)シンギュミ。九〜十月。冬作物《ふゆむんちくい》の播種どきにあたる。大根、麦、粟など。製糖に備えての薪取りなどの山仕事もある。

(オ)シモチキ、シワシ。十一月、十二月。島の冬である。ニシ吹きという北風が吹き、時には霰も降る。正月の準備などもあるので農作業はあまりできない。

(カ)ショウガンジキ。正月。十六日正月がすむと製糖小屋に泊り込みで砂糖づくりが始まった。

167　伊仙《いしん》ナンマンドーが角切《ちのき》ら。（伊仙ナンマンドーの角切れ牛）　牛が病気をすると、牛小屋の入口に左綱を張り、さらにそれにトベラ木を吊げてから、「イシンナンマンドーが角切ら」といって牛の体をトベラの小枝でこする。こうすると牛の病がよくなるという。これは、昔、伊仙のナンマンドーという人の牛だけが牛打チ神という悪神の仕打ちからのがれたのでその故事によったものだという。

168 上い《ぬぶ》亀《かめ》や捕《と》らむん、下い《くだ》亀《かめ》を捕《と》れ。(浜に上ってくるときの亀は捕ってはいけない。卵を生んで下りてくる亀を捕えよ) 上り亀をとって神の祟りに遭い、熱病を患って死んだ人がいたという。

ハブに関するもの

169 雷が南の方から鳴り始めると、その年はハブが多い。ハブを別にハイ(南)ムンともいうのは南の方角と関係が深いからだという。また、ハブは南風が吹くと活動を始めるともいう。

170 雷の初鳴りでハブは冬眠から目を覚ます。

171 雷が鳴るとハブはアクビをする。

172 水神様の拝み不足をするとハブに咬まれる。

173 ハブ当《あた》イはモノ知《し》らせ。(ハブに咬まれるのは神様からのモノ知らせである) 神様の指示によってハブは人を咬むのだという。ハブ咬傷は一種の神罰だと考えられていた。

174 水神様はミヅノエ、タツの日柄に拝むと一番喜ぶ。

175 亀津のトノチゴ山にはハブがたくさん住みついていて、普通の日は入ってはいけない。トノチゴ山はその昔、ノロの管理していた山である。この山の中にはトノチゴ泉という湧水があって川の水源になっている。ハブはこの泉の水で浴びたりするという。

176　徳和瀬のアバン川《ぎょ》の近くでハブに咬まれると最も毒がつよい。アバン川は集落の水神様を祀った聖なる川である。

177　ハブは年を老って大きくなると海に入って竜巻きを起こす。

178　赤マッテフ（蛇の名）はハブよりも強い。マッテフはハブを食うという。それでマッテフのいる所にはハブはいないという。島ではマッテフを見ても殺さない。

179　赤マッテフは女を孕ます。

女は野原で一人寝そべったり、藪に向かって小便をしたりしてはいけないという。やむをえず小便をするときは、ツバをかけてその場を浄めてからにする。

180　ハブの毒は大島が頭、徳之島が胴、沖縄が尻尾。

右の順に毒が弱くなっていくという。

181　虫アシビの日に針仕事をしたり、竹などのような長いものを家に入れたりすると、ハブが家の中に入ってくる。

虫アシビは別に虫除キともいう。稲についた害虫を海に流す儀礼を行なう日である。

182　ハブグチ（呪言）を唱えると山中でもハブに会わなくてすむという。一例を示すと、「キドリ長シジナ願立テテ置カバ、アヤクブスメーレグヮ行キ会ウサンゴシ給レ」。（胸の奥深く願を立ててありますので、ハブには行き会わせないようにしてください）　アヤクブスレーメとはハブの美称。

183　ハブには人間の言葉が通じるのだという。

ハブの夢を見たあと海へ漁にいけば蛸がとれる。

184　人を咬んだハブは尻尾の先が切れて短くなる。

185 ハブは人を咬んだ場所に必ず戻ってくる。

186 山道を並んで歩くときは三人目の人が咬まれる。

187 猪はハブを好んで食べる。

188 ハブはチババ（ツワ）のアク（液汁）をとって毒をつくる。

189 ハブ肝玉《きむたま》。（ハブの肝は太くて長い）。ハブはその肝玉のように太くて恐れるものがなく、気が長いという。ハブは火も恐れないという。

190 ターマジュン。（ターとはさしばのこと。さしばが島に渡ってくる十月のころにハブの活動が盛んになるという）

191 カマッ花（鳳仙花）を屋敷内に植えておくとムンヌキ（ハブ除け）になる。

192 夜《ゆる》ぬ目《み》や灯火《ああがい》。（夜歩くときは灯火をともさないとハブを見ることができない）　ハブを先に見れば人間の勝ちだという。

風に関するもの

193 瘦馬《えーま》牛倒《うしとお》し。（旧二月ころに吹く寒い北風のこと。瘦せた牛馬はその寒さのために倒れるのでこのような呼称があるという）

194 天グルミ。（春の節の入るころ、普通、旧二月初旬ころは黒雲が天空を覆い、寒い北風の日が続く。このような天候を天グルミという）　一年中でこのころが一番寒いという。

195 黒南風《くるばえ》。（三～四月ころの田植えのすんだころに曇り天気が続き、南風が吹き始める。南風は雨をもたらし、その雨の後に短い北風《にしぶき》が吹きすさぶ。これを黒南風と呼ぶ）

196　荒南風《あらばえ》。（長雨《ながみ》〈梅雨〉の後にやってくる強い南風のこと。白雲を伴うので白南風ともいう。ときたまに傘破イ《カサヤ》という荒粒の雨もばらつく。約二週間ぐらい続く）　昔はこの風で大和旅《やまとたび》へ上ったという。

197　牝牛凪れ《うなんど》。（旧六月のべた凪ぎの海の状況のこと。大島に売った牝の仔牛が母牛恋しさのために、六月の波静かな海を独力で泳ぎ渡り、また元の徳之島へ戻って来たのでそれ以来ウナンドレと呼ぶようになったのだという）

198　新北風《みぃにし》。（その年の最初に吹き出す北風のこと。八月十五日夜祭りが過ぎるとぼつぼつ吹き始める）

199　タービヤイ。（ターはさしばのこと。ヒヤイは雨の少ない乾燥期のこと。さしばが群をなして高い天空を南下していく旧九月ころの天気は、雲がやってきても雨が降らない。空気も涼しく、一年中では最も気持ちのよい気候だといわれる。これをタービヤイと呼んでいる）　人々はこの乾燥期に海に出てウル（さんご）を焼いて製糖用の石灰をつくり、一方では山にいって薪をとった。また、川には山太郎蟹の季節が訪れ、山にはムベ（あけび）が熟れ始めるが、ターマジュンといってハブの冬仕度の活動も盛んになる。

200　ターグルミ。（タービヤイのころの黒雲のこと。雨が降りそうになっても降らないのでこの呼称がある）

201　アウキタ。（旧十月、十一月ころは沖に出てシュウヌ魚《いう》〈しいら〉を釣る季節である。しかし、このころは海は風向きが急に変化する突風が発生するので、格別漁師たちに恐れられていた。はるか北空の彼方にクバ傘〈びろう製の作業用傘〉ほどの青黒い雲の丸いかたまりがかかると、三〇〇尋《ひろ》の釣糸を打ち切って捨ててでも早く逃げないと、海の怪物アウキタの突風に襲われてしまうという。この突風をもたらす雲のかたまりが青黒い色をしているので、アウキタと呼ばれるという）

202　クヮーニシ。（旧八月の末ころからぼつぼつ吹き始めた新北風は、シモ月、シワシ〈旧十一月、十二月〉になるとクヮー北風《にし》に変わる。つまり、本格的な冬型の北風クヮーニシに。シモといわれる冬雨を断続的に降らせながら、島でも摂氏十度以下に気温の低下する日が数日続くことがある。ときたま霰は降っても雪はめったに降らないが）

203　尻《まい》カラギ。（冬の北風《にしぶき》は雲が断続的に流れていくところから、雲と雲のあいだに切れ目ができて北の端の方にわずかばかりの青空をのぞかせることがある。この様子が着物の尻をめくり上げているような格好になっているので尻《まい》カラギという呼称がある）

あとがき

私がシマの民俗研究に意を注ぎ始めたのは、昭和四十年の夏に小川学夫氏と出会ってからである。そのとき私は、齢三十四歳に達したばかりの新米の町教育委員会に勤務する社会教育主事であった。なんの予備知識も持たずに突然配置されたこの職場で、私は「何をもって町の社会教育の指針にすべきか」というテーマに迷い、具体策が打ち出せず、悶々として暗い日々を送っていた。

そんな真夏日のある日、これも突然に、東京からやって来たというひとりの若い青年の来訪を受けた。聞けば、「早稲田大学の大学院に籍を置いている学生で、修士論文を書くための民謡調査中である。奄美大島をひととおり済ませたので、次は徳之島をやりたい。ぜひご協力を願いたい」という。私はこの学生の真摯なまなざしに心を打たれ、協同調査を受け入れたのであった。これが小川氏との出会いであった。

これこそまさに私の人生にとっての一期一会と言うべきか、以来、私は島の民俗研究の世界にのめり込んでいくことになるのである。

昭和四十年と言えば、未だ第二次世界大戦の戦禍の傷跡が癒えておらず、しかも奄美五島は米軍の占領統治から解放（昭和二十八年日本復帰）されたばかりで、人々は貧困な社会資本の許で農業を中心にした自給自足を余儀なくされている時期であった。私の住んでいる家は茅葺屋根のあばら屋で、隙間風の吹き通る粗末なものであったが、小川氏は、そのような家におよそ一カ月間も大型の録音機を携えたまま起居を共にしてくださったのである。

私たちはこのとき、町内のシマ歌の全集落の調査を目指していた。日程表をつくり、事前に各集落の区長に文書でお願いし、夜間に収録に伺ったのであるが、各集落とも明治生まれのシマ歌好きな古老たちが勢揃いしていて、調査に支障を感じるようなことは微塵もなかった。むしろ、ごく自然に体の中から湧き出してくる古老たちの歌声に、私たちは圧倒され通しであった。

小川氏が進行と録音を担当すれば私がそれをシマ言葉に対訳するという要領で作業は進められたが、私はその歌いの後に続く解説にもいたく関心をそそられた。古老たちにとってシマ歌は単なる歌ではなく、心そのもの、生きることそのものであったことが分かったからだ。つまり、明治時代という自給自足時代を生き抜いてきた古老たちの苦しい思い出は、歌と共にセットされる形で記憶されていたのである。

そのために歌は多岐多彩に及んだ。例えば、恐ろしいときに自分の生命を守護するための歌とか、いとしい人との別れを惜しむ歌、きつい労働のときに能率を上げるために歌う労働歌、若い男女が掛け合いで歌う恋の歌、行事や儀礼のときに歌う儀礼歌など、その種類はあげればきりがないほどであった。

このとき私たちが収録したシマ歌は十一の集落で三百曲余に達した。大成果である。初めて体験する私にとっては実に感激の連続であった。

ところが、この大成果を前にして、私たちには次の仕事が覆いかぶさってくることになる。難解な語句解明のための追跡調査が必要になってきたのである。長いあいだ歌い継がれていくうちに歌詞が変化して意味不詳になっていったのであろう。歌う本人にも歌詞の意味の分からない部分があった。この傾向は特に七月踊り歌や口説など、歌詞を連ねていく叙事的な歌に多いことも分かった。また、そのほか各集落のもつ生活習慣の特異性、つまり、古層文化のもつ違いや分布の広がり等についても理解を深める必要性に迫られた。もう二人だけの力では対象が大き過ぎて、どうしようもなかった。

そこで小川氏は、また新しい視点を提案してきた。それは徳之島全域を網羅した共同研究組織をつくろう、というものであった。至難の業だと戸惑いながらも、私はそれに共鳴せざるを得なかった。早速、昭和四十一年十一月、世話人会を立ち上げて会員を募集したところ、予想以上の三十五人の入会申込みがあった。地元文化の掘り起こしに対する機運も上々であった。続いて同月二十六日には発足総会をもち、小林正秀氏を初代会長に選び、事務所を徳州新聞社に定めて徳之島郷土研究会はスタートしたのであった。

以降、徳之島の郷土研究は飛躍的な発展を遂げていくことになる。その主だった出来事を私の記憶で少々列記してみたいと思う。

(1) 昭和四十二年十月、『徳之島郷土研究会報』の創刊号発行。九人が投稿。私はこの創刊号に「徳和瀬のハマオリ行事」を投稿したが、これは私が生まれて初めて書いた論文らしき文章である。多少の反響があったために、私は書くことの楽しさを味わうことができた。

(2) 昭和四十四年、鹿児島短期大学南日本文化研究所（長澤和俊所長）が徳之島の総合学術調査を実施したが、その折、調査に加わることが許され、その道の専門家たちから多くの調査手法を学ぶことができた。
(3) 昭和四十七年には「南島昔話叢書」にかかる合同調査班一行(代表・立命館大学福田晃教授)との調査協力も実現し、島の方言文化のもつ文化的豊かさを実感することができた。
(4) その他、この昭和四十年代には『徳之島町誌』や『奄美文化誌』等が刊行されるが、私たち徳之島郷土研究会も全面的に協力することになり、私も民俗部門で拙い文章を書いた。
右にあげた事例は、私に郷土研究の手法と試練を授けてくれたごく一部の体験にすぎない。私たちは、未熟ながらも、現地住民という立場から郷土研究会の組織を通して書かざるを得ない状況の中に追い込まれていったのである。私の場合、この道の専門教育を受けた人間ではないことをここで申し添えておかねばならない。

ここで、私がこれまで最も感動を覚え、最も影響を受けた二冊の本を紹介しておきたい。いずれも奄美の民謡に関するものである。小川学夫著『奄美民謡誌』(昭和五十四年、法政大学出版局刊)と、酒井正子著『奄美歌掛けのディアローグ』(平成八年、第一書房刊)の二冊である。

小川氏はこの著書で、自分の手で採集した奄美民謡を整理分類し、唱歌形式や歌われる形態や系譜などを示し、奄美民謡のもつ基本構造を見事に解明された。このようなまとまったとらえ方は、これまで現地研究者たちの誰もがなし得なかったことである。この功績はまことに大であると言わなければならないと思う。

また、酒井正子氏は昭和六十年に初めて徳之島に入ってこられたと記憶しているが、長期滞在をして民謡調査に専念され、小川氏の切り開いた軌道を踏まえながら、奄美民謡のもつダイナミズムの研究に新分野を開拓された。例えば、集団の掛け合い歌の原理や、うわさ歌の構造、人の死にまつわるシマ歌の民俗等を新しい視点でとらえている。

　この二冊の本を読んだときの胸のざわめきがいまも覚めやらない。


　それにしても月日の流れは早い。あのときから三十九年の歳月が通り過ぎていった。あのとき私たちに明治時代の思い出話を語ってくれた古老たちは、一人もこの世には残っていない。私に「得取ラユカ名を取レ」（財をなすよりも後世に名を残した方がよい）と教えてくれた父母も、すでにこの世の人ではない。私の身辺にも寂寥感が漂い始めていた。

　そんな思いに充たされていた昨年（平成十五年）八月、私は軽い脳梗塞を患う身となった。いま自宅でリハビリ療養中で大方恢復し、文章が書けるようになったものの、元の体に戻す術はない。そんな折に、私がこれまで心血を注いで書いたものが二冊の本にまとめられて刊行される運びとなった。この道の専門家でもない私が書いたものだ。まことに要を得ない内容のものばかりである。しかし、私の体の中には幼いころから六十年間一途に住み続け、そのために蓄積されていたシマの土嗅い生活伝承が染みついていて、それを一気に吐き出すことはできたのだ。ただそれだけのことである。論文などと呼べる文章など、ただの一篇もない。にもかからわらず、鹿児島在住の先生方は出版委員会なるものをつくって私の書いたものを収集するなど力を注いでくださった。これらの先生方の発案がなかったら、おそらくこの本の誕生はなかったと思う。次にその名を記して深く感謝の意を捧げたい。

　山下欣一（鹿児島国際大学教授）、小川学夫（鹿児島純真短期大学教授）、松原武実（鹿児島国際大学教授）、ならびに、下野敏見（元鹿児島大学教授）の先生方である。

　ほんとうにありがとうございました。

なお、全国各地には、山形孝夫元宮城学院女子大学教授はじめ、これまで私がその都度ご指導を仰いだ先生方が数多くおられるが、紙幅の都合でその名の総てを記することができない。どうかお許しをいただきたいと思う。

また、未來社の本間トシ氏にはこの本の刊行にあたって原稿の整理や校正など格別のご助力をいただいた。きびしい出版事情の中、進行途中で二度も印刷所の廃業に遭い、刊行の時期が遅れてしまったが、未來社退職後も、見捨てることなくこの本を仕上げてくださった。深く感謝の意を捧げたい。最後になったが、この本に収められている写真は、すべて加川徹夫氏の撮影にかかるものばかりである。氏の友情に対しても深く感謝申しあげます。

平成十六年四月二十九日　徳之島の自宅にて

著　者

初出一覧

徳之島三山（原題「山の名に感動」）
　『南日本新聞』平成二年（一九九〇）七月八日
南島からの報告――徳之島の戸惑い――
　『未来』二五八〜二六〇、未來社、昭和六三年（一九八八）三月〜五月
徳之島の田植歌（原題「徳之島の田植歌について――その民俗を中心に――」）
　『田唄研究』一五、田唄研究会、昭和四九年（一九七四）一月
徳和瀬のハマオリ行事
　『徳之島郷土研究会報』一、徳之島郷土研究会、昭和四二年（一九六七）一〇月
神・霊魂・祖霊（原題「信仰」）
　『奄美文化誌――南島の歴史と民俗――』（長沢和俊編）、西日本新聞社、昭和四九年（一九七四）
徳之島の葬制
　『南島研究』一〇、南島研究会、昭和四四年（一九六九）七月
徳之島の葬歌クヤとその周辺の歌謡
　『奄美沖縄民間文芸研究』一六、奄美沖縄民間文芸研究会、平成五年（一九九三）七月
サカ歌との出会い
　『国文学解釈と鑑賞』四四‐一八、至文堂、昭和五四年（一九七九）七月
月晒し着ん――「きもの」の民俗――（原題「きもの」の民俗）
　季刊『染織と生活』一〇、染色と生活社、昭和五〇年（一九七五）六月

左綱の信仰と習俗（原題「左綱にまつわる信仰と習俗」）
『徳之島郷土研究会報』二、昭和四三年（一九六八）一二月
「八ツ縄」の習俗
『徳之島郷土研究会報』一九、平成五年（一九九三）一二月
シードシの信仰（原題「徳之島のシードシにまつわる信仰について」）
『民俗研究』五、鹿児島民俗学会、昭和四五年（一九七〇）一〇月
状持ちと幽霊――重久米豊翁の昔語り――（原題「「状持ちと幽霊」について――重久米豊翁の昔語り――」）
『徳之島郷土研究会報』一八、平成四年（一九九二）一二月
徳之島のことわざ
『南島説話の伝承』（福田晃・岩瀬博・山下欣一他編）、三弥井書店、昭和五七年（一九八二）

松山光秀（まつやま・みつひで）

昭和6年（1931） 鹿児島県大島郡徳之島町徳和瀬に生まれる。

昭和27年（1952） 肺結核療養のため宮崎大学学芸学部中退。

昭和36年（1961）～平成3年（1991） 徳之島町役場勤務。公務のかたわら郷土研究に従事。

現 在 徳之島郷土研究会会長、奄美文化財保護対策連絡協議会会長、日本民俗学会会員。

【ニュー・フォークロア双書29】
徳之島の民俗 1 シマのこころ

2004年8月10日 第1刷発行

定価（本体3000円＋税）

著 者 松 山 光 秀
発行者 西 谷 能 英
発行所 株式会社 未 來 社
〒112-0002 東京都文京区小石川3-7-2
電話代表(03)3814-5521 ／ 振替00170-3-87385
http://www.miraisha.co.jp/ E-mail:info@miraisha.co.jp

ISBN4-624-22029-3 C0339 印刷・製本＝図書印刷

【ニュー・フォークロア双書】

				（本体価格）
1	民俗宗教論の課題		宮田　登著	二五〇〇円
2	イモと日本人	民俗文化論の課題	坪井洋文著	二五〇〇円
5	悲しきトカラ	平島生活記録	稲垣尚友著	一六〇〇円
6	一つの日本文化論	柳田国男に関連して	有賀喜左衛門著	一五〇〇円
8	都市民俗論の課題		宮田　登著	二〇〇〇円
9	稲を選んだ日本人	民俗的思考の世界	坪井洋文著	一八〇〇円
11	私の民衆風土記	周辺への旅	姫田忠義著	二五〇〇円
12	やきもの紀行	窯場からのリポート	神崎宣武著	一八〇〇円
14	山村に生きる人びと		菅野新一著	二〇〇〇円
15	アニマルロアの提唱	ヒトとサルの民俗学	廣瀬　鎮著	二四〇〇円
16	洗う風俗史		落合　茂著	一八〇〇円
19	家郷七十年	村の生活誌	大庭良美著	三五〇〇円
20	伊豆諸島の若者組と娘組		坂口一雄著	一六〇〇円
23	現代民俗論の課題		宮田　登著	二〇〇〇円
24	牛のきた道	地名が語る和牛の足跡	本間雅彦著	二八〇〇円
25	海の文化史	ソロモン諸島のラグーン世界	後藤　明著	二八〇〇円
26	ムラの若者・くにの若者	民俗と国民統合	岩田重則著	二五〇〇円
27	民俗学の政治性	アメリカ民俗学100年目の省察から	岩竹美加子訳著	二九〇〇円

28 柳田国男のえがいた日本 民俗学と社会構想 川田稔著 二三〇〇円
29 徳之島の民俗 1 シマのこころ 松山光秀著 三〇〇〇円
30 徳之島の民俗 2 コーラルの海のめぐみ 松山光秀著 （近刊）

＊ ＊ ＊

下野敏見著 南九州の民俗芸能 三八〇〇円
下野敏見著 東シナ海文化圏の民俗 地域研究から比較民俗学へ 四〇〇〇円
稲垣尚友著 棄民列島 吐火羅人国記 一四〇〇円
上江洲均・神崎宣武 工藤員功 著 琉球諸島の民具 四八〇〇円
住谷一彦 クライナー・ヨーゼフ 著 南西諸島の神観念 四八〇〇円
宮本常一著作集 16 屋久島民俗誌 三二〇〇円
17 宝島民俗誌・見島の漁村 三二〇〇円
38 周防大島を中心としたる海の生活誌 三八〇〇円
39 大隅半島民俗採訪録・出雲八束郡片句浦民俗聞書 三八〇〇円
須藤功編 写真でつづる宮本常一 四八〇〇円